PYTORCH BASIC

지도, 비지도, 준지도, 전이, 메타 학습까지

딥러닝을 위한 파이토치 입문

딥러닝호형 저

YoungJin.com Y.
영진닷컴

ISBN : 978-89-314-6591-4

독자님의 의견을 받습니다.

이 책을 구입한 독자님은 영진닷컴의 가장 중요한 비평가이자 조언가입니다. 저희 책의 장점과 문제점이 무엇인지, 어떤 책이 출판되기를 바라는지, 책을 더욱 알차게 꾸밀 수 있는 아이디어가 있으면 이메일, 또는 우편으로 연락주시기 바랍니다. 의견을 주실 때에는 책 제목 및 독자님의 성함과 연락처(전화번호나 이메일)를 꼭 남겨 주시기 바랍니다. 독자님의 의견에 대해 바로 답변을 드리고, 또 독자님의 의견을 다음 책에 충분히 반영하도록 늘 노력하겠습니다.

이메일 : support@youngjin.com
주 소 : (우)08507 서울시 금천구 가산디지털1로 128 STX-V타워 4층 영진닷컴 기획1팀
등 록 : 2007. 4. 27. 제16-4189호

STAFF

저자 딥러닝호형 | **책임** 김태경 | **진행** 김연희 | **표지디자인** 임징원 | **내지디자인 · 편집** 김소연
영업 박준용, 임용수, 김도현 | **마케팅** 이승희, 김근주, 조민영, 채승희, 김민지, 임해나, 김도연, 이다은
제작 황장협 | **인쇄** 제이엠

머리말

안녕하세요. 딥러닝호형입니다. 만나서 반갑습니다! 수학/데이터 분석 전공 지식과 다수의 딥러닝 프로젝트 경험을 바탕으로 반드시 공부하셔야 할 내용을 짚어 드립니다. 이 책은 파이썬 기초부터 파이토치를 이용하여 인공 신경망을 구축하는 방법까지의 내용을 다루는 딥러닝 입문서입니다.

인공 신경망은 제조, 자율 주행차, 의료, 생명공학, 로보틱스 등 광범위한 분야에서 이미 적용되고 있는 강력한 인공지능 기술이라고 할 수 있습니다. 실제로 논문 투고 수가 매년 증가하고 있으며, 전 세계적으로 많은 대학들이 관련 학과를 개설하고 업계에서는 많은 투자를 하고 있는 추세입니다. 우리나라도 마찬가지로 대학들이 잇달아 인공지능 관련 학과를 개설하고 있습니다. 이런 흐름에 맞춰 딥러닝 공부를 제대로 시작하고 싶은 분들을 위해 책을 만들었습니다. 이 책의 특징은 인공 신경망에서 쓰이는 기초 개념들과 응용 방법들이 어떻게 작동이 되는지를 코드 라인 별로 자세히 설명한다는 점입니다.

지금까지 강의와 유튜브를 통해 많은 학생들과 이야기를 하면서 생각보다 "인공지능=지도 학습"이라는 인식이 많이 깔려있다는 것을 알았습니다. 하지만 인공지능을 학습하는 방법과 응용 분야는 매우 다양합니다. 따라서 고민 끝에 책의 범위를 독자들의 견해를 넓혀 드릴 수 있도록 설정하였습니다. 이 책을 통해 지도 학습, 비지도 학습, 준지도 학습, 메타 학습, 과학적 계산 등의 포괄적인 내용을 쉽게 배우게 될 것입니다. 책의 내용은 관련 논문과 파이토치 공식 사이트 내용을 참고하여 작성되었습니다. 딥러닝 기본 지식이 있는 상태에서 보시는 것을 추천드리며, 그렇지 않은 경우 개념 공부를 병행하면서 보신다면 보다 효율적인 공부를 하실 수 있습니다. 실습 관련 코드는 영진닷컴 홈페이지(www.youngjin.com) 부록 CD 다운로드에서 다운로드하실 수 있습니다.

마지막으로 이 책을 선택하신 독자분들께 감사 말씀 드립니다.

딥러닝호형 드림

목차

PYTORCH

"

첫 걸음은 할 수 있는 것을

시작하는 것이다.

그러면 가능성이 열릴 것이다.

"

일론 머스크

1 CHAPTER

딥러닝 시작

사람보다 뛰어난 업무 능력을 가진 기계를 만들 수 있을까? 생각하는 기계를 구현할 수 있을까? 이처럼 인간은 인공지능이라고 불리는 인간처럼 행동하고 생각하는 기계를 오래전부터 꿈꿔 왔다. 인공지능 연구는 철학, 수학, 공학, 인지과학 등의 다양한 학문적 접근이 가능한 광범위한 주제를 포함하고 있기 때문에 다양한 분야의 사람들과 협업이 많이 필요하다. 1장에서는 인공지능을 구현하고 학습하는 방법 중 하나인 딥러닝에 대한 역사와 신경망을 구현하는데 필요한 프로그래밍 언어인 파이썬과 파이토치에 대해 간략히 알아본다.

- 딥러닝이란
- 파이썬과 파이토치

1.1 딥러닝이란

인공 신경망의 역사에 대해 살펴보고 인공 신경망이 무엇인지 알아본다. 추가적으로 최근 딥러닝 동향과 키워드들도 살펴본다.

1.1.1 딥러닝의 역사

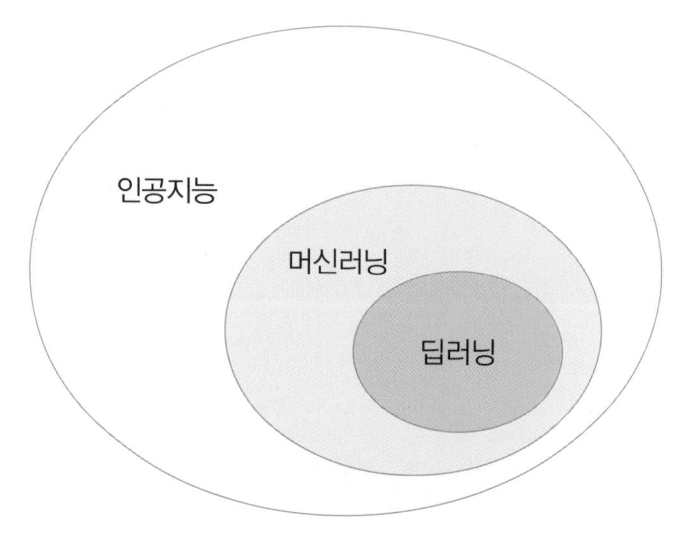

그림 1.1 인공지능, 머신러닝, 딥러닝의 포함 관계

머신러닝Machine Learning은 인공지능Artificial Intelligence의 두뇌 역할을 하는 기술로써 스스로 학습하여 지식을 만들어 내는 역할을 한다. 머신러닝 분야에는 다양한 예측 모델들이 존재하며 서로 유기적인 역할을 수행하기도 한다. 그중 인간의 신경망을 모사하여 만든 모델을 인공 신경망Artificial Neural Network이라고 한다. 인공 신경망은 구현에 대한 자유도가 매우 높아서 다양한 형태의 구조를 구축할 수 있다. 이때 신경망의 깊이에 해당하는 층Layer을 여러 개 쌓아 만든 신경망을 깊은 신경망Deep Neural Network이라고 하며, 이를 학습하는 방법을 딥러닝Deep Learning이라고 한다.

인공 신경망과 딥러닝은 2016년 3월 대한민국의 바둑 고수 이세돌 9단과 인공지능 알파고Alpha Go의 바둑 대결을 통해 매우 유명해졌지만 사실 최신 기술은 아니다. 인공 신경망은 1957년 코넬 항공 연구소의 Frank Rosenblatt가 패턴 인식을 위해 고안한 퍼셉트론 알고리즘Perceptron algorithm을 시작으로 인공 신경망에 대한 기대가 매우 컸다. 하지만 1969년 Minskey 교수의 XOR 문제 제기로 인해 당시 인공지능의 한계를 드러냈다. 이를 해결하기 위해 1974년 Paul Werbos는 역전파Backpropagation를 제안했지만 이목을 끌지는 못했다.

시간이 흘러 현재 AI 거장 중 한 명인 제프리 힌튼Geoffrey Hinton은 1986년 독자적으로 만든 역전파를 제안하였고 다시 인공 신경망이 주목받기 시작했다. 하지만 이러한 업적도 오래가지 않아 기울기 사라짐Vanishing gradient과 기존 데이터를 과하게 학습하여 생기는 과적합Overfitting 문제 그리고 큰 규모의 문제에서 발생하는 높은 계산 복잡도와 컴퓨터 성능의 한계 등으로 인해 90년대 후반 다시 암흑기를 맞이한다.

다시 시간이 흘러 2006년 제프리 힌튼은 적절한 초깃값 설정을 위한 사전훈련Pre-training과 깊은 네트워크를 통한 해결책을 제시하면서 딥러닝의 희망을 놓지 않았고 2012년에는 자동차, 동물, 물건 등으로 구성된 ImageNet 데이터베이스를 기반으로 하는 이미지 판별 대회에서 딥러닝이 두각을 나타내면서 많은 사람들의 관심을 받게 되었다. 동시에 컴퓨터 성능의 급격한 발전이 일어나며 더욱 활발한 연구가 이뤄졌다. 이후 다양한 딥러닝 구조를 만들고 새로운 개념을 도입하면서 지금도 성능이 꾸준히 개선되고 있으며 자율주행 자동차, 의학, 제조, 생명 공학, 로봇 공학, 언어학 등 다양한 분야에서 적용되고 있다.

1.1.2 인공 신경망

신경세포인 뉴런은 신경 전달 물질을 방출하는 시냅스를 통해 다음 뉴런에게 정보를 제공한다. 인간의 신경망은 수많은 뉴런들이 연결되어 뇌로 정보를 전달하는 구조를 지닌다. 딥러닝은 앞서 표현한 인간의 신경망을 모사하여 만든 인공 신경망Artificial Neural Network을 기반으로 하는 학습 방법이다. 인공 신경망은 노드와 가중치가 연결된 구조로써 노드Node는 뉴런에 해당하고 가중치Weight는 시냅스에 대응하는 개념이다. 이때 노드에 있는 값과 시냅스에서 나오는 가중치가 선형 결합Linear combination의 형태로 계산되어 다음 노드로 정보가 전달된다.

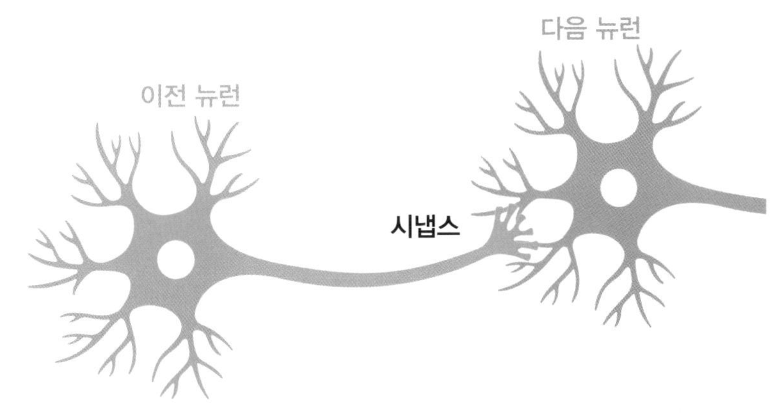

그림 1.2 인간의 신경망

인공 신경망은 3가지 종류의 층으로 나눌 수 있으며 각 층마다 원형으로 표시된 노드로 구성되어 있다. 가장 첫 번째는 입력층Input layer이라고 하며 처음으로 데이터가 들어오는 층을 의미한다.

받은 데이터의 값은 가중치가 있는 선을 거쳐 일련의 계산을 통해 은닉층Hidden layer으로 보내지고, 다시 다음 가중치와 계산된 값은 마지막 결과 산출에 해당하는 출력층Output layer으로 보내지게 된다. 이때 입력층과 출력층 사이에 있는 은닉층이 많은 경우를 깊은 신경망이라고 말한다. 또한 방금 설명한 입력층부터 은닉층을 거쳐 출력층까지의 계산 과정을 순전파Forward propagation라고 하며 실질적인 예측 과정에 해당한다.

1.1.3 최근 동향

인공지능 분야는 최근 더 급격한 발전을 보이고 있다. 투고되는 논문 수가 해마다 증가하고 있으며, 다른 분야에서도 딥러닝 기술을 접목하는 사례가 늘어나고 있다. 특히 그림 1.3과 같이 컴퓨터 비전과 언어 처리 분야가 가장 활발한 연구 분야라고 할 수 있다. 대표적인 최신 기술로는 OpenAI에서 만든 인간과 유사한 텍스트를 생성하는 GPT-3Generative Pretrained Transformer 3가 있다. 현재 가장 큰 인공지능 키워드들은 자동 머신러닝AutoML, 설명 가능한 인공지능Explainable AI, 자가 지도 학습Self-supervised learning, 퓨샷 러닝Few-shot learning 등이 있다.

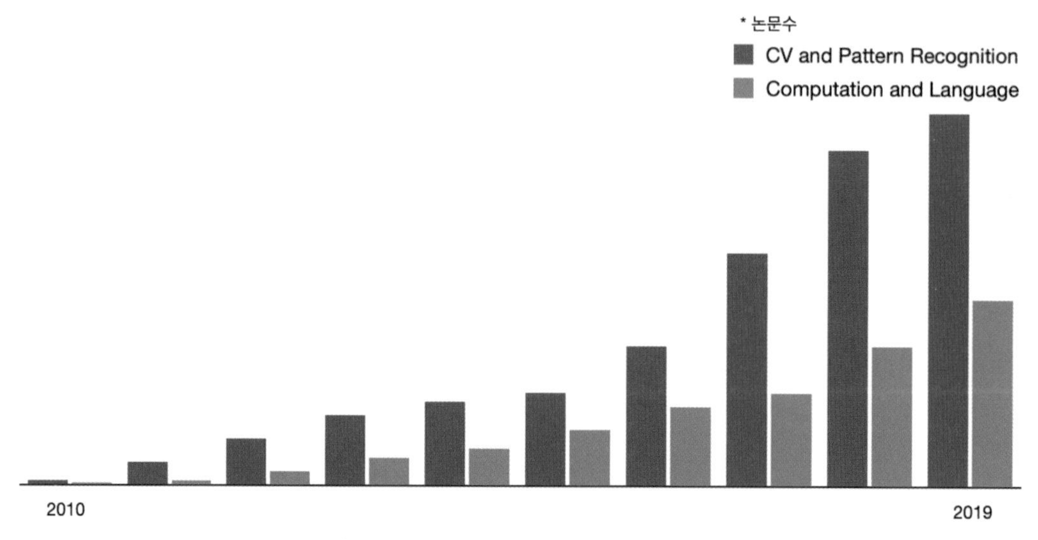

그림 1.3 컴퓨터 비전 및 언어 처리 분야의 논문 수 통계

1.2 파이썬과 파이토치

딥러닝에서 개념 이해만큼 중요한 것이 구현 능력이며, 목적에 따라 다양한 프로그래밍 언어가 사용된다. 대표 언어인 파이썬Python은 Numpy, SciPy, Pandas, Matplotlib, Pytorch와 같은 다양한 라이브러리를 쉽게 이용할 수 있다는 것과 많은 유저를 확보하고 있기 때문에 정보를 얻기 쉽다. 이런 이유로 인해 데이터 분석가들로부터 많은 사랑을 받고 있다.

그림 1.4 파이썬

파이토치Pytorch는 파이썬을 기반으로 만든 오픈소스 머신러닝 라이브러리다. 파이토치는 다음과 같은 장점을 통해 많은 사용자를 확보하고 있다.

1. GPU 연산을 제공하여 멀티 태스킹이나 고차원 문제를 빠르게 해결할 수 있게 한다.
2. 다양한 모델과 데이터 세트를 제공하여 복잡한 코딩 없이 고성능의 유명한 모델을 구축할 수 있다.
3. 파이토치는 파이썬 Numpy와 사용방법이 유사하고 구조가 매우 직관적이기 때문에 이해하기 쉽다.
4. 사용자가 증가하면서 정보 공유가 수월하다.

그림 1.5 파이토치

■ **구글 코랩(Google Colaboratory)**

딥러닝을 공부하기 위해서는 GPU 사용이 권장된다. 만약에 GPU를 가지고 있지 않아서 구매를 하려면 큰 금액을 지출해야만 한다. 다행히도 우리가 학습용으로 딥러닝 코드를 구현한다면 구글 코랩Colab을 통해 무료로 GPU를 사용할 수 있다. 구글 코랩은 구글에서 제공하는 가상 머신이기 때문에 구글 계정만 있다면 개인 컴퓨터에 GPU가 없어도 GPU 연산이 가능하다.

또한 구글 드라이브와 연동이 가능해 데이터 세트나 실행 파일을 저장하고 불러올 수 있다. 따라서 딥러닝 입문자에게 천사 같은 존재다. 물론 좀 더 나은 환경을 사용하기 위해서 유료로 제공하는 코랩 프로를 사용할 수도 있다.

그림 1.6 구글 코랩

■ 구글 드라이브 접속과 구글 코랩 실행

구글 드라이브 접속을 위해 먼저 구글 계정을 만들고, 구글에 로그인을 한다. 그리고 우측 상단 9개 사각형 모양을 클릭한 후 드라이브를 클릭한다.

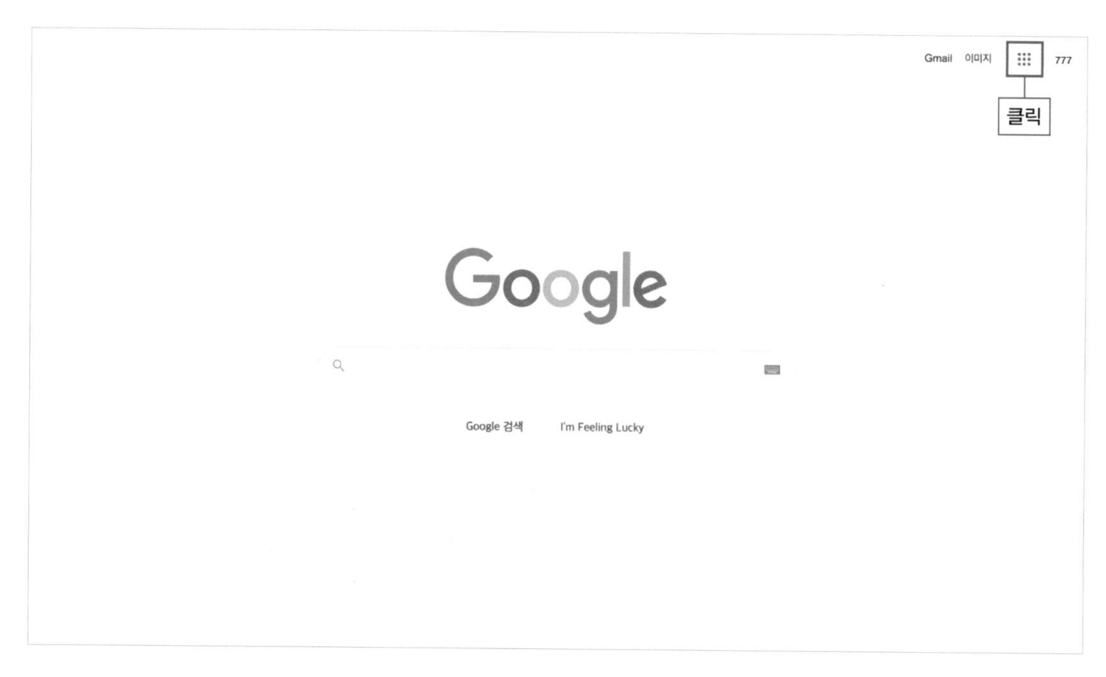

그림 1.7 구글 드라이브 접속 경로

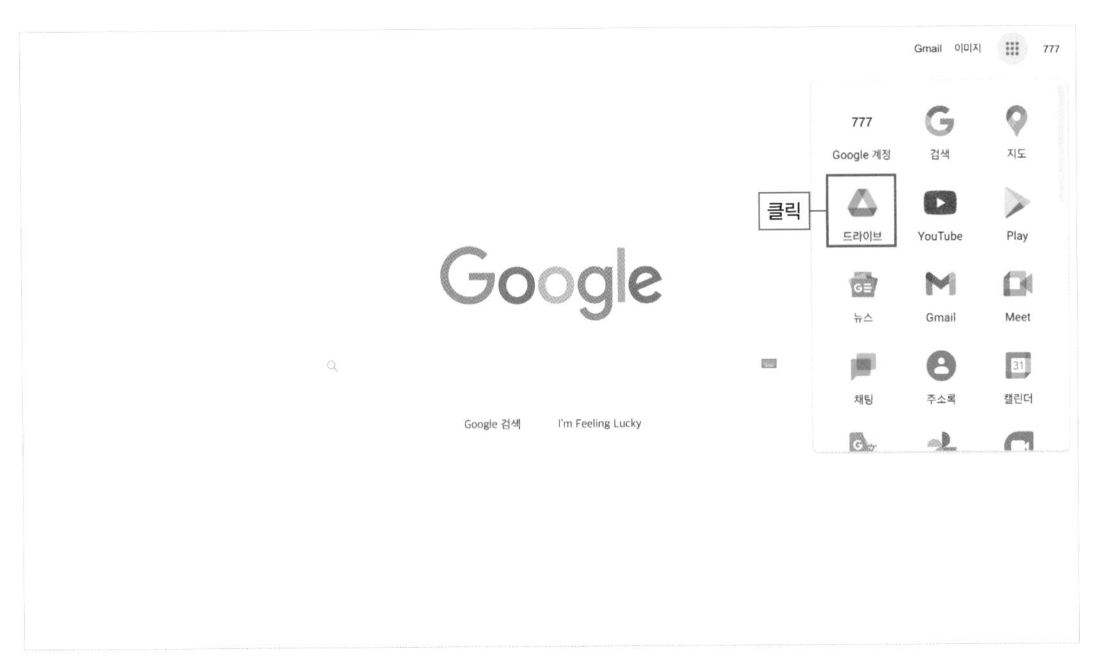

그림 1.8 구글 드라이브 접속하기

마우스 우클릭을 통해 새로운 폴더 생성 및 이동, 복사 등을 수행할 수 있으며 다양한 프로그램을 사용할 수 있다. 여기서 구글 코랩을 실행한다. 구글 코랩이 없다면 "연결할 앱 더보기"를 통해 무료로 설치할 수 있다(구글에서 구글 코랩을 검색하여 바로 코랩을 사용할 수도 있다).

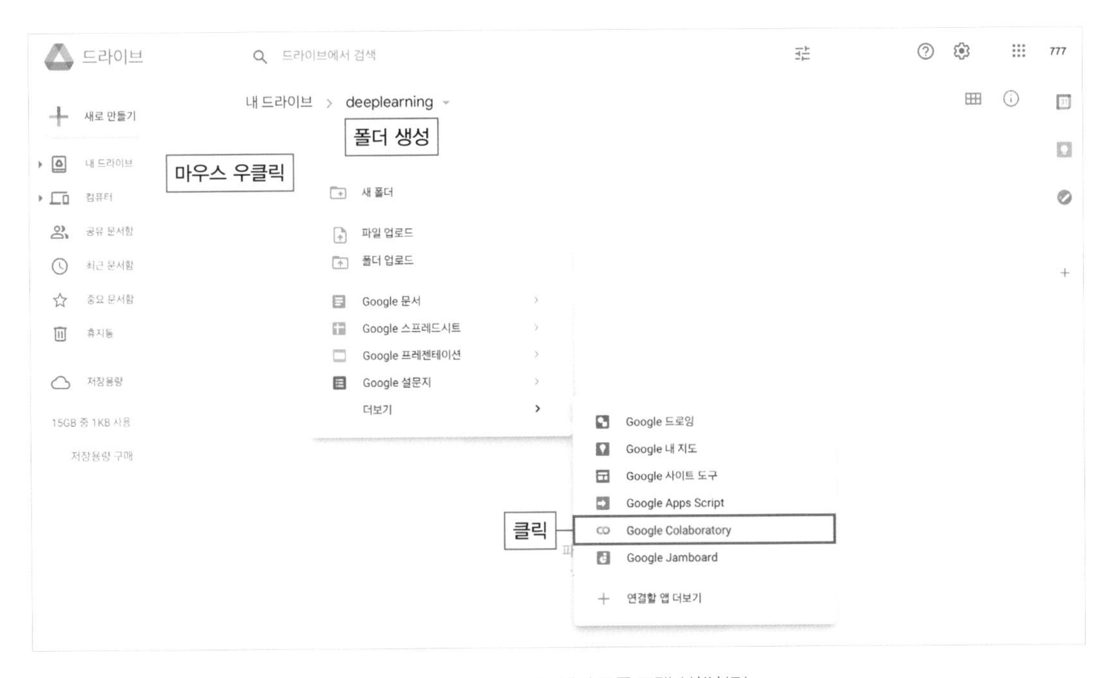

그림 1.9 구글 드라이브에서 구글 코랩 실행하기

■ 구글 코랩 노트북 파일(ipynb)

❶ 파일명을 변경할 수 있다.

❷ 연산 종류, 창 정리, 초기화 등의 작업을 수행할 수 있다.

❸ 작업창에 있는 하나의 작업 공간을 셀이라고 하는데, +Code는 코딩의 연산을 할 수 있는 셀을 생성하고 +Text는 연산에 직접적인 영향이 없는 관련 내용, 주석 등을 다루는 셀을 생성한다.

❹ 코랩의 인터페이스 및 폰트 등을 조정할 수 있다.

❺ 다수의 셀을 만들어 작업하는 작업창이다.

❻ 코드를 실행하면 현재 구동되고 있는 파일이 무엇인지 메모리와 디스크 할당량은 얼마인지를 알려준다. 무료 코랩은 최대 12시간 연속 작업이 가능하다.

그림 1.10 구글 코랩 작업창

■ GPU 연산 이용하기

런타임 > 런타임 유형 변경을 클릭한다.

그림 1.11 GPU 활성화하기

GPU 연산이 필요한 경우에는 코드 실행 전 반드시 GPU로 유형이 활성화시켜야 한다. 무료 코랩인 경우 GPU 연산/메모리 할당량에 제한이 프로보다 크기 때문에, 사용하지 않는 경우 다시 None으로 코랩을 사용할 수 있다. TPU는 구글에서 제작한 머신러닝 연산에 특화된 텐서 병렬 처리 하드웨어다. 현재 텐서플로우TensorFlow에서 사용 가능하다.

(1) None: CPUCentral Processing Unit 연산만 가능

(2) GPU: GPUGraphics Processing Unit 연산 가능

(3) TPU: TPUTensor Processing Unit 연산 가능

그림 1.12 하드웨어 가속기 설정

■ 구글 코랩에서 구글 드라이브 연동하기

다음과 같이 셀에 입력하면 암호키를 입력하라는 문구가 뜬다.

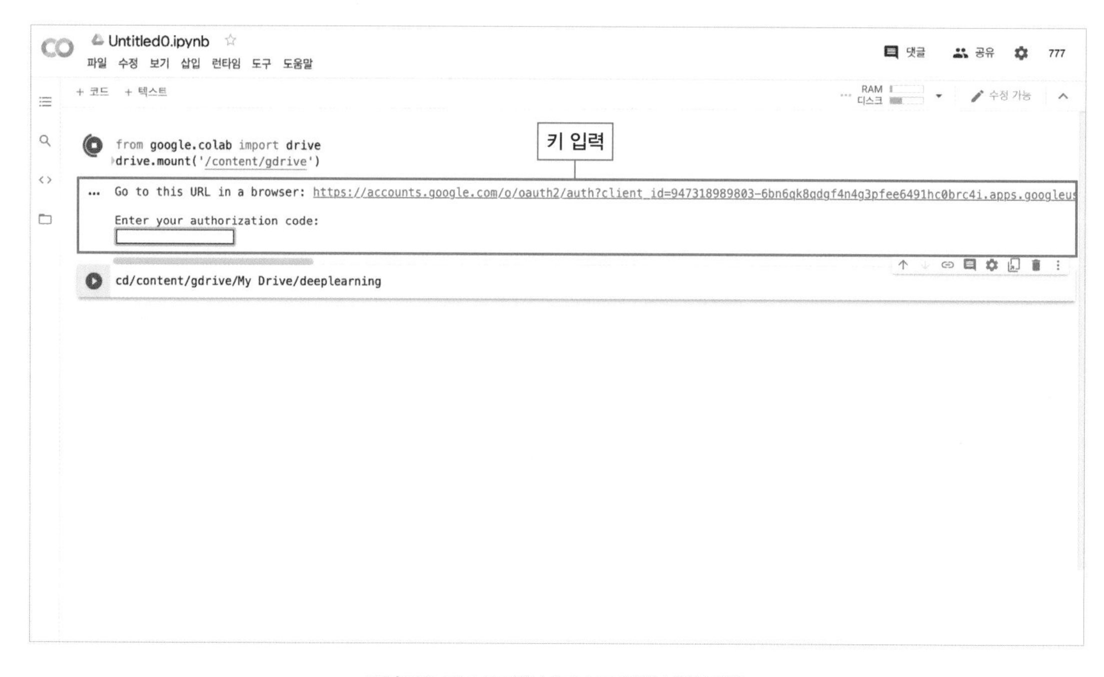

그림 1.13 구글 코랩에서 구글 드라이브 연동하기

파란색 링크로 들어가서 코드를 복사하여 빈 칸에 붙여넣기를 한다.

Google 계정으로 로그인
계정 선택
Google Drive for desktop(으)로 이동
다른 계정 사용

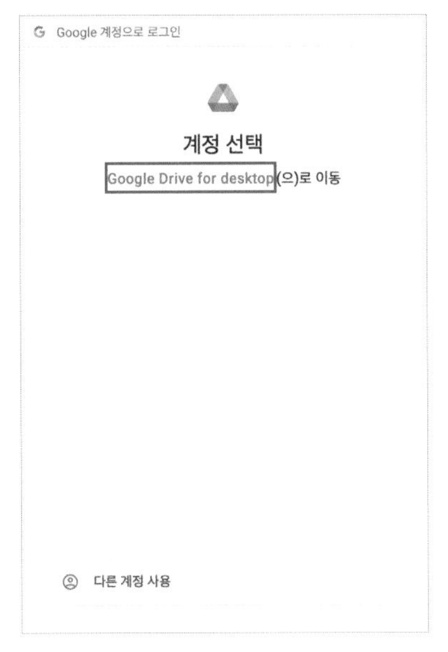

그림 1.14 계정 선택

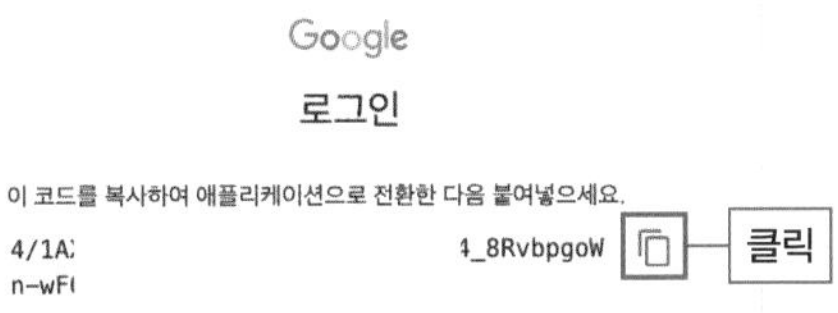

Google
로그인
이 코드를 복사하여 애플리케이션으로 전환한 다음 붙여넣으세요.
4/1A
4_8RvbpgoW
n-wF
클릭

그림 1.15 암호키 복사

그림 1.16 키 붙여넣기

■ 작업 폴더로 진입하기

마운트 완료 후 작업하는 폴더에 접근한다. 구글 드라이브의 가장 첫 페이지 경로는 cd/content/gdrive/My Drive/ 이다. 따라서 해당 경로 뒤에 폴더 위치를 나열한다. 예를 들어 메인에 있는 deeplearning 폴더를 접근하고 싶다면 다음과 같이 작성한다.

```
from google.colab import drive
drive.mount('/content/gdrive')


cd/content/gdrive/My Drive/deeplearning
```

Untitled0.ipynb
파일 수정 보기 삽입 런타임 도구 도움말 모든 변경사항이 저장됨
댓글 공유
+ 코드 + 텍스트
RAM
디스크
수정 가능
[1] from google.colab import drive
drive.mount('/content/gdrive')
Mounted at /content/gdrive
cd/content/gdrive/My Drive/deeplearning

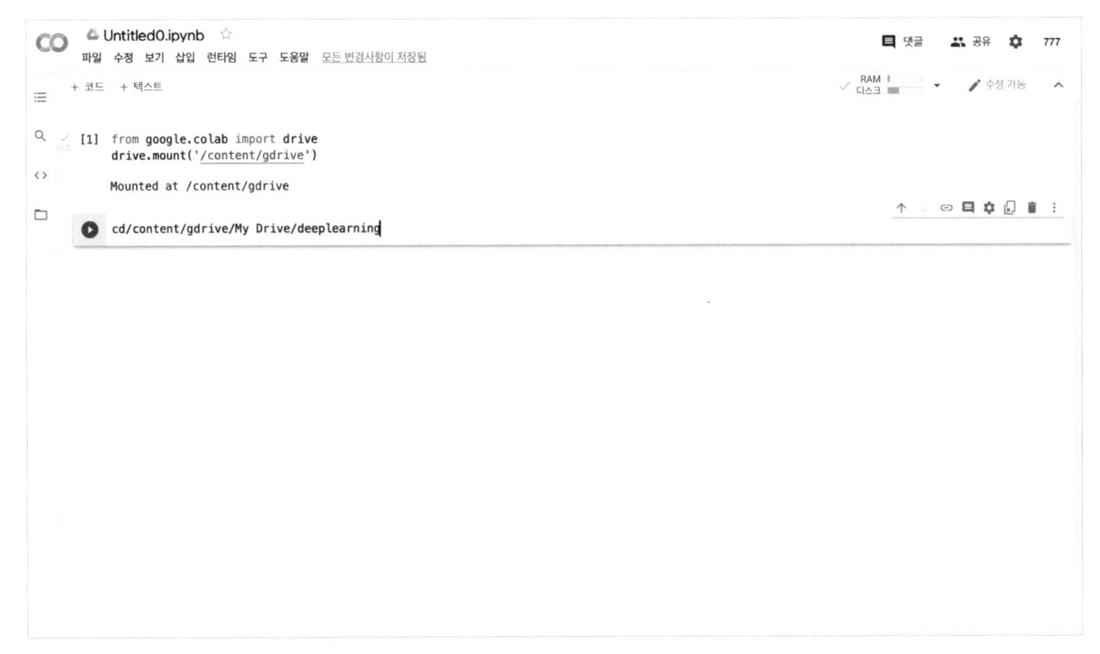

그림 1.17 작업 폴더로 진입하기

■ 라이브러리 설치 및 실행하기

간혹 작성해놓은 코드에서 사용한 라이브러리가 코랩에 없어서 실행이 안 되는 경우가 있다. 이 경우에는 별도 설치를 해야만 한다. 예를 들어 개인 컴퓨터에 텐서보드X를 설치한다면, pip install tensorboardX을 터미널에 입력할 수 있다. 또한 파이썬 파일 main.py를 터미널에서 실행할 경우 python main.py라고 입력한다. 여기서 주의할 점은 코랩에서 동일한 명령을 수행할 경우 가장 앞에 느낌표 !를 붙여서 셀에 입력한다.

```
!pip install tensorboardX
!python main.py
```

[ ] from google.colab import drive
drive.mount('/content/gdrive')
Mounted at /content/gdrive
[ ] cd/content/gdrive/My Drive/deeplearning
/content/gdrive/My Drive/deeplearning
[ ] !pip install tensorboardX
!python main.py

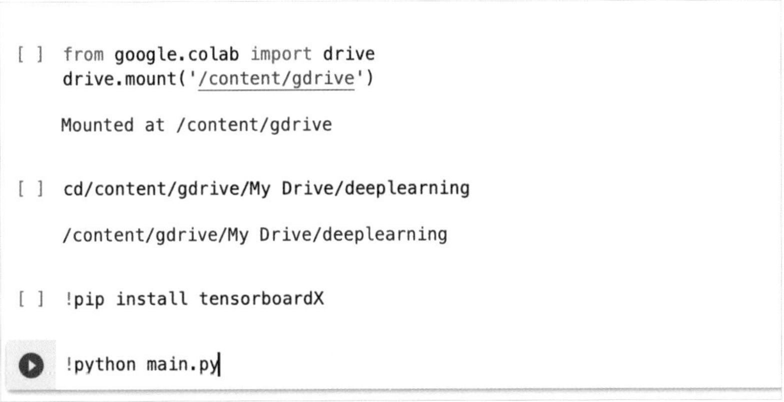

그림 1.18 구글 드라이브 경로 설정

“

인공지능의 다음 혁명은
지도 학습도 아니고 전적인
강화 학습도 아닐 것이다.

”

얀 르쿤

CHAPTER

파이썬

파이토치는 파이썬 기반의 오픈소스 머신러닝 라이브러리다. 따라서 파이썬에 대한 기본 지식이 요구된다. 2장에서는 프로그래밍 언어에서 가장 기본적이고 중요한 변수 타입부터 문법, 시각화, 실행 방법 등 파이썬에 대한 전반적인 내용을 다룬다.

- 변수, 출력문, 라이브러리
- 리스트, 튜플, 딕셔너리
- 넘파이
- 조건문과 반복문
- 함수와 모듈
- 클래스
- 그래프 그리기
- 폴더 및 파일 관리
- 터미널에서 파이썬 실행하기

2.1 변수, 출력문, 라이브러리

한국어, 영어와 같은 언어의 구성은 알파벳부터 문법 그리고 어휘 등으로 구성되어 있으며 이를 지켜야만 원활한 의사소통을 할 수 있다. 프로그래밍 언어도 이와 동일하게 기본 형태, 구조, 다양한 표현들이 존재하며 약속된 기호와 문법 그리고 올바른 논리를 사용해야만 컴퓨터에게 제대로 된 명령을 내릴 수 있다. 모든 프로그래밍 언어의 기본은 변수에 대한 타입이다. 변수 타입type은 숫자, 문자, 데이터 묶음 등 매우 다양하게 있는데, 여기서는 기본적으로 많이 사용되는 타입에 대해서 알아보도록 한다. 특히, 변수는 타입에 따라 다른 성질을 가지고 있다는 것에 초점을 맞추어 학습하도록 한다.

2.1.1 정수형(int)

파이썬에서의 "="은 "같다"라는 의미가 아니고 x에 1을 "넣는다"는 개념으로 생각한다. 따라서 x에 1이라는 정수를 넣었으므로 x는 정수형 타입이 된다. 타입은 type() 함수를 사용하여 확인할 수 있으며 정수형integer 타입은 int로 출력된다.

```
❶ x = 1
❷ type(x)
```

Output: int

2.1.2 실수형(float)

실수는 −4, 1.2, 1/3 등과 같은 유리수와 π, $\sqrt{3}$, e 등의 무리수를 포함하는 숫자이며, 실수형 타입은 float로 출력된다.

```
❶ x = 1.5
❷ type(x)
```

Output: float

■ 실수형과 정수형

다음 예시에서 x, y는 어떤 차이가 있을까? 두 변수 모두 1을 가지고 있지만 x는 1(즉, x=1.0)을 넣어 실수형이고 y는 정수 1을 가지고 있는 정수형 타입이다. 또한 정수형과 실수형을 연산하면 실수형이 된다.

```
❶ x = 1.
❷ y = 1
❸ type(x+y)
```

Output: float

■ 부동 소수점(floating point)

x=0.5와 같이 정수 부분이 0인 실수라면 x=.5라고 표현할 수 있다. 또한 y+z를 계산하면 1.2+2.4=3.6임을 알 수 있지만 실제 출력은 3.5999999999999996이다. 이는 컴퓨터가 기본적으로 2진수 연산을 하기 때문에 10진수로 표현된 1.2와 2.4를 2진수 형태로 변환하여 계산 후 다시 10진수로 보여주는 과정을 거치는데, 실수를 근사하게 표현하는 부동 소수점 방식에 의해 오차가 발생하게 된다. 따라서 컴퓨터에게 "1.2+2.4가 3.6인가?"라는 등식 형태의 질문을 하는 것은 조심해야 한다.

```
❶ x = .5
❷ y = 1.2
❸ z = 2.4
❹ y+z
```

Output: 3.5999999999999996

■ 숫자 연산

기본적으로 실수형, 정수형은 함께 연산이 가능하고 덧셈, 뺄셈, 곱셈, 나눗셈, 거듭제곱은 각각 +, −, *, /, **으로 표현된다. 또한 예시와 같이 정수형으로만 계산을 하더라도 실수형으로 타입이 나올 수 있다.

```
❶ x = 2
❷ y = 3
```

```
❶ x+y
```

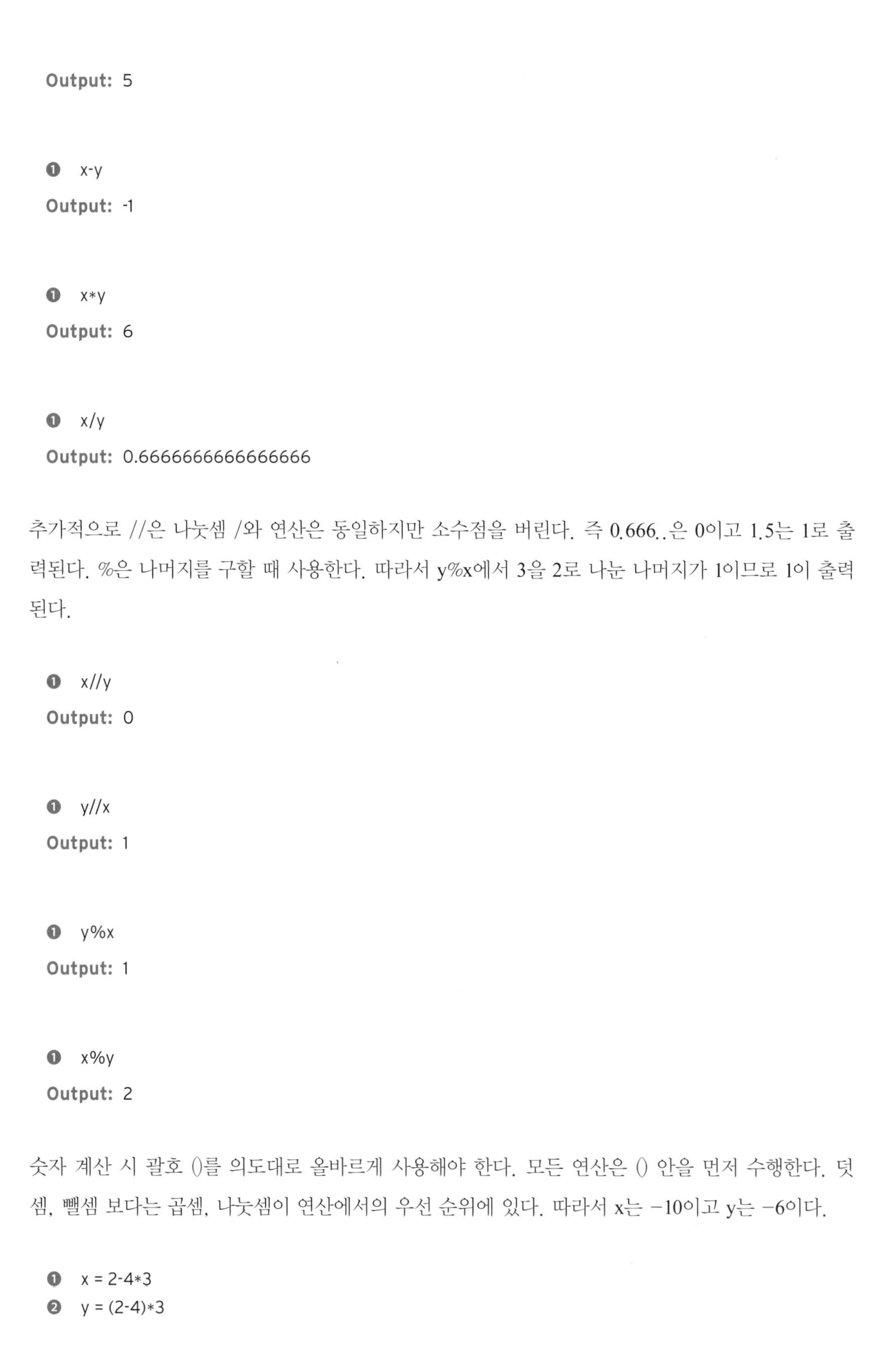

Output: 5

❶ x-y

Output: -1

❶ x*y

Output: 6

❶ x/y

Output: 0.6666666666666666

추가적으로 //은 나눗셈 /와 연산은 동일하지만 소수점을 버린다. 즉 0.666..은 0이고 1.5는 1로 출력된다. %은 나머지를 구할 때 사용한다. 따라서 y%x에서 3을 2로 나눈 나머지가 1이므로 1이 출력된다.

❶ x//y

Output: 0

❶ y//x

Output: 1

❶ y%x

Output: 1

❶ x%y

Output: 2

숫자 계산 시 괄호 ()를 의도대로 올바르게 사용해야 한다. 모든 연산은 () 안을 먼저 수행한다. 덧셈, 뺄셈 보다는 곱셈, 나눗셈이 연산에서의 우선 순위에 있다. 따라서 x는 −10이고 y는 −6이다.

❶ x = 2-4*3
❷ y = (2-4)*3

2.1.3 문자형(string)

문자형은 큰따옴표 " "나 작은따옴표 ' ' 사이에 숫자나 문자를 넣어 표현하게 되며 타입은 str로 출력된다. 여기서 조심해야 할 부분은 y는 1이라는 문자를 가진 변수이므로 정수형 타입이 아니다. 하지만 print() 함수를 사용해서 값을 출력을 할 경우에는 정수형 1과 문자형 "1"은 모두 1로 보이게 출력이 되기 때문에 숫자만 보고 정수형 타입이라고 생각할 수 있다. 따라서 간혹 숫자 계산 시 에러가 날 때 숫자라고 생각한 변수가 문자형인 경우도 있다.

```
❶ x = 'hello'
❷ y = '1'
❸ type(x)
```

Output: str

숫자가 문자형으로 표현되어 있다면 int(), float() 함수를 사용하여 숫자 형태로 변경할 수 있다.

```
❶ z = int(y)
❷ type(z)
```

Output: int

문자와 숫자는 연산이 불가능하다. 따라서 목적에 따라 두 변수를 동일한 타입으로 바꿔줘야 한다. 정수형 계산을 해야 한다면 y에 int()를 사용하여 정수 2로 변환 후 x+int(y)를 계산하면 1+2=3이 된다.

```
❶ x = 1
❷ y = '2'
```

```
❶ x+int(y)
```

Output: 3

문자형 연산이 필요하다면 str() 함수를 사용하여 1을 '1'로 변환하여 str(x)+y을 계산을 하면 '1'과 '2'가 붙어 '12'가 된다.

```
❶ str(x)+y
Output: '12'
```

문자형에서의 덧셈은 둘을 이어주는 역할을 한다. 여기서 중요한 것은 공백space도 문자로 취급한다. 예를 들어 x1='deep'과 x2='deep '은 완전히 다른 변수다. 따라서 x+y는 deep 띄고 learning으로 보이게 된다. 그리고 3*y는 y를 3번 나열한다는 의미다.

```
❶ x1 = 'deep'
❷ x2 = 'deep '
❸ y = 'learning'
```

```
❶ x1+y
Output: 'deeplearning'
```

```
❶ x2+y
Output: 'deep learning'
```

```
❶ 3*y
Output: 'learninglearninglearning'
```

■ **문자형 인덱싱**

문자형은 각 알파벳 하나 혹은 부분을 뽑을 수가 있다. 파이썬에서는 순서를 0부터 세기 때문에 y[0]은 learning의 가장 첫 번째 알파벳인 'l'이고 y[1]은 두 번째 알파벳인 'e'이다. −1은 마지막을 나타내는 의미로 y[−1]은 'g'이고 y[−2]는 뒤에서 두 번째인 'n'을 의미한다. 이때 [ ] 안의 숫자를 인덱스index라고 한다. 연속된 인덱스를 표현할 때에는 콜론 ":"를 이용하는데 마지막 숫자는 셈에서 포함하지 않는다. 즉, y[1:4]는 1, 2, 3번째 인덱스에 대해서 관련 문자를 출력하여 'ear'가 된다(1:4는 1, 2, 3, 4가 아니고 1, 2, 3이다).

```
❶ y[1]
Output: 'e'
```

```
❶ y[-1]
```
Output: 'g'

```
❶ y[1:4]
```
Output: 'ear'

2.1.4 부울형(bool)

부울형은 True나 False로만 표현되며 타입은 bool이다.

```
❶ x = True
❷ y = False
❸ type(x)
```

Output: bool

y+z가 3.6임을 물어본다면 예[True], 아니오[False]로 답할 수 있을 것이다. 이때 같은지를 물어 볼 때에는 ==을 사용하는데 bool 타입으로 결과를 보여준다. 결과는 부동 소수점에 의해 False임을 알 수 있다.

```
❶ y = 1.2
❷ z = 2.4
❸ y+z == 3.6
```

Output: False

2.1.5 출력문(print)

코드 실행 중에 진행 상황과 결과를 알고 싶을 때 출력문을 통해 관련 변수에 대해서 확인할 수 있다. 출력문의 기본적인 표현 방법에 대해서 알아보자.

```
❶ print("Hello")
```

Output: Hello

기본적으로 print()에 큰따옴표 " " 나 작은따옴표 ' '를 사용하면 그 안의 문자가 그대로 출력된다.

```
❶ a = 5
❷ print("a")
```

Output: a

따라서 변수 a 값을 출력할 경우 큰따옴표 " "나 작은따옴표 ' '를 사용하지 않는다.

```
❶ print(a)
```

Output: 5

f" "는 따옴표 안에서도 변수를 출력할 수 있게 해준다. 따옴표 안에서 변수를 출력하고 싶을 때에는 { }를 사용한다.

```
❶ a = 9
❷ b = 10
❸ print(f"I got {a} out of {b}.")
```

Output: I got 9 out of 10.

" "는 문자형이다. 따라서 +를 이용하여 문자열을 차례대로 이을 수 있다. 여기서 a는 정수형이므로 문자형 변수와 계산을 하기 위해 str()를 사용하여 타입을 str로 변경한다. 또한 띄어쓰기를 위해 따옴표 안에 공백을 포함시킨다. 하지만 문자형을 나열할 때 콤마 ,를 사용하면 각 문자형 변수 사이에 띄어쓰기가 자동으로 들어가 출력된다.

```
❶ a = 5
❷ print('I am ' + str(a) + ' years old.')
❸ print('I am', str(a), 'years old.')
```

Output:

I am 5 years old.

I am 5 years old.

실수형은 소수점 자릿수를 조절하여 출력할 수 있는데 %.1f은 소수점 첫째 자리까지, %.2f는 둘째 자리까지 출력을 한다. 정수형은 %d, 문자형은 %s을 사용하며 %(a, b, c)의 타입 순서를 맞춰서 동시에 출력을 할 수 있다.

```
❶ a = 4
❷ b = "cat"
❸ c = 4.2123213
❹ print(c)
❺ print("%.1f" % (c))
❻ print("%.2f" % (c))
❼ print("%.4f" % (c))
❽ print("%d, %s, %.1f" % (a, b, c))
```

Output:

```
4.2123213
4.2
4.21
4.2123
4, cat, 4.2
```

■ **주석 처리**

코드를 작성할 때 코드의 설명을 위해 코멘트를 남기고 싶을 경우에는 샵(#) 뒤에 글을 쓰고, 글이 길어질 경우에는 큰따옴표 3개를 위아래로 표시하고 그 가운데 글을 작성하면 알고리즘 연산에는 영향을 주지 않는 코멘트가 된다.

```
❶ # Hello, there!
❷ """
❸ Hello, there!
❹ My name is Python.
❺ """
```

2.1.6 라이브러리(library)

라이브러리는 사용자가 쉽게 코딩을 할 수 있도록 미리 만들어 놓은 도구 묶음이다. 따라서 코드에서 필요한 라이브러리가 있다면 불러와서 바로 사용할 수 있기 때문에 코딩에 필수적인 요소다.
예를 들어 배열을 관리하고 계산하는데 유용한 numpy 라이브러리가 있는데, 우리는 import를 통해 해당 라이브러리를 불러와서 사용하기만 하면 된다. numpy는 sum, mean, std, array, concatenate 등 매우 다양한 기능을 제공한다. 만약 array 배열 하나를 만들고 싶다면 numpy.array라고 작성한다. 여기서 콤마 "."는 안에 있다라는 의미로 numpy 도구 상자 안에 있는 array()라는 도구를 꺼내서 쓰겠다는 것이다. 다음은 numpy 배열 arr = numpy.array([1, 2, 3])의 성분의 합을 구한다면 arr[0]+arr[1]+arr[2]와 같은 방식으로 계산할 수 있다. 하지만 크기가 큰 배열에 대해서는 매우 비효율적인 계산이다. 다행히 numpy는 성분의 합을 구해주는 sum() 함수를 제공하기 때문에 numpy.sum(arr)를 이용해 간단히 답을 구할 수 있다.

```
❶ import numpy
❷ arr = numpy.array([1,2,3])
❸ numpy.sum(arr)
```

Output: 6

■ 라이브러리 사용법

우리가 첫 번째 예시와 같이 import numpy를 이용해 라이브러리를 불러 왔다면 numpy 내의 함수를 사용할 때마다 numpy.array(), numpy.sum(), numpy.ones() 와 같이 numpy.을 붙여줘야 한다. 따라서 라이브러리 명이 길면 코딩이 번거롭다. 이때 import 부분에 as를 붙여 줄임말을 만들 수 있다. 따라서 예시와 같이 더 이상 numpy.를 적지 않고 np.로만 함수 사용이 가능하다.

```
❶ import numpy as np
❷ arr = np.array([1,2,3])
❸ np.sum(arr)
```

Output: 6

또한 라이브러리 전체를 불러오지 않고 from과 import를 이용해 필요한 함수만 불러올 수 있다. 즉, numpy로부터 array와 mean을 직접 불러왔다면 numpy.나 np.를 붙이지 않고 함수명만 적어 사용할 수 있다.

```
❶ from numpy import array, mean
❷ arr = array([1,2,3])
❸ mean(arr)
```

Output: 2.0

■ 다양한 라이브러리

라이브러리 종류는 매우 다양하고 목적에 따라 다수의 라이브러리를 사용하게 된다. 일반적으로 코드의 가장 윗부분에 라이브러리를 불러오는 문장을 작성한 후 코딩을 한다.

```
❶ import numpy as np
❷ import pandas as pd
❸ import sklearn
❹ import torch
❺ import tqdm as tqdm
❻ ......
```

2.2 리스트, 튜플, 딕셔너리

인공 신경망을 학습하기 위해서는 다량의 데이터를 가공 및 처리를 해야 한다. 따라서 다량의 데이터를 포함한 데이터 세트를 어떻게 정의하는지가 중요하다. 파이썬은 다양한 데이터 타입만큼 다양한 형태로 데이터를 묶을 수 있다. 그중 가장 많이 사용되는 리스트, 튜플, 딕셔너리에 대해서 학습한다.

2.2.1 리스트(list)

리스트는 데이터를 묶을 수 있는 가장 쉬운 타입 중 하나다. 단일 숫자를 모을 수도 있고 리스트나 배열 같은 모임을 담을 수도 있다. list의 타입은 list이기 때문에 array와 연산을 할 때에는 array로 변환을 하여 연산하거나 array를 list로 바꿔 타입을 맞춰 계산해야 한다. 원하는 연산을 위해서는 타입이 매우 중요하다는 것을 다시 한 번 생각한다.
리스트의 성분은 콤마(,)로 나눈다. 예를 들어 1, 2, 3, 4 숫자 4개를 담고 싶다면 콤마를 이용해 구분하고 대괄호 [ ]를 사용하여 하나의 리스트를 표현한다.

```
❶ list1 = [1, 2, 3, 4]
❷ print(list1, type(list1))
```

Output: [1, 2, 3, 4] <class 'list'>

리스트의 인덱싱은 대괄호 [ ]의 번호를 통해 할 수 있다. 즉, list1[0]는 리스트 list1에서 0번째 성분을 의미하므로 1을 출력한다. −1번째는 마지막 성분을 의미하며 −2번째는 마지막에서 두 번째 성분을 의미한다. 성분을 차례대로 여러 개를 얻고 싶다면 콜론 :을 사용하며 콜론 뒤의 숫자는 계산 시 포함하지 않는다. 즉, list1[1:3]는 list1의 1번째, 2번째 성분을 출력하며 이 또한 타입이 리스트다.

```
❶ print(list1[0], list1[-1], list1[-2], list1[1:3])
```

Output: 1 4 3 [2, 3]

리스트에는 문자형도 담을 수 있다. list2[0]은 'math'이며 문자형 'math'의 1번째 문자는 'a'이므로 list2[0][1]는 'a'을 출력한다.

```
❶ list2 = ['math', 'english']
❷ list2[0]
```

Output: 'math'

```
❶ list2[0][1]
```

Output: 'a'

리스트는 서로 다른 타입도 담을 수 있다.

```
❶ list3 = [1, '2', [1, 2, 3]]
❷ list3
```

Output: [1, '2', [1, 2, 3]]

■ 리스트 연산

리스트에서 덧셈 +은 앞뒤를 붙여 주는 역할을 한다. 리스트에 정수를 곱하면 리스트가 정수배 만큼 뒤에 붙는다. append는 기존 리스트에서 추가 성분을 만들어 주는 역할을 하며 리스트가 업데이트되는 in-place 방식이다. 즉, list4는 성분이 3개이므로 list4.append(list5)를 통해 list5를 받아 성분이 4개가 되며 list4는 더 이상 [1, 2, 3]이 아닌 [1, 2, 3, [4, 5]]으로 업데이트된다.

```
❶ list4 = [1, 2, 3]
❷ list5 = [4, 5]
❸ list4 + list5
```

Output: [1, 2, 3, 4, 5]

```
❶ 2*list4
```

Output: [1, 2, 3, 1, 2, 3]

```
❶ list4.append(list5)
❷ list4
```

Output: [1, 2, 3, [4, 5]]

[1, 2, 3, [4, 5]]에서 −1번째 성분은 [4, 5]이고 −2번째 성분은 3이다. 만약 −2번째부터 빈 리스트로 대체한다면 0번째, 1번째 원소만 남게 된다.

```
❶ list4[-2:] = []
❷ list4
```

Output: [1, 2]

리스트들을 모아서 연산에 활용할 수 있다. 인덱싱은 순차적으로 대괄호 [ ]를 이용한다. 예를 들어 [[1, 2], [0, 5]]에서 2를 출력하고 싶다면 0번째 리스트에서 1번째 성분을 뽑아야 하므로 c[0][1]라고 표현할 수 있다. 또한 리스트는 성분을 삭제, 추가, 변경할 수 있다. c[0][1]의 값을 10으로 변경할 경우에는 c[0][1]=10라고 표현한다.

```
❶ a = [1, 2]
❷ b = [0, 5]
❸ c = [a, b]
❹ c
```

Output: [[1, 2], [0, 5]]

```
❶ c[0][1]
```

Output: 2

```
❶ c[0][1] = 10
❷ c
```

Output: [[1, 10], [0, 5]]

■ 리스트 관련 함수

range(n) 함수는 0부터 정수 n−1까지 나열된 리스트다. 즉, range(10)은 [0, 1, 2, 3, 4, 5, 6, 7, 8, 9]이다.

```
❶ a = range(10)
❷ a
```

Output: range(0, 10)

sum(a)은 a의 성분이 숫자일 때 모든 성분을 더해준다. 즉, 0부터 9까지 자연수를 더해 45가 출력된다.

```
❶ sum(a)
```

Output: 45

sorted() 함수는 오름차순 작은 숫자부터 성분을 나열한다.

```
❶ b = [2, 10, 0, -2]
❷ sorted(b)
```

Output: [-2, 0, 2, 10]

b.index(0)는 0이라는 성분의 위치(인덱스)를 알려준다. 따라서 [2, 10, 0, −2]의 2번째에 해당하는 2를 출력한다. len()는 가장 많이 활용하는 함수로서 리스트의 길이(성분의 개수)를 의미한다. 이 밖에 매우 다양한 함수가 존재하며 필요한 부분에 대해서 검색하여 학습하는 습관을 가지면 좋다.

```
❶ b.index(0)
❷ len(b)
❸ print(b.index(0), len(b))
```

Output: 2 4

2.2.2 튜플(tuple)

튜플은 리스트와 마찬가지로 원하는 데이터를 묶는 역할을 한다. 하지만 리스트와 가장 큰 차이점은 한 번 정의된 튜플은 수정이 불가능하며 괄호 ()를 이용하여 하나의 튜플을 정의한다.
값을 변경하려고 하면 에러 메시지가 출력된다.

```
❶ a = (1,2)
❷ print(a, type(a))
```

Output: (1, 2) <class 'tuple'>

```
❶ a[0] = 4
```

Output: TypeError: 'tuple' object does not support item assignment

다음 예시와 같이 리스트와 동일한 연산을 사용할 수 있으며, 다양한 타입을 포함할 수 있다.

```
❶ a = (1,2)
❷ b = (0, (1,4))
❸ a+b
```

Output: (1, 2, 0, (1, 4))

2.2.3 딕셔너리(dict)

딕셔너리는 키[Key]와 값[Value]으로 대응되어 데이터가 정리된 모임이다. 각 키에 콜론 :으로 표현하여 값을 할당하며 키를 통해 원하는 데이터를 바로 불러올 수 있다.

```
❶ a = {"class": ['deep learning', 'machine learning'], "num_students": [40, 20]}
```

Output: {'class': ['deep learning', 'machine learning'], 'num_students': [40, 20]}

```
❶ type(a)
```

Output: <class 'dict'>

하나의 딕셔너리를 만들 때는 중괄호 {}를 사용하며 각 키와 값의 쌍을 콤마 ,로 구분한다. 예를 들어 "class"라는 키에 하나의 리스트를 넣고 싶다면 "class": ['deep learning', 'machine learning']라고 표현한다. 내부 값을 불러올 때는 a["class"]와 같이 키를 통해 불러온다.

```
❶ a["class"]
```

Output: ['deep learning', 'machine learning']

새로운 키를 생성하고 싶을 때는 딕셔너리에 a['grade']=['A', 'B', 'C']와 같이 새로운 키를 적고 값을 대입한다. 하지만 키는 중복이 되지 않기 때문에 동일한 키 명을 입력할 경우 이전 데이터가 사라지므로 유념하도록 한다.

```
❶ a['grade'] = ['A', 'B', 'C']
❷ a
```

Output: {'class': ['deep learning', 'machine learning'], 'grade': ['A', 'B', 'C'], 'num_students': [40, 20]}

키 목록을 알고 싶은 경우에는 keys()를 사용하며 dict_keys 타입으로 반환한다. 따라서 리스트 형태로 사용하고 싶을 때는 list()를 이용하여 타입을 리스트로 변경할 수 있다.

```
❶ a.keys()
```

Output: dict_keys(['class', 'num_students', 'grade'])

```
❶ list(a.keys())
```

Output: ['class', 'num_students', 'grade']

값만 얻고 싶은 경우는 values()를 사용하며 dict_values 타입으로 반환한다.

```
❶ a.values()
```

Output: dict_values([['deep learning', 'machine learning'], [40, 20], ['A', 'B', 'C']])

items()는 딕셔너리의 데이터를 각 키와 값을 튜플로 묶어 dict_items 형태로 출력한다.

```
❶ a.items()
```

Output:
dict_items([('class', ['deep learning', 'machine learning']), ('num_students', [40, 20]), ('grade', ['A', 'B', 'C'])])

get()은 해당 키의 값을 불러오며 a['class']와 동일하다. 하지만 예를 들어 존재하지 않는 키 date에 대해 a['date']를 불러올 경우 오류가 나는 반면 a.get('date')는 None 값을 반환한다. in을 통해 딕셔너리 a에서 "class"키의 유무를 확인할 수 있다.

```
❶ a.get('class')
```

Output: ['deep learning', 'machine learning']

```
❶ "class" in a
```

Output: True

2.3 넘파이(Numpy)

머신러닝 모델은 주어진 데이터를 가지고 복잡한 행렬 연산을 거쳐 결괏값을 산출한다. 따라서 행렬 연산이 가능한 배열 형태로 데이터를 만들어 사용해야 한다. 이를 위해 우리는 행렬 연산 및 관련 함수들을 제공하는 넘파이[Numpy] 라이브러리를 사용할 수 있다.

2.3.1 여러 가지 배열

Numpy의 기본 단위는 배열이고 타입은 numpy.ndarray이다. 따라서 다양한 배열과 배열에 관한 연산을 제공한다. 기본적인 배열은 np.array를 통해 정의할 수 있으며 내부에는 리스트로 표현하여 값을 넣어준다. 배열의 내부를 리스트 하나로 표현한다면 1차원이다. 리스트의 리스트로 표현하면 2차원이 된다. 이와 같이 n차원 배열에 대해서 표현할 수 있다. a는 모든 성분이 정수인 1차원 배열이다. b는 모든 성분이 실수형 1이고 크기가 2×2×2인 3차원 배열이다. c는 모든 성분이 실수형 0이고 크기가 2×3인 2차원 배열이다. d는 0부터 9까지 10개의 정수가 차례대로 나열된 1차원 배열이다. e는 0과 10을 배열의 양 끝 성분으로 취하고 배열의 크기가 5가 되게 하는 등차수열 성분을 나열한 1차원 배열이다. f는 2 이상 10 미만의 정수 중 중복을 허용하여 5개를 뽑아 만든 1차원 배열이다.

```
❶ import numpy as np
❷ a = np.array([1, 5, 0, -1])
❸ b = np.ones((2, 2, 2))
❹ c = np.zeros((2, 3))
❺ d = np.arange(10)
❻ e = np.linspace(0, 10, 5)
❼ f = np.random.randint(2, 10, 5)
❽ print("a: ", a)
❾ print("b: ", b)
❿ print("c: ", c)
⓫ print("d: ", d)
⓬ print("e: ", e)
⓭ print("f: ", f)
```

Output:

```
a: [ 1  5  0 -1]
b: [[[1. 1.]
  [1. 1.]]
 [[1. 1.]
  [1. 1.]]]
c: [[0. 0. 0.]
 [0. 0. 0.]]
d: [0 1 2 3 4 5 6 7 8 9]
e: [ 0.   2.5  5.   7.5 10. ]
f: [4 4 9 4 8]
```

2.3.2 배열의 크기와 변환

shape을 통해서 배열의 크기를 알 수 있다. len(c)는 배열의 차원 중 첫 번째 크기를 나타내며 c.shape[0]과 같다. ndim은 배열의 차원을 나타낸다. 즉, shape의 크기를 의미한다. dtype은 배열 내 성분의 타입을 의미한다.

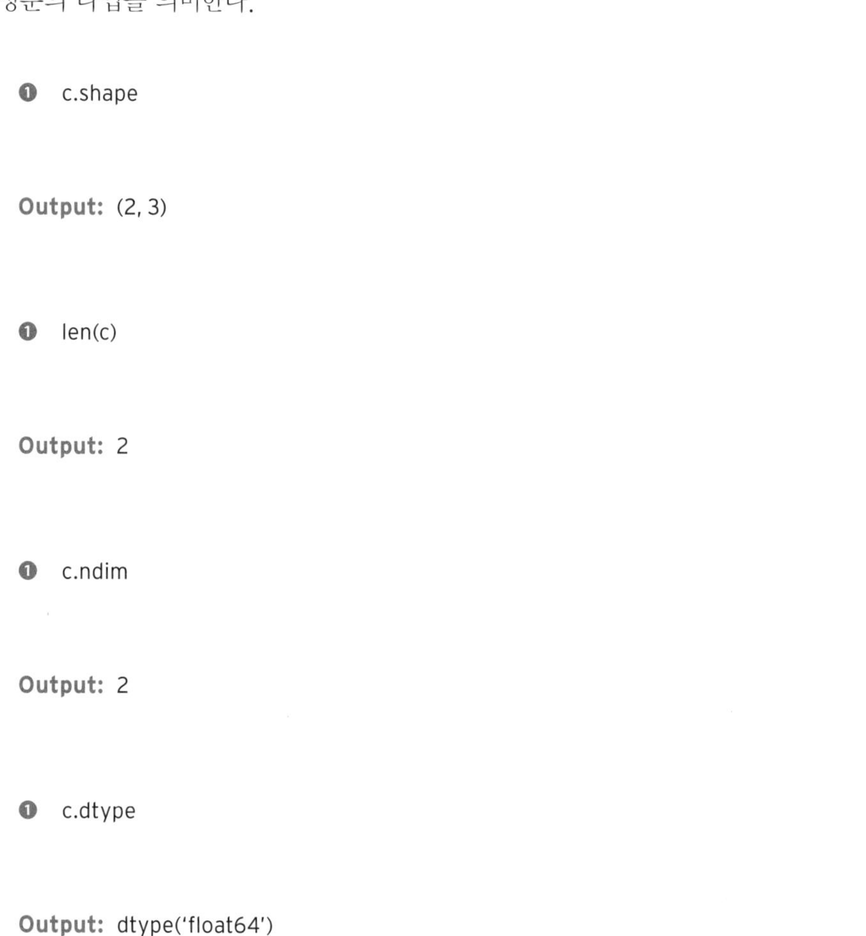

```
c.shape
```

Output: (2, 3)

```
len(c)
```

Output: 2

```
c.ndim
```

Output: 2

```
c.dtype
```

Output: dtype('float64')

배열의 크기는 reshape을 통해 사각형 형태의 배열로 변경할 수 있다. 예를 들어서 c는 2×3 배열이기 때문에 6개의 성분으로 만들 수 있는 6, 1×6, 6×1, 2×3, 3×2 배열로만 변경할 수 있다. c.reshape(6)과 c.reshape(1, 6)의 중요한 차이점이 있다. 전자는 크기가 6인 1차원 배열이고 후자는 크기가 1×6인 2차원 배열이다. 따라서 연산시 배열 크기를 신경 써야 한다. 배열 내의 성분 타입을 바꾸고 싶다면 astype을 사용한다. 여기서 c는 실수형 0이 들어가 있는데 c=c.astype('int')을 통해 정수형으로 변환할 수 있다. 물론 처음에 c = np.zeros((2, 3), dtype='int') 이라고 정의하면 정수형 영(0) 배열을 만들 수 있다.

```
❶ c.reshape(1,6)
```

Output: array([[0., 0., 0., 0., 0., 0.]])

```
❶ c.astype('int')
```

Output: array([[0, 0, 0],[0, 0, 0]])

reshape을 들여다보면 성분을 차례대로 놓고 크기에 맞게 잘라서 재배치하는 것을 볼 수 있다. 예를 들어 d는 크기가 10인 1차원 배열이므로 d.shape이 (10,)라고 출력된다. 이때, 성분 10개로 만들 수 있는 2×5 배열을 reshape을 통해 만들면 5개가 2개 있다는 의미이므로 차례대로 0부터 4까지가 1행이고 5부터 9까지가 2행으로 배치된다. 자주 사용되는 다른 표현으로는 d.reshape(2, −1)이다. 여기서 −1은 2를 곱해서 10이 나오는 값을 자동으로 계산해 5를 할당받는다. 기본적으로 ravel()은 배열을 행 순서로 이어 붙여 1차원 배열로 변환해 준다.

```
❶ d.shape
```

Output: (10,)

```
❶ d1 = d.reshape(2,5)
❷ d1
```

Output: array([[0, 1, 2, 3, 4], [5, 6, 7, 8, 9]])

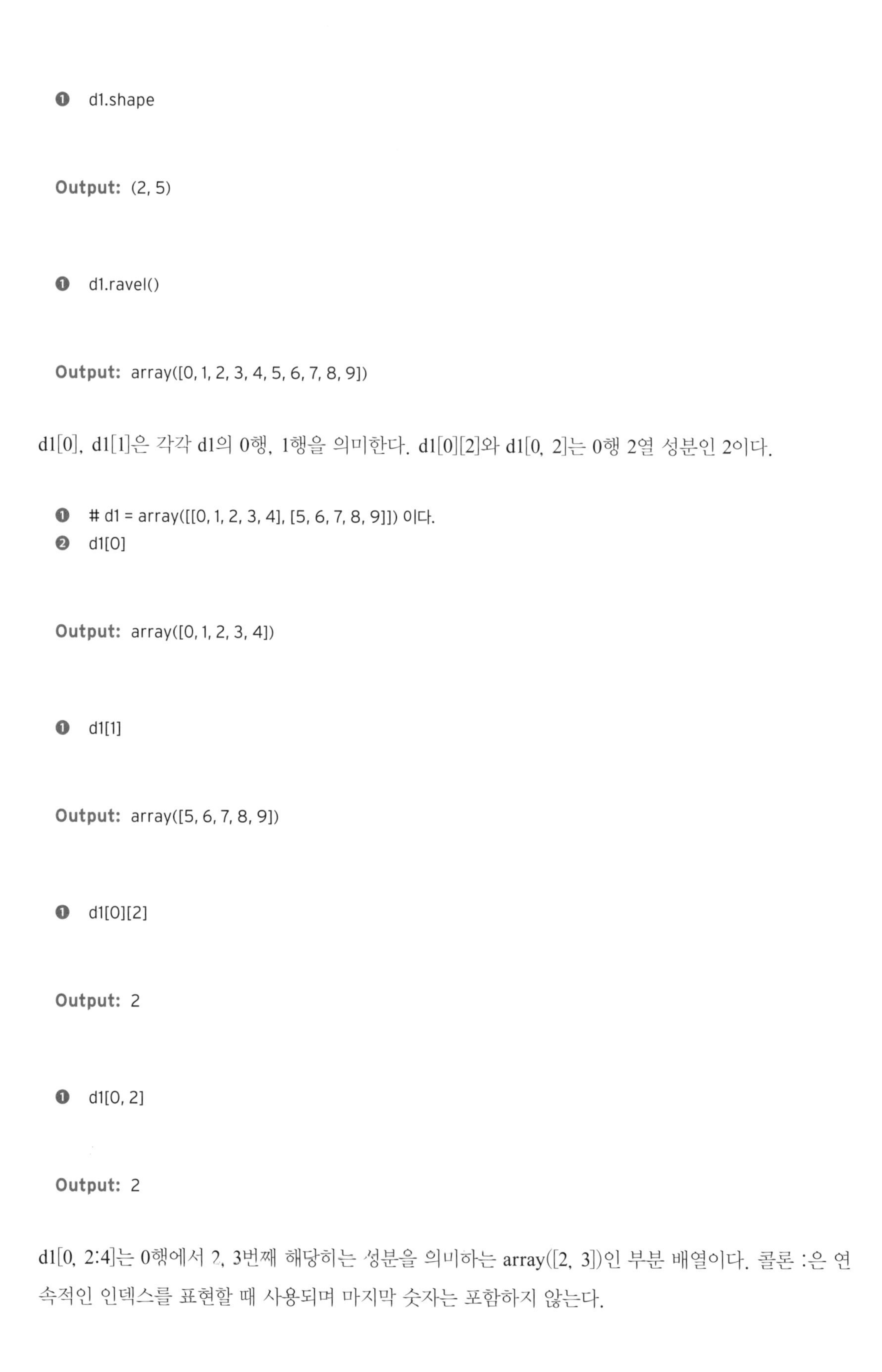

```
❶ d1.shape
```

Output: (2, 5)

```
❶ d1.ravel()
```

Output: array([0, 1, 2, 3, 4, 5, 6, 7, 8, 9])

d1[0], d1[1]은 각각 d1의 0행, 1행을 의미한다. d1[0][2]와 d1[0, 2]는 0행 2열 성분인 2이다.

```
❶ # d1 = array([[0, 1, 2, 3, 4], [5, 6, 7, 8, 9]]) 이다.
❷ d1[0]
```

Output: array([0, 1, 2, 3, 4])

```
❶ d1[1]
```

Output: array([5, 6, 7, 8, 9])

```
❶ d1[0][2]
```

Output: 2

```
❶ d1[0, 2]
```

Output: 2

d1[0, 2:4]는 0행에서 2, 3번째 해당하는 성분을 의미하는 array([2, 3])인 부분 배열이다. 콜론 :은 연속적인 인덱스를 표현할 때 사용되며 마지막 숫자는 포함하지 않는다.

콜론 앞에 숫자가 없다면 "처음부터"라는 의미이고 뒤에 숫자가 없다면 "마지막까지"라는 의미다. 예를 들어 :2는 0, 1번째를 나타낸다. 또한 인덱스의 −1은 마지막을 나타낸다. 즉, d1[−1,3]에서 −1은 마지막 행이고 3은 3번째 성분으로 1행 3열 성분인 8을 의미한다.

```
❶ d1[0, 2:4]
```

Output: array([2, 3])

```
❶ d1[0, :2]
```

Output: array([0, 1])

```
❶ d1[-1,3]
```

Output: 8

2.3.3 조건문을 이용한 인덱스 검색

평균 mu=0, 표준편차 sigma=1인 정규분포를 따르는 5×3 배열을 arr이라고 하자. arr에서 특정 조건을 만족하는 성분의 위치를 알고 싶다면 np.where를 사용할 수 있다. np.where(조건문, 참 결과, 거짓 결과)로 표현한다.

```
❶ mu = 0
❷ sigma = 1
❸ arr = np.random.normal(mu, sigma, (5,3))
❹ arr
```

Output:

```
array([[-0.35736656, 0.71449282, 2.07740178],
       [ 0.03821877, 0.5007874 , -2.73122232],
       [ 1.49578828, 0.16220325, -1.12810778],
       [-0.67127611, -1.46080391, -0.79618848],
       [-0.3184558 , 0.40233296, 0.52044431]])
```

예를 들어 np.where(abs(arr) > sigma, "out", "in")에서 조건은 abs(arr) > sigma이고 이 조건이 만족하면 "out", 만족하지 않으면 "in"을 반환한다. 따라서 모든 성분의 절댓값이 1보다 큰 2.07740178(0행2열), −2.73122232(1행2열), 1.49578828(2행0열), −1.12810778(2행2열), −1.46080391(3행1열) 부분은 "out"이고 나머지는 "in"으로 반환한다.

```
❶ np.where(abs(arr) > sigma, "out", "in")
```

```
Output:
array([['in', 'in', 'out'],
       ['in', 'in', 'out'],
       ['out', 'in', 'out'],
       ['in', 'out', 'in'],
       ['in', 'in', 'in']], dtype='<U3')
```

np.where(abs(arr) > sigma)와 같이 반환값을 설정하지 않으면 해당 인덱스를 산출하며 array([0, 1, 2, 2, 3]는 행에 대한 인덱스이고 array([2, 2, 0, 2, 1]는 열에 대한 인덱스다. 따라서 2차원 배열은 행과 열을 나타내는 2개의 성분을 가진 튜플로 반환되며, n차원 배열의 경우 n개의 성분을 가진 튜플을 반환한다.

```
❶ np.where(abs(arr) > sigma)
```

```
Output: (array([0, 1, 2, 2, 3]), array([2, 2, 0, 2, 1]))
```

2.3.4 배열의 기본 연산

2×2 배열 a, b가 주어졌다고 하자. 두 배열의 +(덧셈), −(뺄셈), *(곱셈), /(나누기), **(제곱) 연산은 같은 위치의 성분끼리 계산을 하며 배열이 아닌 단일 숫자와 배열의 연산은 모든 위치에서 동일한 단일 숫자를 계산한다. 따라서 행렬의 곱 연산을 해야 할 경우 *가 아닌 np.matmul 함수를 사용한다.

```
❶ a = np.array([[1, 3], [0, -1]])
❷ b = np.random.randint(0, 10, 4).reshape(2, 2)
❸ a + b
```

```
Output: array([[ 1, 11], [ 3, 1]])
```

❶ a*b

Output: array([[0, 24], [0, -2]])

❶ a**b

Output: array([[1, 6561], [0, 1]])

❶ 2*a

Output: array([[2, 6], [0, -2]])

❶ a-1

Output: array([[0, 2], [-1, -2]])

❶ np.matmul(a, b)

Output: array([[9, 14], [-3, -2]])

2.3.5 배열의 병합

여러 개의 배열을 합쳐서 데이터를 모아야 할 경우 concatenate 함수를 많이 사용한다. 이때 axis를 통해 어느 차원으로 배열을 합쳐야 하는지를 정해준다. 예시의 배열은 2차원 배열이므로 0, 1축이 존재한다. axis=0이면 2×2 배열 a에 2×2 배열 b가 행 기준으로 붙기 때문에 크기가 4×2인 2차원 배열이 된다. axis=1이면 열 기준으로 병합되어 크기가 2×4인 2차원 배열이 된다. 행 기준은 np.vstack(), 열 기준은 np.hstack()과 동일한 결과를 얻는다. 더 확장해서 np.concatenate([a1, a2, a3, a4], axis=0)와 같이 2개 이상도 순서대로 병합이 가능하다.

```
❶ np.concatenate([a, b], axis=0)
```

Output: array([[1, 3], [0, -1], [0, 8], [3, 2]])

```
❶ np.vstack((a,b))
```

Output: array([[1, 3], [0, -1], [0, 8], [3, 2]])

```
❶ np.concatenate([a, b], axis=1)
```

Output: array([[1, 3, 0, 8], [0, -1, 3, 2]])

```
❶ np.hstack((a,b))
```

Output: array([[1, 3, 0, 8], [0, -1, 3, 2]])

2.3.6 다양한 계산 함수

Numpy는 sum(합), mean(평균), std(표준편차), max(최댓값), min(최솟값) 등과 기본 계산 함수부터 선형대수 numpy.linalg, 푸리에 변환 numpy.fft 등과 같은 다양한 수치 함수들을 제공한다.

```
❶ des = [np.sum(a), np.mean(a), np.std(a), np.max(a), np.min(a)]
❷ print(des)
```

Output: [5, 1.25, 2.277608394786075, 5, -1]

2.4 조건문과 반복문

조건문은 특정 조건에 따라 알고리즘이 동작할 수 있도록 제어하는 문장이고, 반복문은 규칙적이고 반복적인 연산을 자동으로 시행하는 역할로서 프로그래밍에 필수적인 부분이다.

2.4.1 if문

조건문은 if와 콜론 : 사이에 조건을 넣어주며 해당 조건에 대한 코드를 들여쓰기를 통해 구분한다. 이때 ==(같음), !=(다름), <(작음), >(큼), <=(작거나 같음), >=(크거나 같음) 등의 부등식이나 논리 기호, 포함 관계 등의 다양한 조건을 만들 수 있다. 예를 들어 x가 1인지 아닌지를 판단하는 조건문을 보면 if x==1:을 주 조건으로 놓고 1이 아닐 때에는 else로 표현한다.

```
❶ x = 10
❷ if x == 1:
❸     print("x = 1")
❹ else:
❺     print("x != 1")
```

Output: x != 1

조건이 여러 개로 나눠질 경우에는 elif를 넣어 조건을 나열한다.

```
❶ x = 10
❷
❸ if x == 1:
❹       print("x는 1 입니다.")
❺ elif x == 2:
❻       print("x는 2 입니다.")
❼ elif x == 3:
❽       print("x는 3 입니다.")
❾ else:
❿       print("x는 4 이상 입니다.")
```

Output: x는 4 이상 입니다.

2.4.2 for문

for a in A:는 A에서 차례대로 성분을 하나씩 꺼내서 a로 사용하겠다는 의미다. 따라서 for i in range(5):는 [0, 1, 2, 3, 4] 리스트에서 차례대로 하나씩 성분을 꺼내어 i의 값으로 사용된다.

```
❶ for i in range(5): # range(5) = [0,1,2,3,4] list
❷     print(i)
```

Output:

```
0
1
2
3
4
```

2.4.3 while문

while 조건:은 특정 조건이 만족하면 반복문을 이행하겠다는 의미다. 따라서 while i < 5:는 i가 5보다 작으면 반복문을 계속 실행하겠다는 뜻이다. 만약 반복문이 한 번 돌 때마다 i+=1를 통해 i가 1씩 증가된다면 i가 5가 되는 시점에 while문은 종료된다.

```
❶ i = 0
❷ while i < 5:
❸     print(i)
❹     i+=1 # i = i+1
```

Output:

```
0
1
2
3
4
```

2.4.4 break, continue문

continue가 있는 조건문에 들어오게 되면 해당 반복 회차를 건너뛰게 된다.

```
❶ for i in range(5):
❷     if i == 3:
❸         continue
❹     print(i)
```

Output:

```
0
1
2
3
4
```

break가 있는 조건문에 들어오게 되면 해당 반복문을 중단한다.

```
❶ for i in range(5):
❷     if i == 3:
❸         break
❹     print(i)
```

Output:

```
0
1
2
```

2.4.5 try & except문

일반적으로 for문을 진행할 때 예기치 못한 오류가 생기면 반복문을 멈추고 에러 메시지를 산출한다. 만약에 다음 알고리즘과 같이 y=i+1에서 숫자가 아닌 문자가 들어오면 오류가 나고 더 이상 반복문이 진행되지 않는다. 예시를 보면 i는 x의 성분을 하나씩 받아 y=i+1을 계산하는데 3번째 성분은 "s"를 처리할 때 문제가 생긴다. 따라서 오류가 나더라도 오류를 배제하고 다음 반복문을 진행하기 위해 try & except문을 사용한다. 만약 try 내에서 오류가 생기면 except문으로 넘겨주고 오류가 없다면 그대로 try문을 실행한다. 따라서 3번째 반복에서 계산 오류가 나고 except문으로 넘어가는데 pass는 그냥 지나가겠다는 의미다. 물론 print()를 통해 오류에 대해서 메시지를 출력할 수도 있다. 데이터가 많으면 데이터 내의 오류를 전부 수정하는데 오래 걸리거나 미쳐 수정하지 못할 수 있다. 이때 try & except문으로 소수의 오류로 인해 알고리즘이 멈추는 것을 방지할 수 있다.

```
❶ x = [1,2,3,"s",4,5]
❷ for i in x:
❸     try:
❹         y = i + 1
❺         print(y)
❻     except:
❼         pass
```

Output:

```
2
3
4
5
6
```

■ 조건 반복문

동전을 세 번 던져 앞(1)이 3번 나오면 1등, 뒤(0)가 세 번 나오면 2등, 첫 번째 던진 게 무조건 앞 면이고 다음 두 번의 시도 중 한 번만 앞 면이 나오면 3등이고, 나머지 경우의 수에 대해서는 꽝인 내기를 10번 했다고 가정할 때 다음 게임에 대해서 등수를 구하는 알고리즘을 작성해 보자.

이 게임을 2회 시행해서 나온 결과를 한 줄로 표현하면 Z = np.random.randint(0,2, (2,3))이다. Z는 0(뒷면)과 1(앞면)로만 구성된 3개의 성분으로 구성된 2행을 가진 배열이다. 따라서 Z의 한 행 씩 불러와서 반복문을 돌려 결과를 산출할 수 있다. 즉, for z in Z:에서 z는 Z의 0행부터 4행까지 들어오게 되고 앞이 1로 표현되어 있기 때문에 앞이 3번 나오면 성분의 합이 3, 두 번 나오면 2, 한 번 나오면 1, 모두 뒷면이면 0이 될 것이다. 따라서 cond를 sum(z)로 표현한다. 만약 첫 번째 z가 array([1,

1, 1])라면 "1등 입니다. "를 출력한다. 또한 조건이 2개 이상이 있다면 and(그리고)나 or(또는)과 같은 논리 연산을 통해 표현할 수 있다. 3등의 경우, 동시에 만족해야 하는 조건이 2개이므로 and를 사용한다.

```
❶ Z = np.random.randint(0,2, (2,3))
❷
❸     for z in Z:
❹         cond = sum(z)
❺         if cond == 3:
❻             print("1등 입니다.")
❼         elif cond == 0:
❽             print("2등 입니다.")
❾         elif (cond == 2) and (z[0] == 1):
❿             print("3등 입니다.")
⓫         else:
⓬             print("꽝 입니다.")
```

Output:

```
1등 입니다.
꽝 입니다.
```

2.5 함수와 모듈

코딩을 하다 보면 동일한 연산을 자주 사용하거나 문장이 길어지는 논리가 있을 수 있다. 이때 우리는 함수 하나를 정의해 코드를 쉽게 알아볼 수 있게 하고 필요할 때마다 편리하게 미리 정의된 함수를 불러와서 사용할 수 있다. 또한 하나의 코드 안에 많은 함수를 담고 있다면 기능에 따라 모듈이라고 불리는 파일을 별도로 만든다.

2.5.1 함수

주어진 문제에서 반복적인 연산이 나온다고 하면 해당 연산을 함수로 만들어 사용하면 된다. 함수는 def 다음 함수명을 적고 괄호 () 안에는 필요한 변수를 적는다. 즉, 예시의 함수명은 sincos이고 필요한 변수는 x다. 마지막으로 함수로부터 얻어진 값을 산출하고 싶으면 return 뒤에 원하는 값을 넣는다.

```
❶ import numpy as np

❷ def sincos(x):
❸     return np.sin(x)+np.cos(x)
❹
❺ sincos(1)
```

Output: 1.3817732906760363

```
❶ sincos([1,2])
```

Output: [1.38177329 0.49315059]

2.5.2 모듈

한 파일 내에 많은 기능들을 구현한다면 코드가 복잡해지며 지저분하게 보일 수 있다. 또한 같은 기능이나 별도로 관리해야 할 내용에 대해서 가독성이 떨어진다. 따라서 코드를 구현할 때에는 기능에 따라 파일을 별도로 만들어 전체적인 코드를 완성한다. 또한 별도의 파일을 생성하기 때문에 다른 업무에서 동일 작업이 필요할 때 파일만 불러와서 사용할 수 있어 중복된 코드를 작성할 필요가 없다. 이때 전역 변수, 함수 등을 포함한 별도의 파일을 모듈이라고 한다.

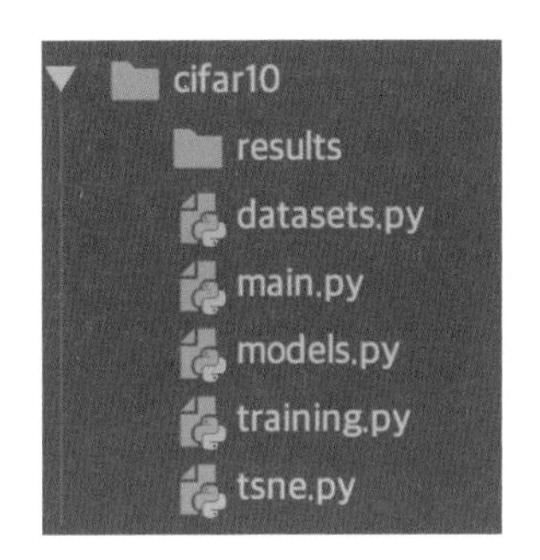

그림 2.1 모듈 파일

그림 2.1과 같이 목적에 따라 datasets, main, models, training, tsne 파일로 구분이 되어 있고 만약에 models.py에 linear_regression이라는 함수가 있고 코드 실행을 담당하는 main.py에서 linear_regression 함수를 실행해야 할 경우에는 모듈에 있는 함수들을 불러올 수 있다. 모듈을 불러오는 방법은 라이브러리를 불러오는 것과 같이 import를 사용한다.

```
❶ import models
❷ X = ... # 변수 데이터
❸ y = ... # 타깃 데이터
❹ models.linear_regression(X, y)
```

linear_regression은 models.py 안에 있기 때문에 사용할 때에는 기본적으로 함수명 앞에 모듈명을 적어야 한다. 또한 같은 폴더가 아닌 results 폴더에 들어가 있다면 import results.models로 작성한다. 만약에 오류가 날 경우 디렉터리 소스의 기본이 현재 폴더로 되어 있는지 확인해야 한다. 예시에서는 main.py와 models.py가 동일 폴더 안에 있으므로 import models로 입력하고 models.linear_regression()를 사용한다.

2.6 클래스

어떤 하나의 기능을 구현하는데 여러 개의 함수가 필요할 때가 있다. 이럴 경우 데이터와 세부적인 기능을 수행하는 함수들을 묶어서 구현할 수 있는데, 이때 기본적으로 사용되는 것이 클래스이다. 클래스는 상속 등의 다양한 기능을 통해 프로그램의 복잡도를 감소시켜 주며 확장에 매우 유리하게 작용한다. 또한 중요 변수를 클래스에 넣어 외부의 변수들과 혼동될 위험을 줄여준다.

데이터 전처리에 관한 클래스를 만들어 보자. 데이터 전처리 클래스를 만들어 전처리에 관련된 함수들을 모아서 관리한다면 전처리 기능에 대한 보완, 확장, 삭제 등이 용이할 것이다. 클래스는 기본적으로 class 다음 클래스명을 적는데, 첫 문자를 대문자로 적는 것이 관례이며 다른 사람들도 알아볼 수 있는 이름이 좋다.

```
❶ import numpy as np
❷
❸ class DataPreprocessing:
❹     def __init__(self, data, target):
❺         self.data = data
❻         self.target = target
❼         self.num_instances = self.data.shape[0]
❽         self.num_features = self.data.shape[1]
❾     def minmax(self):
❿         for i in range(self.num_features):
⓫             col = self.data[:,i]
⓬             self.data[:,i] = (self.data[:,i]-np.min(col))/(np.max(col)-np.min(col))
⓭         return self
⓮     def normalization(self):
⓯         for i in range(self.num_features):
⓰             col = self.data[:,i]
⓱             mu, sigma = np.mean(col), np.std(col)
⓲             self.data[:,i] = (self.data[:,i]-mu)/sigma
⓳         return self
```

❸ 데이터 전처리에 관한 클래스이므로 DataPreprocessing이라고 선언한다. 클래스 내부에 외부 변수를 불러올 때는 ❹ __init__함수를 사용하고 괄호 안에 self를 반드시 넣어주고 추가적으로 원하는 변수들을 나열한다.

❺,❻ 여기서는 data라는 변수와 target이라는 타깃값을 받는다.

❾,⓮ 클래스 내부의 함수에는 self를 반드시 기입한다. 또한 변수에도 self를 붙여 선언할 수 있으며, self를 붙인 변수는 클래스 내부의 함수들에서 별도의 선언 없이 자유롭게 사용이 가능하다. 따라서 data를 자유롭게 사용할 수 있도록 self.data로 선언하고 필요한 변수들에 대해서도 self로 선언할 수 있다. 즉, self.data, self.target, self.num_instances, self.num_features는 함수들을 사용할 때 별도의 선언 없이 사용할 수 있다.

```
⑳      def scaler(self, scaling=None):
㉑          if scaling == 'minmax':
㉒              self.minmax()
㉓          elif scaling == 'standard':
㉔              self.normalization()
㉕          else:
㉖              pass
㉗          return self.data
```

⑳ 스케일링 함수를 정의한다.

㉑ if scaling == 'minmax'에 만족한다면 self.minmax()을 실행하게 된다. def minmax(self):을 보면 별도의 변수가 필요 없는 함수이고 모든 계산을 클래스를 선언할 때 만들었던 self.data와 self.num_features을 이용한다.

⓬ 반복문에서는 self.data[:,i] = (self.data[:,i]−np.min(col))/(np.max(col)−np.min(col))을 통해 기존 값이 스케일링 된 값으로 대체되어 self.data가 열 기준으로 계산된 0 이상 1 이하의 값을 가진 데이터로 변환된다.

⓭ 마지막에는 self를 반환하는데 단순히 메서드[함수]가 호출된 인스턴스 개체에 대한 참조를 반환한다는 것을 의미한다. 마찬가지로 'standard'도 동일한 방식으로 구동되며 평균이 0이고 표준편차가 1인 정규분포 상에 분포된 데이터로 변환하여 data에 값을 넣어준다. 만약 scaling='log'일 경우에는 if문의 else에 해당하여 전처리 없이 데이터를 내보낸다.

■ 클래스 불러오기

```
❶ data = np.random.normal(0,10, (5,5))
❷ target = np.random.normal(0,1, 5)
❸ print(data)
❹ data_processor = DataPreprocessing(data, target)
❺ data = data_processor.scaler('minmax')
❻ print(data)
```

```
Output:
[[ -1.04845599 7.5144646 -2.03399282 -19.72781797 -5.84755528]
 [ 16.38063855 -2.5117761 5.90989859 -10.94496687  7.29374154]
 [ -8.19084985 7.75890429 8.59519841 6.52196157  -11.95537424]
 [-19.83592772 -3.96600475 10.21935663 8.77669422 -4.9856054 ]
 [-11.79597928 9.12318592 -7.3540468 -12.92625181 0.84817637]]
```

```
Output:
[[0.51875353 0.87709543 0.30273328 0.         0.31730387]
 [1.         0.1111015  0.75477385 0.30812143 1.        ]
 [0.32154009  0.89577036 0.90757862 0.9208991  0.        ]
 [0.         0.         1.         1.         0.36208255]
 [0.22199643 1.         0.         0.23861367 0.66515006]]
```

❹ 클래스를 불러오는 방법은 클래스명과 괄호 안에 필요한 변수들을 넣어주고 data_processor라는 변수명으로 선언한다.

❺ 클래스의 함수나 변수를 사용하고 싶을 때는 data_processor.함수명혹은 변수명을 선언한다. Scaler 함수는 scaling이라는 변수를 받고 기본값으로 None이 들어가 있다. 따라서 data = data_processor.scaler()는 if문의 else에 해당하여 전처리 없이 데이터를 내보낸다.

■ **클래스의 상속**

클래스는 상속을 통해 다른 클래스의 메서드를 모두 사용할 수 있으며 방법은 다음과 같다.

```
❶ class DataPipeline(DataPreprocessing):
❷     def __init__(self, data):
❸         self.data = data
❹         self.num_features = self.data.shape[1]
❺ pipe = DataPipeline(data)
❻ data = pipe.scaler('minmax')
```

❶ 상속받고자 하는 하위 클래스명 괄호 안에 상속을 해 주는 클래스명을 기입한다. 클래스 DataPipeline은 DataPreprocessing의 상속을 받아 DataPreprocessing 내의 메서드를 모두 사용할 수 있다. 예시와 같이 스케일링에 필요한 변수를 가지고 있는 클래스를 pipe라고 선언한 후 data = pipe.scaler('minmax')와 같이 DataPreprocessing 내에 있는 scaler 함수명을 그대로 이용하면 된다. 여러 개의 클래스를 상속받고 싶은 경우 class DataPipeline(DataPreprocessing, OutlierDectection):와 같이 콤마 ,로 여러 개의 상위 클래스명을 적어준다.

2.7 그래프 그리기

데이터 특징, 분석의 결과, 현재 상태 등 다양한 분석을 위해 시각화는 매우 중요한 요소 중에 하나다. 여러 가지 시각화 라이브러리가 있지만, 기본적으로 널리 사용되는 Matplotlib을 알아본다. Matplotlib은 다양한 기능을 제공하고 있기 때문에 많은 기능을 암기할 수는 없다. 따라서 특별한 그래프나 디테일한 세팅이 필요하다면 구글링을 통해 해결하는 습관을 만드는 것이 좋다.

```
❶ import numpy as np
❷ from matplotlib import pyplot as plt
❸
❹ epoch = np.arange(1,100)
❺ train_loss = 1.5/(epoch) # 예시
❻ val_loss = .3+1/(epoch) # 예시
```

우리가 모델을 학습할 때에 기본적으로 얻을 수 있는 값이 loss다. loss는 말 그대로 손실을 의미한다. 따라서 값이 작으면 "실제값과 예측값의 차이가 작다"라는 뜻이고 학습이 잘 됐다는 시그널이다 (물론 학습이 잘 됐다고 모델 성능이 무조건 좋은 것은 아니지만 가장 기본적으로 짚어봐야 할 수치가 loss다). 예를 들어 100회를 반복해서 모델을 학습하여 각각 100개의 train loss와 valdation loss를 얻었다고 가정한다면 각 변수는 크기가 100인 리스트나 넘파이 배열로 저장되어 있을 것이다.

```
❶ plt.figure(figsize=(10,5))
❷ plt.plot(train_loss, 'r-*')
❸ plt.plot(val_loss, 'b-*')
❹ plt.legend(['train','validation'])
❺ plt.title("MNIST")
❻ plt.xlabel("epoch")
❼ plt.ylabel("loss")
❽ plt.show()
```

❶ plt.figure()는 그래프의 틀을 담당하며 figsize=(너비,높이)로 전체 표의 사이즈를 조절할 수 있다. ❷ plt.plot()은 리스트나 넘파이 배열 모두를 2차원 그래프로 표현하며 추가적인 함수를 통해 그래프를 꾸며준다. 여기서 plot(x변수, y변수, ...)로 표현하면 (x, y)에 해당하는 그래프를 그려주고 예시와 같이 x변수 없이 plot(y변수, ...)라고 표현하면 x변수는 0, 1, 2, ... 의 정수가 자동으로 들어간다. plot 안을 살펴보면 r-는 빨간선으로 표시하고 *은 해당 점은 별로 표시히라는 의미다.

❸ legend()는 범례를 나타내는 함수로써 그래프가 그려지는 순서대로 할당이 된다. 예시에서는 train_loss가 출력되고 난 다음 val_loss가 출력되기 때문에 train_loss에 대한 이름을 먼저 적어 리스트 ['train', 'validation']을 legend에 넣는다.

❺~❽ title()은 제목, xlabel은 x축명, ylabel은 y축명이다. 그래프를 다 꾸몄다면 마지막에 plt.show()를 통해 그래프(그림 2.2)를 출력한다. 만약에 plt.show() 대신에 plt.savefig("./loss.png")을 사용하면 동일 폴더에 그래프를 저장할 수 있다.

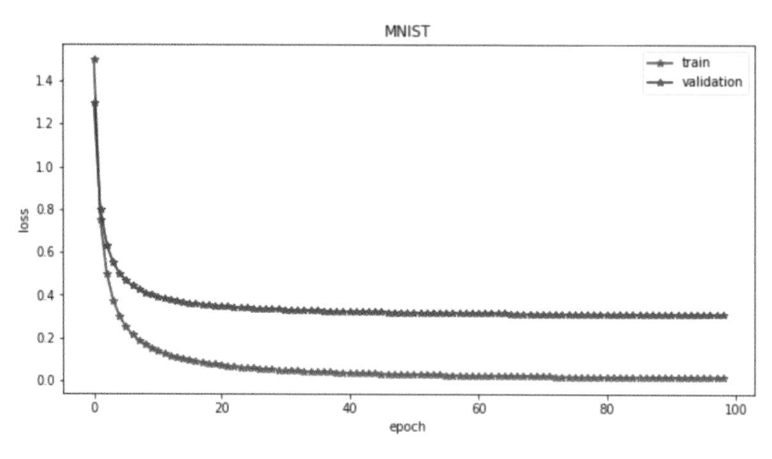

그림 2.2 손실 함수 그래프 예시

■ 다중 그래프 그리기

```
❶ random_images = np.random.normal(0, 1, (4, 216, 216))
❷ extend = [-1, 1, -1, 1]
❸ plt.figure(figsize=(5, 5))
❹ plt.subplot(221)
❺ plt.imshow(random_images[0], interpolation='nearest', cmap='jet')
❻ plt.title("t=0", fontsize=20)
❼ plt.clim(-1, 1)
❽ plt.axis('off')
❾ plt.subplot(222)
❿ plt.imshow(random_images[1], interpolation='nearest', cmap='jet')
⓫ plt.title("t=1", fontsize=20)
⓬ plt.clim(-1, 1)
⓭ plt.axis('off')
⓮ plt.subplot(223)
⓯ plt.imshow(random_images[2], interpolation='nearest', cmap='jet')
⓰ plt.title("t=2", fontsize=20)
⓱ plt.clim(-1, 1)
⓲ plt.axis('off')
⓳ plt.subplot(224)
```

```
⑳ plt.imshow(random_images[3], interpolation='nearest', cmap='jet')
㉑ plt.title("t=3", fontsize=20)
㉒ plt.clim(-1, 1)
㉓ plt.axis('off')
㉔ plt.show()
```

❹,❺ plt.subplot(221)을 통해 다중 그래프를 표현한다면 3개의 숫자를 통해 틀과 위치를 정할 수 있다. 221에서 첫 번째 2는 행, 두 번째 2는 열로써 2행 2열 형태의 그래프 4개를 만들겠다는 의미이고 1은 첫 번째 그래프라는 의미다. 따라서 정사각형 형태의 표를 만들기 때문에 figsize는 (5, 5)로 정사각형 형태가 나오게 설정한다. 예를 들어 넘파이 배열 타입인 216×216 이미지 4장이 있다면 plt.imshow()를 통해 이미지로 출력을 할 수 있다.

❺ 또한 cmap을 통해 컬러 스타일을 정할 수 있는데, 예시에서는 jet를 사용하고 동일한 컬러 스케일링을 위해 컬러 값의 범위를 정해주는

❼ plt.clim(−1, 1)을 사용한다.

❽ 마지막으로 이미지만 얻고 싶은 경우 plt.axis('off')을 통해 표에 대한 x축, y축을 없앨 수 있다. 나머지 그림에 대해서도 동일한 옵션을 적용하여 그림 2.3을 출력한다.

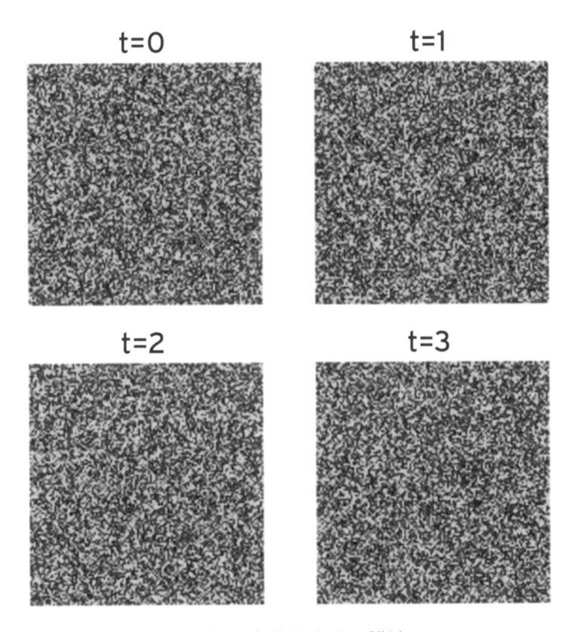

그림 2.3 2×2 Subplot 예시

2.8 폴더 및 파일 관리

데이터를 불러오고 저장하고 수정하는 등의 데이터 관리는 데이터 분석에서 필수적인 요소다.

■ 폴더 생성

```
❶ import os
❷
❸ def newfolder(directory):
❹     try:
❺         if not os.path.exists(directory):
❻             os.makedirs(directory)
❼     except OSError:
❽         print('Error')
❾
❿ parent_folder = './new'
⓫ newfolder(parent_folder)
```

❻ os.makedirs()를 포함한 함수를 만들어서 폴더를 생성할 수 있다. 만약에 폴더가 있다면 덮어쓰기를 방지하기 위해 ❺ if 조건문을 작성하여 존재하는 폴더명이라면 생성하지 않는다.

❹~❽ 또한 try & except문을 통해 오류가 발생해도 코드가 멈추지 않게 작성한다.

❿ 폴더명에는 parent_folder = './new'와 같이 경로로 작성한다. ./의 의미는 현재 디렉터리라는 의미이기 때문에 newfolder('./new')는 현재 디렉터리에서 new라는 폴더를 생성한다.

■ 경로 불러오기

glob() 함수를 통해 필요한 경로를 리스트에 담을 수 있다. glob.glob('./data/*')는 현재 디렉터리에서 data 폴더 안에 모든 폴더 및 파일에 관한 경로를 불러온다. 만약 data 폴더에 다양한 확장자(py, jpg, csv 등)가 존재하고 png 확장자만 불러오고 싶다면 glob.glob('./data/*.png')를 사용한다. 또는 현재 디렉터리에서 모든 폴더에 대한 jpg 파일을 불러올 경우에는 glob.glob('./*/*.jpg')라고 표현하면 된다. 따라서 흩어져 있는 데이터에 대해서 한 곳에 모을 수 없다면 glob을 통해 경로를 모아서 데이터를 일괄처리할 수 있다.

```
❶ import glob
❷ path = glob.glob('./data/*')
❸ print(path)
```

Output: ['./data/img4.jpg', './data/img3.jpg', './data/img2.jpg', './data/img1.jpg']

■ 파일 불러오기 및 저장하기

파일을 불러오거나 저장하는 것은 코드 구성, 파일의 형태, 데이터의 형태마다 다르기 때문에 구글링을 통해 찾거나 직접 작성해야 한다. 대표적인 파일 쓰기는 open(), numpy.load(), pandas.read_csv(), pandas.read_pickle() 등이 있고, 파일 저장은 write(), numpy.save(), numpy.savetxt(), pandas.to_csv() 등이 사용된다. 따라서 주어진 데이터의 형태를 파악하는 것이 우선이다.

2.9 터미널에서 파이썬 실행하기

기본적으로 코드를 수정할 때 아나콘다, 파이참, 주피터 노트북 등의 편집기를 켜서 작업을 진행한다. 하지만 완성된 코드를 실행할 때마다 편집기를 켜서 진행하는 것은 비효율적일 것이다. 따라서 완성된 코드에 대해서는 편집기를 켜지 않고 터미널 창에서 연속적으로 작업을 할 수 있도록 sh 파일과 argparse 라이브러리를 이용한다.

■ **main.py**

메인 코드에서 ❸ if __name__ == "__main__":가 시작하는 곳에 parse들을 정의한다. 변수명은 -를 두 번 작성 후 --변수명으로 정의하며 type에는 변수의 타입을 설정하고 default에는 어떤 값도 들어오지 않는 경우에 사용되는 기본값을 넣어준다. 또한 help를 통해 변수의 설명을 적어 준다면 다른 사용자들도 쉽게 이해할 수 있다. 예를 들어 parser.add_argument('--img_size', default=216, type=int, help='image size')에서 --img_size를 통해 받은 변수는 파이썬 내부에서 args.img_size라는 변수명을 갖는다. 기본값은 216이며 정수형이다. help를 통해 이 값은 이미지 크기(216×216)임을 알 수 있다. 마찬가지로 args.batch_size, args.l2 등으로 args.를 붙여 변수를 사용할 수 있다.

```
❶ import argparse
❷
❸ if __name__ == "__main__":
❹     parser = argparse.ArgumentParser(description='Image Classification')
❺     parser.add_argument('--img_size', default=216, type=int, help='image size')
❻     parser.add_argument('--batch_size', default=30, type=int, help='batch size')
❼     parser.add_argument('--num_epochs', default=101, type=int, help='training epoch')
❽     parser.add_argument('--data', default=2, type=int, help='data')
❾     parser.add_argument('--cv', default=3, type=int, help='k-folds')
❿     parser.add_argument('--lr', default=5e-4, type=float, help='learning rate')
⓫     parser.add_argument('--l2', default=0, type=float, help='weight decay')
⓬     parser.add_argument('--ls', default=0.2, type=float, help='label smoothing')
⓭     parser.add_argument('--cutmix', default='n', type=str, help='mixed image')
⓮     parser.add_argument('--type', default='train', type=str, help='train or eval')
⓯     args = parser.parse_args()
```

■ execute.sh

결과가 자동으로 저장되도록 코드가 잘 짜였다면 셸shell 파일을 통해 여러 개의 옵션에 대한 실험을 하도록 컴퓨터에게 한 번에 업무를 줄 수 있다. 이를 통해 실험이 순차적으로 되는 동안 우리는 커피 한 잔을 마시거나 다른 업무를 볼 수 있다.

```
❶ % 4개의 실험을 순차적으로 진행한다.
❷ python main.py
❸ python main.py --data 1
❹ python main.py --data 3 --ls 0.4
```

❶ 어떤 실험을 할 지 정했다면 sh 파일을 만들고 !/bin/bash 아래에 파이썬을 실행하는 명령어를 나열한다. %는 주석을 의미한다.

❷ python main.py은 파이썬 파일인 main.py을 실행한다는 의미로 모든 parser 값은 기본값으로 할당된다. 다음 옵션을 설정할 때에는 이미 정의한 parser의 변수명을 차례로 적고 해당 값을 입력한다.

❹ 예를 들어 python main.py --data 3 --ls 0.4에서 데이터는 3번 데이터를 쓰고 라벨 스무딩 비율은 0.4로 진행하겠다는 의미다.

마지막으로 해당 디렉터리의 터미널에서 sh execute.sh를 입력하면 execute.sh 파일이 실행되고 그 안에 작성된 코드 ❷~❹가 순차적으로 실행된다.

```
(base) Macbook:final $ sh execute.sh
```

그림 2.4 터미널에서 shell 실행하기

“

인공지능 창조의 성공은
인류 역사상 가장
큰 사건이 될 것 입니다.

”

앤드류 응

3 CHAPTER

지도 학습

지도 학습은 모델에게 정답을 알려주어 학습하는 방법으로 가장 기본적인 학습 방법이다. 3장에서는 지도 학습의 개념과 과정을 살펴보고 우리가 다루는 대표적인 문제가 무엇이 있는지 알아본다. 추가적으로 머신러닝 업무에서 가장 기본인 용도에 따라 데이터 세트를 나누는 방법에 대해서 살펴본다.

- 지도 학습이란
- 지도 학습의 종류
- 데이터 세트 분할

3.1 지도 학습이란

호형은 중요한 시험을 위해 시험공부를 하고 있다. 문제집을 사서 그 안에 들어 있는 다수의 문제들을 풀고 답을 내놓고 채점을 통해 실제 정답과 비교하면서 무엇이 틀렸는지 파악하고 다시 점수를 올리기 위해 자신의 지식을 정리하고 다시 문제를 풀어 답을 내놓고 실제 정답과 비교하는 것을 반복하면서 실력을 쌓아간다. 이와 같은 학습 방법이 지도 학습Supervised learning이다.

따라서 지도 학습에서는 좋은 모델을 만들기 위해 학습 과정에서 데이터를 이용한 예측값과 실제값을 맞춰 보는 과정이 핵심 구조라고 할 수 있다. 반대로, 학습 중 정답지를 사용하지 않고 문제만을 풀어 문제의 패턴을 파악하는 방법을 비지도 학습Unsuperivsed learning이라고 한다.

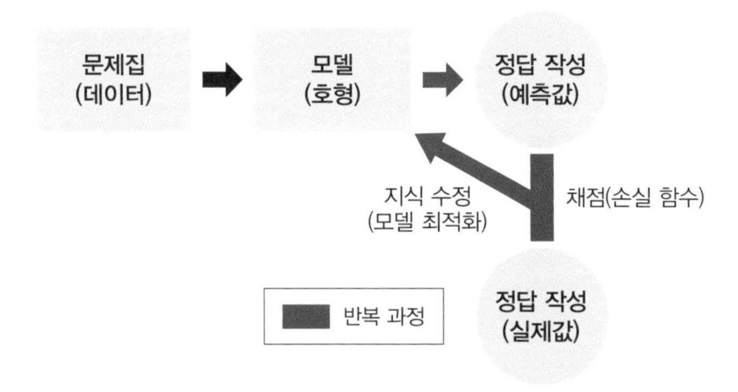

그림 3.1 지도 학습의 흐름

지도 학습의 장점은 학습 과정에서 정답을 사용하기 때문에 일반적으로 비지도 학습보다 성능이 좋다. 하지만 지도 학습은 데이터에 대응하는 라벨label 혹은 목푯값target value이라고 불리는 실제 정답을 가지고 있어야 하기 때문에 실제값이 없을 경우에는 모델 구축 이전에 실제값을 정의해야만 한다.

예를 들어 우리가 강아지, 개, 호랑이 등의 동물 10,000여 종의 사진을 각각 500,000장씩 가지고 있다고 가정해 보자. 우리가 이 데이터를 가지고 지도 학습을 하기 위해서는 어떤 사진이 어떤 동물인지 표시를 하는 라벨링 작업labeling혹은 annotation을 하거나 폴더 정리를 거쳐야만 한다. 이때 많은 시간과 비용이 소모될 수 있다. 또한 라벨링을 잘못할 가능성이 있기 때문에 데이터 관리를 잘해야 한다. 따라서 지도 학습을 위해 기본적으로 정확히 정답이 표기된 데이터를 가지고 있어야 한다.

■ 기본적인 지도 학습 과정

우리의 목적은 예측을 잘 하는 좋은 모델을 만드는 것이다. 모델은 가중치와 편향을 통해 예측값을 산출하기 때문에 좋은 모델이라는 의미는 문제에 적합한 가중치와 편향을 가진 모델이라는 뜻이다. 따라서 지도 학습의 목표는 학습을 통해 적절한 모델의 가중치와 편향을 찾는 것이다. 처음 학습 시에는 무작위로 가중치와 편향을 정하여 예측값을 산출한다. 따라서 예측값이 얼마나 정확한지를 판단할 필요가 있다.

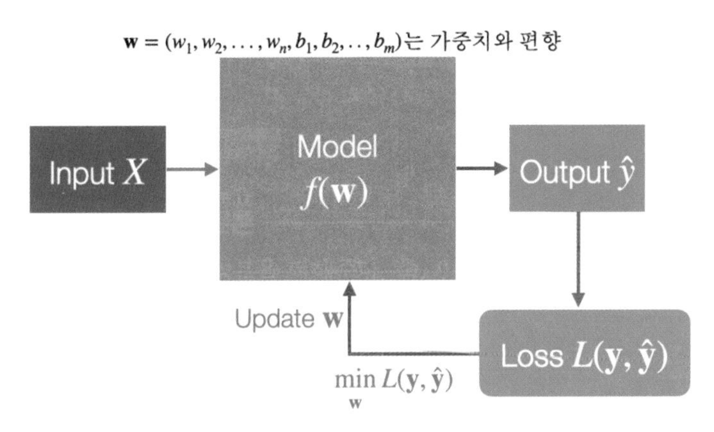

그림 3.2 기본적인 지도 학습 과정

이때 사용되는 개념이 손실 함수다. 손실 함수Loss function는 실제값과 예측값이 얼마나 차이가 나는지를 측정하는 척도로써 문제에 따라 적절한 손실 함수를 정해주는 것이 중요하다. 일반적으로 손실 함숫값이 작다는 의미는 실제값과 예측값의 차이가 작다는 뜻으로 학습을 잘하고 있다는 것이고, 반대로 함숫값이 크면 학습이 효과적이지 못하다는 의미다.

따라서 현재 예측을 통해 얻은 손실 함숫값 보다 다음 학습 시 더 작은 손실 함숫값을 얻기 위해 이전 가중치와 편향을 좀 더 적절한 가중치와 편향으로 최적화Optimization하게 된다. 가중치와 편향의 업데이트는 손실 함수의 최적화 문제로 귀결된다. 즉, 손실 함수 L이 최소가 되게 하는 가중치와 편향을 구하게 되는데 이때 필요한 것이 미분 개념이다.

미분 계산으로 구성된 역전파Back-propagation를 통해 손실 함수의 최소 지점을 찾게 된다. 이 과정에서 구해진 새로운 가중치와 편향으로 다시 예측값을 구해서 손실 함수를 계산하고 역전파를 통해 다시 가중치와 편향을 업데이트하는 일련의 과정을 반복하게 된다.

```
❶ # 데이터 정의 (1)
❷ train_data = ...
❸ train_loader = ...
❹ # 반복 학습
❺ for epoch in range(num_epochs): # 전체 데이터에 대한 반복 학습 (6)
❻     for inputs, labels in train_loader: # 입력값과 실제값 - 배치 데이터* (2)
❼         ... 중략 ...
❽         optimizer.zero_grad() # 최적화 초기화
❾         outputs = model(inputs) # 예측값 산출 (2)
❿         loss = criterion(outputs, labels) # 손실 함수 계산 (3)
⓫         loss.backward() # 손실 함수 기준으로 역전파 설정 (4)
⓬         optimizer.step() # 모델 가중치 업데이트 (5)
⓭
⓮     ... 중략 ...
```

❷,❸ 데이터를 준비한다(학습 데이터).

❾ 모델이 데이터를 받아 예측값을 산출한다(인공신경망 모델).

❿ 예측값과 실제값을 이용해 손실 함수를 계산한다(손실 함수).

⓫,⓬ 손실 함수를 기준으로 가중치와 편향을 최적화한다(최적화 기법).

❻~⓭ for문을 통해 데이터를 나누어 학습한다.

❺~⓮ 반복을 통해 전체 데이터를 여러 번 학습한다.

배치(Batch) 데이터

많은 양의 데이터를 한 번에 계산하면 메모리 문제가 발생할 수 있다. 따라서 데이터를 분할해서 학습에 사용한다. 예를 들어 50000개의 학습 데이터가 있다면 20개씩 나눠 2500번의 내부 for문을 돌게 된다. 즉, 내부 for문이 다 돌면 50000개의 데이터를 한 번 학습했다는 의미다. 최종적으로 외부 for문을 통해 50000개의 데이터를 여러 번 반복 학습한다.

3.2 지도 학습의 종류

지도 학습 문제 중 회귀 문제Regression와 분류 문제Classification를 가장 쉽게 접할 수 있다. 회귀 문제는 우리가 원하는 결괏값이 연속적인 변수인 것을 예측하는 문제다. 예를 들어 집값 예측, 온도 예측이 있다. 반면에 분류 문제는 우리가 원하는 결괏값이 클래스Class라고 하는 유한한 모임으로 분류되는 문제다. 예를 들어 질병 예측(양성(1) 또는 음성(0)), 만족도 예측(1, 2, 3점)이 있다.
여기서 만족도를 1, 2, 3이라고 구분 짓는 것을 라벨링Labeling이라고 하며 1, 2, 3 숫자들을 라벨Label이라고 한다. 만약 1, 2, 3을 0과 1로만 구성된 벡터 (1,0,0), (0,1,0), (0,0,1)로 표현하는 방법을 원-핫 인코딩One-hot encoding이라고 부르며, 표현된 벡터를 원-핫 벡터One-hot vector라고 한다.

■ 회귀 문제

- 보스턴 집값 예측 – 집값
- 주가 예측 – 종가
- 대기질 예측 – 이산화질소, 질소산화물 농도
- 자전거 공유 서비스 – 임시 사용자 수

■ 분류 문제

- MNIST – 숫자(0, 1, 2, 3, 4, 5, 6, 7, 8, 9)
- CIFAR10 – 객체(비행기, 승용차, 새, 고양이, 사슴, 개, 개구리, 말, 배, 트럭)
- 유방암 진단 – 양성, 음성
- 와인 품질 예측 – 평점(1, 2, 3, 4, 5점 중)

■ 대표적인 데이터 소스

- Sklearn 데이터셋 라이브러리
- Pytorch 데이터셋 라이브러리
- UCI https://archive.ics.uci.edu
- Kaggle https://www.kaggle.com

3.3 데이터 세트 분할

시험 대비를 위해 문제집 100권을 샀다고 가정하자. 그리고 100권 전체를 1000번 반복해서 문제를 풀면서 지식을 쌓았다면 우리는 100권 안에 있는 모든 문제를 다 맞을 수 있을 것이다. 그렇다면 지금 가지고 있는 문제집에서 100점을 맞았다고 해서 "실제 시험에서 100점을 맞을 수 있을까?"라는 의문을 가질 수 있다.

물론 많은 문제집을 풀었기 때문에 높은 점수를 기대할 수 있지만 장담은 못할 것이다. 따라서 현재까지 공부한 실력을 검증할 수 있도록 모의고사를 보면 좋다. 즉, 100권 중 80권은 지도 학습 방법으로 공부를 하고 나머지 20권은 학습 이후에 검증을 목적으로 풀어 보는 것이다. 예를 들어 80권을 학습하여 100점을 맞고 학습에 사용하지 않은 20권에서는 50점을 맞았다면 공부 방법(학습)이 잘못된 것이고, 20권을 풀었을 때 90점을 맞았다면 학습을 잘했다고 자신의 실력을 판단할 수 있을 것이다.

이렇듯, 보편적으로 용도에 따라 데이터를 분할하여 사용하게 되며 학습에 사용되는 데이터를 학습 데이터 Train data, 평가에 사용되는 데이터를 평가 데이터 Test data라고 부른다. 하지만 평가 데이터로부터 얻은 결과를 기준으로 가장 좋은 모델을 선택한다면 평가 데이터 외 새로운 데이터에 대해서 예측을 잘못할 수 있기 때문에 학습, 검증 Validation, 평가용으로 데이터를 3 종류로 나누기도 한다. 데이터 분할 비율은 정해진 것이 없지만 일반적으로 학습 : 평가 = 7 : 3 (5 : 5, 6 : 4) 혹은 학습 : 검증 : 평가 = 6 : 2 : 2로 나누며 데이터 셋이 큰 경우에는 학습 데이터 비율을 8, 9까지 높기도 한다.

데이터를 분할하는 방법은 무작위 추출 Random sampling, 층화 추출 Random Stratified sampling, 교차 검증 Cross-validation 등 다양한 방법들이 있다. 기본적으로 무작위 방식으로 데이터를 나누며 sklearn 라이브러리를 통해 쉽게 적용할 수 있다. 가장 중요한 것은 어떠한 방식으로 데이터를 학습, 검증, 평가 세트로 나누더라도 데이터가 절대 중복으로 들어가서는 안된다.

■ 무작위로 섞어서 데이터 분할

CODE 3.3 Data split.ipynb

```
❶ import numpy as np
❷ from sklearn.model_selection import train_test_split
❸
❹ X, y = np.arange(1000).reshape((100, 10)), np.arange(100)
❺ X_train, X_test, y_train, y_test = train_test_split(X, y, test_size=0.3, random_state=0)
```

❷ sklearn 라이브러리의 train_test_split을 이용해 원하는 분할 비율로 데이터를 학습 데이터와 평가 데이터로 나눌 수 있다.

❺ test_size=0.3인 경우에는 평가 데이터가 전체의 30%이므로 100개 중 무작위로 골라 70개가 학습 데이터가 되고 나머지 30개가 평가 데이터가 된다. 이와 같은 방법으로 학습, 검증, 평가 데이터로 나눌 수도 있다. 참고로 train_test_split의 입력 데이터는 리스트, numpy 배열, scipy-sparse 행렬, pandas 데이터프레임 형태를 허용한다.

```
❶ import numpy as np
❷ from sklearn.model_selection import train_test_split
❸ X, y = np.arange(1000).reshape((100, 10)), np.arange(100)
❹ X_train, X_test, y_train, y_test = train_test_split(X, y, test_size=0.4, random_state=0)
❺ X_test, X_val, y_test, y_val = train_test_split(X_test, y_test, test_size=0.5, random_state=1)
```

❹,❺ 만약에 학습, 검증, 평가 데이터의 비율이 6 : 2 : 2라고 한다면 학습 데이터와 평가 데이터를 6 : 4로 나눈 후 평가 데이터를 다시 평가 데이터와 검증 데이터 비율이 5 : 5로 나누면 결과적으로 6 : 2 : 2라는 비율을 얻게 된다.

> 기계가 실수하지 않을
> 것이라 기대된다면
> 그것은 지적일 수 없습니다.

앨런 튜링

4 CHAPTER

파이토치 기본

파이썬 학습에서도 언급했듯이 프로그래밍 언어에서 가장 중요한 것은 타입이다. 따라서 4장에서는 파이토치의 기본 타입인 텐서를 먼저 학습하고 딥러닝 모델을 최적화할 때 필요한 자동 미분법과 효율적으로 학습 데이터를 사용하는 방법에 대해서 배운다.

- 텐서
- 역전파
- 데이터 불러오기

4.1 텐서

파이토치 모델 연산을 위해서는 파이토치의 기본 단위인 텐서Tensor를 이용해야 한다. 따라서 텐서의 종류와 연산을 잘 숙지해야만 효율적인 코드를 작성할 수 있다.

4.1.1 여러 가지 텐서

CODE 4.1 Tensor.ipynb

텐서Tensor는 파이토치의 기본 단위이며, GPU 연산을 가능하게 한다. 또한 Numpy의 배열과 유사하여 손쉽게 다룰 수 있다.

```
❶ import torch
❷ import numpy as np
❸
❹ x = torch.empty(5,4)
❺ print(x)
```

Output:

```
tensor([[ 0.0000e+00, -1.5846e+29, 1.0836e-27, -2.5250e-29],
        [ 1.8361e+25, 1.4603e-19, 1.6795e+08, 4.7423e+30],
        [ 4.7393e+30, 9.5461e-01, 4.4377e+27, 1.7975e+19],
        [ 4.6894e+27, 7.9463e+08, 3.2604e-12, 1.7743e+28],
        [ 2.0535e-19, 5.9682e-02, 7.0374e+22, 3.8946e+21]])
```

❶ torch는 Pytorch를 사용하기 위한 기본 라이브러리다.

❹ torch.empty를 통해 크기가 5×4인 빈 텐서를 생성한다. 이때 초기화되지 않은 행렬인 경우 해당 시점에 할당된 메모리에 존재하던 값들이 초깃값으로 나타난다.

torch는 ones, zeros, empty 등 넘파이에서 사용되는 동일한 형태의 함수들을 많이 제공하고 있다.

```
❶ torch.ones(3,3) # 3×3 일 행렬
```

Output:

```
tensor([[1., 1., 1.],
        [1., 1., 1.],
        [1., 1., 1.]])
```

```
❶ torch.zeros(2) # 2행 영 벡터
```

Output: tensor([0., 0.])

```
❶ torch.rand(5,6) # 5×6 무작위 행렬
```

Output:

```
tensor([[0.0570, 0.2543, 0.6556, 0.0770, 0.3769, 0.4685],
        [0.4154, 0.8835, 0.1464, 0.5772, 0.5132, 0.0357],
        [0.0067, 0.1813, 0.4656, 0.6091, 0.5241, 0.3152],
        [0.1441, 0.8257, 0.9880, 0.2956, 0.4270, 0.3678],
        [0.7060, 0.0831, 0.0380, 0.2950, 0.7109, 0.0694]])
```

4.1.2 리스트, 넘파이 배열을 텐서로 만들기

torch.tensor()를 통해 텐서로 변환이 가능하다. 또한 torch.FloatTensor(), torch.LongTensor()와 같이 구체적인 텐서 타입을 정의할 수도 있다.

```
❶ l = [13,4] # 리스트 생성
❷ r = np.array([4,56,7]) # 넘파이 배열 생성
❸ torch.tensor(l)
```

Output:

```
tensor([13,  4])
```

```
❶ torch.tensor(r)
```

Output:
```
tensor([ 4, 56,  7])
```

4.1.3 텐서의 크기, 타입, 연산

.size()는 텐서의 크기를 확인할 수 있으며 매우 자주 사용된다. x.size()는 x텐서(5×4)의 크기이므로 torch.Size([5, 4])로 출력된다. 따라서 x.size()[1]는 4를 출력한다. 혹은 x.size(1)로도 표현이 가능하다.

```
❶ x.size()[1]
```

Output: 4

텐서의 타입은 torch.Tensor다.

```
❶ type(x)
```

Output: torch.Tensor

텐서의 사칙연산, 제곱, 몫 계산 등의 기본 연산은 넘파이와 동일하다.

```
❶ x = torch.rand(2,2) # 2×2 랜덤 행렬
❷ y = torch.rand(2,2) # 2×2 랜덤 행렬
❸ x+y
```

Output:
```
tensor([[1.0745, 0.9452],
        [1.1449, 1.3838]])
```

```
❶ torch.add(x,y)
❷ y.add(x)
```

```
Output:
tensor([[1.0745, 0.9452],
        [1.1449, 1.3838]])
tensor([[1.0745, 0.9452],
        [1.1449, 1.3838]])
```

❶ torch.add(x,y)는 x+y와 같은 의미다.

❷ y.add(x)는 y에 x를 더한다는 의미다.

```
❶ y.add_(x)
```

❶ y.add_()는 y에 x를 더하여 y를 갱신한다. 즉, y는 기존 y와 x가 더해진 값으로 바뀌어있다. 이와 같이 기존의 값을 덮어 씌우는 방식을 인플레이스in-place 방식이라고 한다.

4.1.4 텐서의 크기 변환

```
❶ x = torch.rand(8,8) # 8×8 랜덤 행렬
❷ print(x.size())
```

```
Output: torch.Size([8, 8])
```

```
❸ a = x.view(64) # 크기를 바꿔주는 view 8×8 -> 64
❹ print(a.size())
```

```
Output: torch.Size([64])
```

```
❺ b = x.view(-1,4,4) # -1은 원래 크기가 되게 하는 값 8×8 -> -1×4×4 즉, 4×4×4이다.
❻ print(b.size())
```

```
Output: torch.Size([4, 4, 4])
```

❸ view는 텐서 크기를 바꿔주는 함수다. 즉, x.view(64)는 8×8에서 일렬로 만든 텐서다.

❺ −1은 원래 크기가 되게 하는 값으로 전체 성분이 64개가 되게 하는 4×4×4 배열을 만들어야 한다. 따라서 −1은 4로 자동 할당된다.

4.1.5 텐서에서 넘파이 배열로 변환

```
❶ x = torch.rand(8,8)
❷ y = x.numpy()
❸ type(y)
```

Output: numpy.ndarray

❷ 텐서 뒤에 .numpy()만 붙여주면 넘파이 배열로 변환된다.

4.1.6 단일 텐서에서 값으로 반환하기

.item()은 손실 함숫값과 같이 숫자가 하나인 텐서를 텐서가 아닌 값으로 만들어 준다.

```
❶ x = torch.ones(1)
❷ print(x.item())
```

Output: 1.0

4.2 역전파

모델 파라미터의 최적화는 미분의 성질과 연쇄 법칙을 기반으로 한 역전파를 통해 진행된다. 역전파는 모델이 복잡할수록 계산 과정이 복잡해져 코드를 직접 구현하기에는 어려움이 있다. 따라서 파이토치는 간단하게 사용할 수 있는 다양한 최적화 방법을 제공하고 있다.

4.2.1 그래디언트 텐서

CODE 4.2 Backpropagation.ipynb

일반적으로 인공 신경망의 최적화라는 것은 손실 함수의 최솟값Global minimum이 나오게 하는 신경망의 최적 가중치를 찾는 과정이다. 따라서 최적화를 위해 변화량을 나타내는 미분은 필수적인 요소다. 이때 깊은 인공 신경망의 구조는 입력값이 들어와 다중의 층을 지나 출력값을 산출하는 합성 함수 형태임을 알 수 있다. 따라서 미분의 성질과 연쇄 법칙Chain rule을 통해 원하는 변수에 대한 미분값을 계산할 수 있다. 다만 층이 깊어지거나 구조가 복잡할수록 계산이 복잡해지기 때문에 사람이 직접 계산하기는 매우 힘들다. 파이토치는 앞서 언급한 일련에 계산 과정을 자동으로 해주는 자동 미분 계산 함수를 제공하고 있다. 따라서 최적화 과정인 역전파를 쉽게 작성할 수 있다.

```
❶ import torch
❷ x = torch.ones(2,2, requires_grad=True)
❸ y = x+1
❹ z = 2*y**2
❺ r = z.mean()
❻ print("Result: ", r)
```

```
Output:
Result:  tensor(8., grad_fn=<MeanBackward0>)
```

requires_grad=True는 해당 텐서를 기준으로 모든 연산들을 추적하여 그래디언트Gradient라고 하는 미분값의 모임(배열)을 계산할 수 있게 한다. ❷ 즉, x에 대해서 연쇄 법칙을 이용한 미분이 가능하다는 것이다. 다음 예시를 보면 y는 x에 대한 식, z는 y에 대한 식, r은 z에 대한 식이다. 따라서 이는 합성 함수의 개념으로써 최종 함수 r은 x에 대해서 표현 및 미분이 가능하다.

여기서 수학적인 이해가 필요한 부분이 있는데 미분을 한다는 것은 미분이 가능한 함수라는 것이고, 함수라는 것은 미분하려는 변수가 함수의 조건을 만족해야 한다는 의미다. 함수의 조건은 정의역에 속하는 주어진 값 x는 오직 하나에 대한 r값이 치역에 존재해야 한다. 따라서 y와 z는 함수의 조건에 만족하지 않고 일련의 계산 과정이기 때문에 y와 z를 x에 대해서 미분을 하려고 했을 때 에러가 난다. 따라서 모델의 최적화를 위해 단일값이 나오는 손실 함수를 정의하는 것이다.

```
❶ r.backward()
❷ print(x.grad)
```

Output:

```
tensor([[2., 2.],
        [2., 2.]])
```

❼ r를 기준으로 역전파를 진행하겠다는 의미이므로 $\frac{dr}{dx}$을 계산한다. 따라서 $r = \frac{z_1+z_2+z_3+z_4}{4}$이고 $z_i=2y_i^2=2(x_i+1)^2$이므로 $\frac{dr}{dx_i}=x_i+1$이다.

❽ 모든 x의 성분이 1이므로 그래디언트 x.grad를 통해 나온 미분값은 모두 2가 된다.

4.2.2 자동 미분 - 선형회귀식

CODE 4.2 Autograd.ipynb

자동 미분을 위해 과거에는 Tensor를 덮어씌워 사용하는 Variable을 사용했다. 하지만 현재 텐서는 자동 미분을 위한 기능을 직접 제공하기 때문에 Variable를 사용하지 않고 Tensor를 바로 이용한다.

```
❶ import torch
❷ from matplotlib import pyplot as plt
❸ x = torch.FloatTensor(range(5)).unsqueeze(1)
❹ y = 2*x + torch.rand(5,1)
❺ num_features = x.shape[1]
```

❶,❷ 파이토치 이용과 그래프를 그리기 위해 라이브러리를 불러온다.

❸,❹ 이해를 돕기 위해 일변수 데이터를 생성하여 이용한다. 즉 (x,y)인 형태로 2차원 상에서 표현이 가능한 데이터다.

❸ torch.FloatTensor(range(5))는 리스트 range(5)를 이용해 텐서로 만든다. 이때 원래 크기는 1차원인 torch.Size(5)이라서 행렬 계산을 위해 2차원 배열로 만들어 준다. 이때 unsqueeze(1)는 1번째 위치의 차원를 늘려주는 역할을 하여 최종적으로 x의 크기는 torch.Size(5, 1)이 된다(만약 unsqueeze(0)이면 크기는 torch.Size(1, 5)가 된다).

❹ y는 실제 값으로 임의로 5개를 만들어 준다.

❺ 다음으로 변수의 개수를 저장하는 num_features를 만든다. x의 크기는 torch.Size([5, 1])이므로 인스턴스의 개수가 5개이고 변수(피쳐)의 개수가 1개인 데이터다. 따라서 x.shape[1]은 변수의 개수가 된다.

```
❻ w = torch.randn(num_features, 1, requires_grad=True)
❼ b = torch.randn(1, requires_grad=True)
```

❻ 선형식은 $y=xw+b$으로 표현된다. 따라서 w는 5×1 데이터와 곱할 수 있어야 하며, 예측값이 하나로 나와야 하므로 크기가 1(피쳐수)×1(출력값 크기)인 배열로 정의하자. 따라서 xw는 5×1이 된다.
❼ 편향 b는 모든 인스턴스에 동일한 숫자를 더해주는 것이므로 크기가 1인 텐서로 정의한다.

우리의 목표는 $xw+b$가 잘 예측을 할 수 있는 w와 b를 찾는 것이다. 초깃값에 대한 좋은 정보가 있을 경우에는 좋은 값으로 초깃값을 설정한다면 수렴이 빠르고 정확도도 높아질 수 있지만, 모르는 경우에는 초깃값을 무작위로 준다. 이 예시에서는 torch.randn을 이용한다. ❸,❹의 텐서와 ❻,❼ 텐서의 가장 큰 차이는 requires_grad=True 유무다. 데이터는 변하지 않는 값으로서 업데이트가 필요하지 않는 반면 w, b값은 역전파를 통해 최적값을 찾는 것이므로 w, b에 requires_grad를 True로 활성화시킨다.
가중치를 업데이트하는 최적화 방법은 매우 다양하다. 그중 가장 널리 사용되는 방법이 경사하강법이다. 경사하강법 Gradient descent은 목적 함수인 손실 함수를 기준으로 그래디언트를 계산하여 변수를 최적화하는 기법이다. 이 예시에서는 가장 기본적인 최적화 방법인 확률적 경사하강법 SGD을 사용한다.

```
❽ learning_rate = 1e-3
❾ optimizer = torch.optim.SGD([w, b], lr=learning_rate)
```

❽,❾ torch.optim.SGD 내부에 변수를 리스트로 묶어 넣어주고 적절한 학습률 Learning rate을 정하여 자동으로 가중치와 편향을 업데이트한다.

```
⑩ loss_stack = []
⑪ for epoch in range(1001):
⑫
⑬     optimizer.zero_grad()
⑭     y_hat = torch.matmul(x, w) + b
⑮     loss = torch.mean((y_hat-y)**2)
⑯     loss.backward()
⑰     optimizer.step()
⑱     loss_stack.append(loss.item())
```

```
⑲
⑳        if epoch % 100 == 0:
㉑            print(f'Epoch {epoch}:{loss.item()}')
```

Output:

```
Epoch 0:33.04575729370117
.... 중략 ....
Epoch 1000:0.06831956654787064
```

⑩ 매 에폭epoch마다 손실 함수값을 저장하기 위해 빈 리스트 loss_stack = []를 생성한다.

⑪ 학습 반복 수를 1001로 한다.

⑬ 최적화는 계산을 누적시키기 때문에 매 에폭마다 누적된 값을 optimizer.zero_grad()을 통해 초기화한다.

⑭ 회귀식 모델을 이용하여 예측값을 산출한다.

⑮ 예측값과 실제값을 이용하여 손실 함수를 계산한다. 여기서 사용된 함수는 Mean Square ErrorMSE이다.

⑯ 역전파의 기준을 손실 함수로 정한다.

⑰ 미리 정의한 optimizer를 이용하여 최적화를 시행한다.

⑱ 그래프를 그리기 위해 손실 함수값만 loss_stack에 하나씩 넣는다. item()을 사용하지 않으면 loss 텐서 전체를 저장하게 된다.

⑳,㉑ 에폭이 100으로 나눠 떨어질 때마다 손실 함수값을 출력한다.

```
㉒ with torch.no_grad():
㉓     y_hat = torch.matmul(x, w) + b
```

㉒,㉓ 최종 학습된 w, b로 예측값을 산출한다. 이때 최적화를 사용하지 않으므로 requires_grad를 비활성화한다. 이때 with torch.no_grad():를 이용하여 구문 내부에 있는 requires_grad가 작동하지 않도록 할 수 있다.

```
❶ plt.figure(figsize=(10, 5))
❷ plt.subplot(121)
❸ plt.plot(loss_stack)
❹ plt.title("Loss")
❺ plt.subplot(122)
❻ plt.plot(x, y,'.b')
❼ plt.plot(x, y_hat, 'r-')
❽ plt.legend(['ground truth','prediction'])
❾ plt.title("Prediction")
❿ plt.show()
```

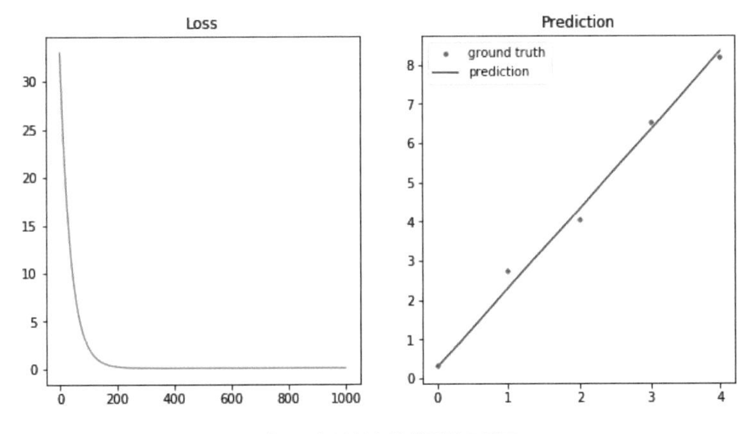

그림 4.1 손실 함수와 회귀선 그래프

4.3 데이터 불러오기

메모리와 같은 하드웨어 성능의 한계 등의 이유로 한 번에 전체 데이터를 모델에 주어 학습하기 힘들기 때문에 일반적으로 배치 형태의 묶음으로 데이터를 나누어 모델 학습에 이용한다. 또한 모델을 학습할 때 데이터의 특징과 사용 방법에 따라 학습 성능의 차이가 날 수 있다. 따라서 데이터를 배치 형태로 만드는 법과 데이터를 전처리하는 방법에 대해서 알아본다.

4.3.1 파이토치 제공 데이터 사용

CODE 4.3 Data Loader(기본편).ipynb

```
❶ import torch
❷ import torchvision
❸ import torchvision.transforms as tr
❹ from torch.utils.data import DataLoader, Dataset
❺ import numpy as np
❻ import matplotlib.pyplot as plt
```

❶ 파이토치 기본 라이브러리

❷ 이미지와 관련된 파이토치 라이브러리

❸ 이미지 전처리 기능들을 제공하는 라이브러리

❹ 데이터를 모델에 사용할 수 있도록 정리해 주는 라이브러리

```
❼ transf = tr.Compose([tr.Resize(16),tr.ToTensor()])
❽ trainset = torchvision.datasets.CIFAR10(root='./data', train=True, download=True,
   transform=transf)
❾ testset = torchvision.datasets.CIFAR10(root='./data', train=False, download=True,
   transform=transf)
```

❼ tr.Compose 내에 원하는 전처리를 차례대로 넣어주면 된다. 예시에서는 16×16으로 이미지 크기 변환 후 텐서 타입으로 변환한다. 만약 원본 이미지의 너비, 높이가 다를 경우 너비, 높이를 각각 지정을 해야 하기 때문에 tr.Resize((16, 16))이라고 입력해야 한다.

❽, ❾ torchvision.datasets에서 제공하는 CIFAR10 데이터를 불러온다(CIFAR10은 클래스가 10개인 이미지 데이터 세트다). root에는 다운로드받을 경로를 입력한다. train=True이면 학습 데이터를 불러오고 train=False이면 테스트 데이터를 불러온다. 마지막으로 미리 선언한 전처리를 사용하기 위해 transform=transf을 입력한다.

```
⑩ print(trainset[0][0].size())
```

Output: torch.Size([3, 16, 16])

일반적으로 데이터셋은 이미지와 라벨이 동시에 들어있는 튜플(tuple) 형태다. 따라서 trainset[0]은 학습 데이터의 첫 번째 데이터로 이미지 한 장과 라벨 숫자 하나가 저장되어 있다. 즉, trainset[0][0]은 이미지이며 trainset[0][1]은 라벨이다. 현재 이미지 사이즈는 3×16×16이다. 여기서 3은 채널 수를 말하고 16×16은 이미지의 너비와 높이를 의미한다. 일반적인 컬러 사진은 RGB 이미지이기 때문에 채널이 3개이고 (너비)×(높이)×(채널 수)로 크기가 표현된다. 하지만 파이토치에서는 이미지 한 장이 (채널 수)×(너비)×(높이)로 표현되니 유의하도록 한다.

```
⑪ trainloader = DataLoader(trainset, batch_size=50, shuffle=True)
⑫ testloader = DataLoader(testset, batch_size=50, shuffle=False)
```

DataLoader는 데이터를 미니 배치 형태로 만들어 준다. 따라서 배치 데이터에 관한 배치 사이즈 및 셔플 여부 등을 선택할 수 있다. 즉, batch_size=50, shuffle=True은 무작위로 데이터를 섞어 한 번에 50개의 이미지를 묶은 배치로 제공하겠다는 의미다.

```
⑬ len(trainloader)
```

Output: 1000

⑬ CIFAR10의 학습 이미지는 50000장이고 배치 사이즈가 50장이므로 1000은 배치의 개수가 된다.

```
⑭ images, labels = iter(trainloader).next()
⑮ print(images.size())
```

Output: torch.Size([50, 3, 16, 16])

⑭ 배치 이미지를 간단히 확인하기 위해 파이썬에서 제공하는 iter와 next 함수를 이용한다. 이를 통해 trainloader의 첫 번째 배치를 불러올 수 있다.
⑮ 배치 사이즈는 (배치 크기)×(채널 수)×(너비)×(높이)를 의미한다. 즉, 배치 하나에 이미지 50개가 잘 들어가 있음을 알 수 있다.

```
⑯ oneshot = images[1].permute(1,2,0).numpy()
⑰ plt.figure(figsize=(2,2))
⑱ plt.imshow(oneshot)
⑲ plt.axis("off")
⑳ plt.show()
```

⑯ image[1]의 크기는 (3, 16, 16)이다. 이때 그림을 그려주기 위해서 채널 수가 가장 뒤로 가는 형태인 (16, 16, 3)을 만들어야 한다. permute(1,2,0)은 기존 차원의 위치인 0, 1, 2를 1, 2, 0으로 바꾸는 함수다. 따라서 0번째의 크기가 3인 텐서를 마지막으로 보낸다. 마지막으로 numpy()를 이용해 넘파이 배열로 변환한다.

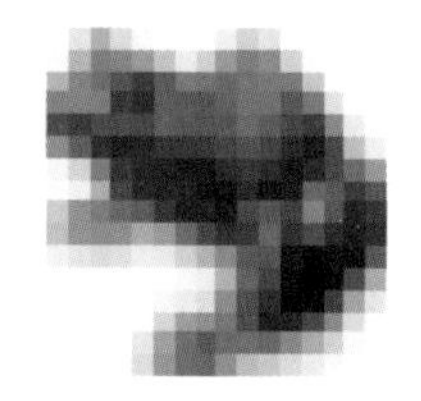

그림 4.2 CIFAR10 이미지 예시

4.3.2 같은 클래스 별로 폴더를 정리한 경우

CODE 4.3 Data Loader(기본편).ipynb

데이터가 같은 클래스 별로 미리 폴더를 정리한 경우, ImageFolder 하나로 개인 데이터를 사용할 수 있다. 또한 별도의 라벨링이 필요 없으며 폴더 별로 자동으로 라벨링을 한다. 예를 들어 class 폴더에 tiger, lion 폴더(./class/tiger와 ./class/lion)를 미리 만든다. 마지막으로 ❷ ImageFolder에 상위 폴더 ./class를 입력하면 이미지와 라벨이 정리되어 데이터를 불러온다.

```
❶ transf = tr.Compose([tr.Resize(128),tr.ToTensor()])
❷ trainset = torchvision.datasets.ImageFolder(root='./class',transform=transf)
❸ trainloader = DataLoader(trainset, batch_size=1, shuffle=False)
```

4.3.3 정리되지 않은 커스텀 데이터 불러오기

CODE 4.3 Data Loader(기본편).ipynb)

ImageFolder를 이용하면 매우 간단하게 이미지 데이터를 사용할 수 있지만 여러 가지 이유로 사용이 불가한 경우가 있다.

1. 라벨 별로 폴더 정리가 되어 있으면 매우 좋겠지만 그렇지 않은 경우가 많다.
2. 정리를 하고 싶지만 다른 작업들과 공유된 데이터인 경우 폴더를 함부로 정리할 수 없다.
3. 이미지 데이터라도 이미지가 아닌 텍스트, 리스트, 배열 등의 다른 형태로 저장되어 있는 경우도 있다.

다음 양식은 커스텀 데이터를 불러오는 가장 기본적인 형태다.

```
❹ from torch.utils.data import Dataset
❺
❻ class 클래스명(Dataset):
❼
❽     def __init__(self):
❾     .....
❿     def __getitem__(self, index):
⓫     .....
⓬     def __len__(self):
⓭     .....
```

❻ Dataset을 상속받아 DataLoader에서 배치 단위로 불러올 수 있게 해준다.
❽ def __init__(self)은 데이터 세팅에 필요한 것들을 미리 정의하는 역할을 한다.
❿ 이후 DataLoader를 통해 샘플이 요청되면 __getitem__(self, index)은 인덱스에 해당하는 샘플을 찾아서 준다.
⓬ __len__(self)은 크기를 반환한다.

■ 커스텀 데이터 세트 예시

현재 32×32 크기인 RGB 컬러 이미지 100장과 그에 대한 라벨이 되어 있고 넘파이 배열로 정리가 되어 있다고 가정하자.

```
❶ train_images = np.random.randint(256, size=(100,32,32,3))/255
❷ train_labels = np.random.randint(2, size=(100,1))

❸ class TensorData(Dataset):
❹
❺     def __init__(self, x_data, y_data):
❻         self.x_data = torch.FloatTensor(x_data)
❼         self.x_data = self.x_data.permute(0,3,1,2)
❽         self.y_data = torch.LongTensor(y_data)
❾         self.len = self.y_data.shape[0]
❿
⓫     def __getitem__(self, index):
⓬         return self.x_data[index], self.y_data[index]
```

```
⓭
⓮    def __len__(self):
⓯        return self.len
```

❺ __init__에서 데이터를 받아 ❻,❽ 데이터를 텐서로 변환한다.

❼ 원래 이미지의 크기가 (100,32,32,3)이므로 permute(0,3,1,2) 함수를 통해 (100,3,32,32)으로 바꿔준다((이미지 수)×(너비)×(높이)×(채널 수) → (배치 크기)×(채널 수)×(너비)×(높이)).

❾ 입력 데이터의 개수에 대한 변수 self.len을 만들어준다.

⓫,⓬ __getitem__에는 뽑아낼 데이터에 대해서 인덱스 처리를 하여 적어준다.

⓮,⓯ __len__에는 미리 선언한 self.len를 반환할 수 있도록 넣어준다.

```
⓰ train_data = TensorData(train_images,train_labels)
⓱ train_loader = DataLoader(train_data, batch_size=10, shuffle=True)
```

⓰,⓱ TensorData 클래스를 train_data로 정의하여 DataLoader에 넣어주면 배치 데이터의 형태로 사용할 수 있다.

4.3.4 커스텀 데이터와 커스텀 전처리 사용하기

CODE 4.3 Data Loader(심화편).ipynb

파이토치는 전처리 함수들을 제공하여 매우 편리하게 사용할 수 있다. 하지만 이미지의 경우 PILImage 타입이거나 Tensor 타입일 때 사용이 가능하다. 또한 제공하지 않는 기능에 대해서는 직접 구현이 필요하다. 이번 예시에서는 전처리 클래스 2개를 직접 정의하고 사용한다.

```
❶ class ToTensor:
❷     def __call__(self, sample):
❸         inputs, labels = sample
❹         inputs = torch.FloatTensor(inputs)
❺         inputs = inputs.permute(2,0,1)
❻         return inputs, torch.LongTensor(labels)
```

텐서 변환 전처리 클래스를 정의한다. 전처리는 MyDataset 클래스의 sample을 불러와 작업하기 때문에 __call__ 함수를 이용한다. ToTensor:는 입력 데이터를 텐서 데이터로 변환해 주고 학습에 맞는 크기로 변환하는 작업을 담당한다.

❹~❻ torch.FloatTensor와 torch.LongTensor를 이용해 텐서로 변환하고 permute(2,0,1)을 이용해 크기를 변경한다. 여기서 유의할 점은__call__ 함수는 입력값을 하나씩 불러오기 때문에 permute(0,3,1,2)이 아닌 permute(2,0,1)로 코드를 작성한다.

다음은 CutOut 전처리 클래스를 정의한다. CutOut은 이미지 내부에 무작위로 사각형 영역을 선택하여 0으로 만드는 데이터 증식 방법이다.

```
❶ class CutOut:
❷
❸     def __init__(self, ratio=.5):
❹         self.ratio = int(1/ratio)
❺
❻     def __call__(self, sample):
❼         inputs, labels = sample
❽         active = int(np.random.randint(0, self.ratio, 1))
❾
❿         if active == 0:
⓫             _, w, h = inputs.size()
⓬             min_len = min(w, h)
⓭             box_size = int(min_len//4)
⓮             idx = int(np.random.randint(0, min_len-box_size, 1))
⓯             inputs[:,idx:idx+box_size,idx:idx+box_size] = 0
⓰
⓱         return inputs, labels
```

❸, ❹ ToTensor와 다르게 외부에서 CutOut 발생 비율을 받기 위해 __init__ 함수를 사용하여 ratio를 받는다. 기본 ratio는 0.5로 세팅하면 불러온 이미지에 대해서 50% 확률로 CutOut를 발현한다.

❼ __call__ 함수에서는 샘플을 받는다.

❽ active는 정수를 뽑는다. 50%일 경우 0과 1 중 하나를 뽑게 되고 ❿ 0이면 CutOut를 발현하고 0이 아니면 원본을 그대로 내보내게 된다.

⓫ 다음은 이미지의 너비와 높이를 받아 ⓬ 최솟값을 구한다. inputs의 크기는 (채널 수, 너비, 높이)이므로 등식 왼쪽에 있는 출력 개수를 맞춰야 하기 때문에 변수를 3개 선언해야 한다. 하지만 채널 수는 필요없기 때문에 _를 통해 값을 저장하지 않는다.

⓭ 이 코드에서는 CutOut의 크기를 길이의 최솟값의 25%로 설정한다.

⓮ idx를 통해 CutOut 박스의 좌측 상단 꼭지점 위치를 정해준다.

⓯ 해당 정사각형 영역의 값을 0으로 대체한다(당연히 코드를 변형하여 다른 모양으로도 만들 수 있다).

4.3.3의 MyDataset에서 전처리를 추가해 보자.

```
❶ class MyDataset(Dataset):
❷
❸     def __init__(self, x_data, y_data, transform=None):
```

```
❹         self.x_data = x_data
❺         self.y_data = y_data
❻         self.transform = transform
❼         self.len = len(y_data)
❽         self.tensor = ToTensor()
❾
❿     def __getitem__(self, index):
⓫         sample = self.x_data[index], self.y_data[index]
⓬
⓭         if self.transform:
⓮             sample = self.transform(sample)
⓯         else:
⓰             sample = self.tensor(sample)
⓱         return sample
⓲
⓳     def __len__(self):
⓴         return self.len
```

❸ __init__의 입력값에 transform=None을 추가한다. 입력값을 =로 표현하여 기본값을 지정해 줄 수 있다. 즉, transform=None는 아무 것도 적지 않으면 전처리를 사용하지 않겠다는 의미다.

⓭ 만약 transform이 None이 아니라면 __getitem__에서 sample을 반환하기 전에 전처리를 할 수 있도록 if문을 작성한다.

⓯,⓰ 이 예시에서는 transform=None일 경우에는 텐서 변환은 기본적으로 하도록 구성한다.

```
❶ trans = tr.Compose([ToTensor(),CutOut()])
❷ dataset1 = MyDataset(train_images,train_labels, transform=trans)
❸ train_loader1 = DataLoader(dataset1, batch_size=10, shuffle=True)
```

❶ 4.3.1에서는 파이토치에서 제공하는 텐서 변환 tr.ToTensor()로 사용했었다. 하지만 tr.Compose 내에서 확인할 수 있듯이 이 예제는 우리가 직접 만든 ToTensor()를 사용한다. CutOut은 괄호 ()에 아무 값도 없으므로 발현 비율의 기본값인 0.5로 CutOut이 시행된다.

❷,❸ 정의된 전처리를 입력한 데이터 세트를 만들고 DataLoader를 사용한다.

```
❶ import torchvision
❷ images1, labels1 = iter(train_loader1).next()
❸
❹ def imshow(img):
❺     plt.figure(figsize=(10,100))
❻     plt.imshow(img.permute(1,2,0).numpy())
```

```
❼      plt.show()
❽
❾   imshow(torchvision.utils.make_grid(images1, nrow=10))
```

❶ 그리드를 만들어주는 torchvision.utils.make_grid를 사용하기 위해 torchvision을 불러온다.

❷ iter, next로 첫 번째 배치를 불러와 결과를 확인한다.

❹~❼ 그림을 그리기 위해 (채널 수, 너비, 높이)인 이미지 크기를 permute(1,2,0)으로 (너비, 높이, 채널 수)로 변경하고 numpy()를 이용하여 넘파이 배열로 변환한다.

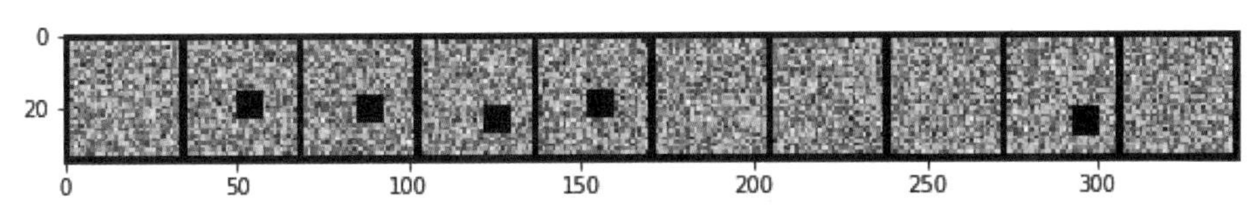

그림 4.3 무작위로 적용된 CutOut 이미지

4.3.5 커스텀 데이터와 파이토치 제공 전처리 사용하기

CODE 4.3 Data Loader(심화편).ipynb

텐서 변환과 같은 전처리는 파이토치에서 제공하는 전처리를 사용하면 편리하다. 하지만 앞서 언급했듯이 파이토치에서 제공되는 많은 전처리는 PILImage 타입일 경우 사용할 수 있다. 따라서 기능은 있는데 데이터 타입이 다른 경우는 PILImage 타입으로 변환하여 제공된 전처리를 사용할 수 있다.

```
❶  class MyTransform:
❷
❸      def __call__(self, sample):
❹          inputs, labels = sample
❺          inputs = torch.FloatTensor(inputs)
❻          inputs = inputs.permute(2,0,1)
❼          labels = torch.FloatTensor(labels)
❽
❾          transf = tr.Compose([tr.ToPILImage(), tr.Resize(128), tr.ToTensor()])
❿          final_output = transf(inputs)
⓫
⓬          return final_output, labels
```

❶ 전처리 클래스 MyTransform을 정의하여 원하는 전처리를 모두 작성한다.

❾ tr.Compose는 차례대로 전처리 작업을 하므로 가장 첫 번째에 tr.ToPILImage()를 넣어 이미지 타입을 바꿔줄 수 있다.

❿ 다음 불러온 샘플을 전처리 작업에 넣어준다.

```
dataset2 = MyDataset(train_images,train_labels, transform=MyTransform())
train_loader2 = DataLoader(dataset2, batch_size=10, shuffle=True)
```

MyDataset는 4.3.4와 동일하게 사용하고 전처리에 MyTransform()을 넣어준다.

4.3.6 커스텀 전처리와 파이토치에서 제공하는 전처리 함께 사용하기

CODE 4.3 Data Loader(심화편).ipynb

4.3.4에서 사용한 CutOut과 달리 위 CutOut은 라벨은 받지 않고 이미지를 받아 처리하도록 세팅한다. 그 이유는 Compose 내부에 있는 제공된 전처리는 이미지만 받아서 처리하기 때문에 그 양식을 맞춰 주어야 하기 때문이다. 우리가 만든 CutOut은 텐서나 넘파이 배열 타입 모두 작동을 하게 만들었지만 PILImage 타입에서는 타입 오류가 난다. 따라서 tr.ToTensor() 뒤에 CutOut을 배치한다.

```
class CutOut:

    def __init__(self, ratio=.5):
        self.ratio = int(1/ratio)

    def __call__(self, inputs):
        active = int(np.random.randint(0, self.ratio, 1))

        if active == 0:
            _, w, h = inputs.size()
            min_len = min(w, h)
            box_size = int(min_len//4)
            idx = int(np.random.randint(0, min_len-box_size, 1))
            inputs[:,idx:idx+box_size,idx:idx+box_size] = 0

        return inputs
transf = tr.Compose([tr.Resize(128), tr.ToTensor(), CutOut()])
trainset = torchvision.datasets.CIFAR10(root='./data', train=True, download=True, transform=transf)
```

다음 결과를 통해 CIFAR10 데이터가 배치 10개씩 나눠지고 이미지 사이즈를 128로 늘린 뒤 텐서로 변환되고 50% 확률로 무작위 선택하여 CutOut을 적용한 것을 알 수 있다.

```
❶ trainloader = DataLoader(trainset, batch_size=10, shuffle=True)
❷ images, labels = iter(trainloader).next()
❸ imshow(torchvision.utils.make_grid(images,nrow=10))
❹ print(images.size()) # 배치 및 이미지 크기 확인
```

Output: torch.Size([10, 3, 128, 128])

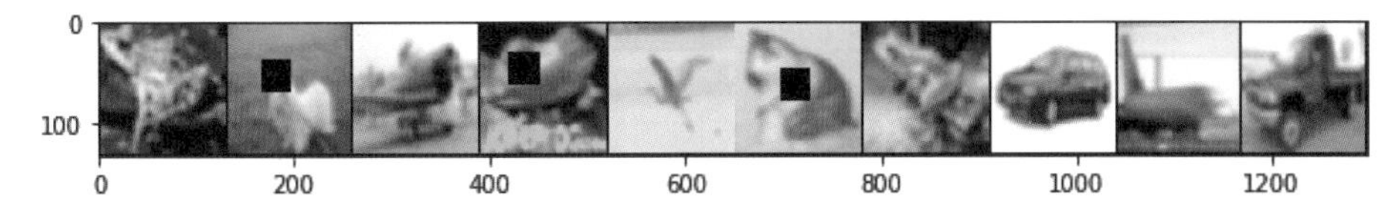

그림 4.4 CutOut이 적용된 CIFAR10 이미지

“

머신러닝의 혁신은
마이크로소프트 10개의
가치를 지닌다.

”

빌 게이츠

5

CHAPTER

인공 신경망

인공 신경망의 특징은 다른 머신러닝 방법론보다 구조 구축에 대한 자유도가 크다. 즉, 연구자가 원하는 구조를 구현할 수 있기 때문에 다른 모델들 보다 뛰어난 성능을 얻을 수 있다. 하지만 좋은 모델을 만들기 위해서는 고려해야 할 부분이 매우 많기 때문에 많은 실험이 필요하다. 5장에서는 인공 신경망을 구축하고 학습하는데 기본적으로 고려해야 할 인공 신경망의 기본 구조, 활성화 함수, 손실 함수, 최적화 기법 등에 대한 전반적인 내용을 다룬다.

- 다층 퍼셉트론
- 활성화 함수
- 손실 함수
- 최적화 기법
- 교차 검증
- 모델 구조 및 가중치 확인

5.1 다층 퍼셉트론

4.2.2절에서 다룬 선형 회귀 모델은 입력층과 출력층만 있는 단순한 회귀식을 의미한다. 이를 단층 퍼셉트론 Single-layer perceptron이라고 한다. 단층 퍼셉트론의 한계는 비선형적인 문제를 풀 수 없다는 것인데 대표적으로 XOR 문제가 있다. 그림 5.1과 같이 입력값이 2개이고 출력값이 하나인 문제인데, 빨간점(y=1)과 파란점(y=0)을 선형적으로 절대 나눌 수 없다는 것이다. 실제로 1969년 Marvin Minsky 교수는 단층 퍼셉트론으로는 XOR 문제를 해결할 수 없음을 수학적으로 증명하여 AI 연구의 암흑기를 맞이했고 많은 연구자들이 인공지능 연구를 중단하기도 했다. XOR 문제는 활성화 함수와 입력층과 출력층 사이에 은닉층을 추가한 다층 퍼셉트론 Multi-Layer Perceptron, MLP을 통해 해결이 가능하다.

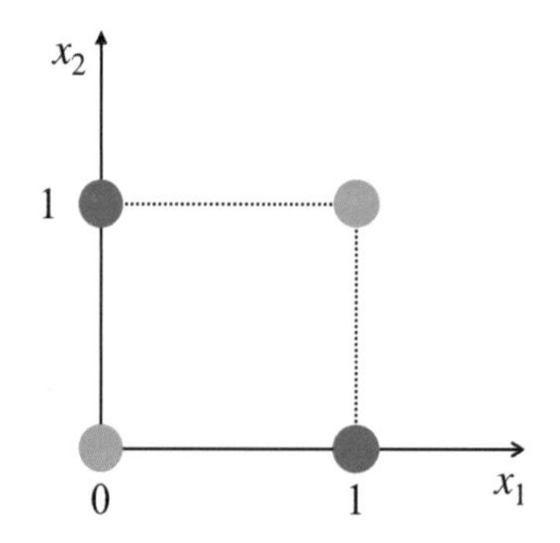

x_1	x_2	y
0	0	0
0	1	1
1	0	1
1	1	0

그림 5.1 XOR 문제

5.1.1 선형 회귀

CODE 5.1 Linear Regression.ipynb

먼저 4.2.2에서 다룬 선형 회귀 모델(단층 퍼셉트론)을 파이토치를 이용해 구축한다.

```
❶ import torch
❷ import torch.nn as nn
❸ from matplotlib import pyplot as plt


❹ x = torch.FloatTensor(range(5)).unsqueeze(1)
❺ y = 2*x + torch.rand(5,1)
```

❹,❺ x, y 데이터를 만든다. 이때 각각 2차원 데이터로 표현하기 위해 unsqueeze(1)를 사용한다.

```
❻ class LinearRegressor(nn.Module):
❼     def __init__(self):
❽         super().__init__()
❾         self.fc = nn.Linear(1, 1, bias=True)
❿
⓫     def forward(self, x):
⓬         y = self.fc(x)
⓭
⓮         return y
```

❻ 먼저 nn.Module을 상속받는 클래스 LinearRegressor를 만든다.

❻~❾ 초기 세팅에 필요한 내용을 입력하는 __init__과 super().__init__()을 적어준다.

❾ 선형 회귀 모델 $y = wx + b$를 nn.Linear(N, M, bias=True)으로 표현할 수 있다. N은 입력 변수의 개수이고 M은 출력 변수의 개수다. 여기서 x의 크기가 1(N=1), y의 크기가 1(M=1)이다(nn.Linear는 기본적으로 bias=True이기 때문에 True로 하고 싶을 경우 별도로 명시하지 않아도 된다).

⓬ forward 함수는 실제 입력값이 들어와 연산이 진행하는 순서와 방법을 정하는 곳이다. 따라서 self.fc로 위에서 정의된 선형식을 사용하여 x값을 받아 y값을 반환하도록 한다.

```
⓯ model = LinearRegressor()
⓰ learning_rate = 1e-3
⓱ criterion = nn.MSELoss()
⓲ optimizer = torch.optim.SGD(model.parameters(), lr=learning_rate)
```

⓯ 클래스가 완성됐다면 model을 선언한다.

⓱ MSE를 손실 함수로 사용한다.

⓲ 최적화 방법에 모델 파라미터를 넣어 줄 때는 model.parameters()라고 입력한다.

```
⓲ loss_stack = []
⓳ for epoch in range(1001):
⓴
㉑     optimizer.zero_grad()
㉒
㉓     y_hat = model(x)
㉔     loss = criterion(y_hat,y)
㉕
㉖     loss.backward()
㉗     optimizer.step()
㉘     loss_stack.append(loss.item())
㉙
```

```
㉚        if epoch % 100 == 0:
㉛            print(f'Epoch {epoch}:{loss.item()}')
```

나머지는 기존 4.2.2절의 코드와 동일하며, ㉓,㉔ model을 이용한 예측값 산출과 손실 함수 부분만 수정한다.

```
Output:
Epoch 0:22.0584659576416
.... 중략 ....
Epoch 900:0.028982335701584816
Epoch 1000:0.028786618262529373
```

```
❶ with torch.no_grad():
❷     y_hat = model(x)
```

❶ 예측은 학습이 아니기 때문에 with torch.no_grad():을 통해 requires_grad를 비활성화한다.

❷ 학습된 모델을 통해 예측값을 산출한다.

```
❸ plt.figure(figsize=(10, 5))
❹ plt.subplot(121)
❺ plt.plot(loss_stack)
❻ plt.title("Loss")
❼ plt.subplot(122)
❽ plt.plot(x, y,'.b')
❾ plt.plot(x, y_hat, 'r-')
❿ plt.legend(['ground truth','prediction'])
⓫ plt.title("Prediction")
⓬ plt.show()
```

❸~⓬ 그래프를 그린다.

❾ – 옵션을 넣어 5개의 점이 아닌 점이 이어진 선 형식으로 표현한다.

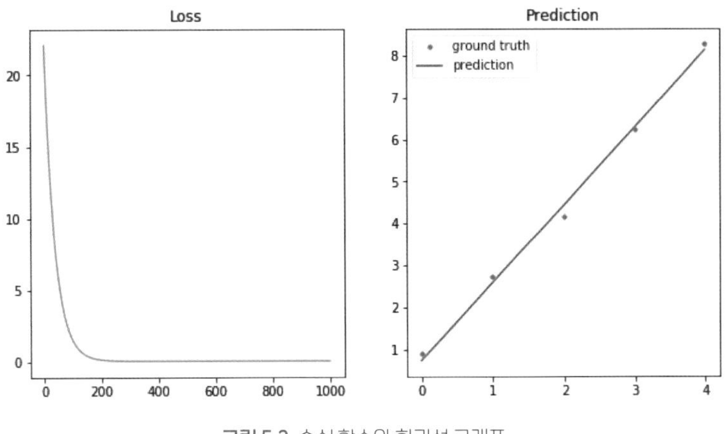

그림 5.2 손실 함수와 회귀선 그래프

5.1.2 집값 예측하기

CODE 5.1 MLP.ipynb

선형 회귀식은 nn.Linear()가 하나 있는 모델을 의미한다. 선형식은 모든 데이터를 직선으로 예측하기 때문에 학습이 매우 빠르다는 장점이 있다. 하지만 데이터 내 변수들은 일반적으로 비선형 관계를 갖기 때문에 선형 모델을 가지고 예측하는 것은 한계가 있다. 따라서 nn.Linear()을 줄지어 여러 층으로 구성된 깊은 신경망을 만든다. 이를 다층 신경망Multi-layer Perceptron; MLP이라고 한다. 이를 통해 대표적인 회귀 문제인 집값 예측을 한다.

```
❶ import pandas as pd
❷ import numpy as np
❸ from sklearn.model_selection import train_test_split
❹ import torch
❺ from torch import nn, optim
❻ from torch.utils.data import DataLoader, Dataset
❼ import torch.nn.functional as F
❽ from sklearn.metrics import mean_squared_error
❾ import matplotlib.pyplot as plt
```

❶ 데이터프레임 형태를 다룰 수 있는 pandas는 데이터 분석을 위한 대표적인 파이썬 라이브러리다. 데이터를 데이터프레임 형태로 다룰 수 있어, 보다 안정적이고 쉽게 테이블형 데이터를 다룰 수 있다. 또한 다양한 통계 함수와 시각화 기능을 갖추고 있어 결과 분석에도 많이 사용되고 있다.

❹~❼ torch 내의 다양한 기능을 불러온다.

❽ 회귀 문제Regression의 평가를 위해 RMSERoot Mean Squared Error를 사용한다. 즉, MSEMean Squared Error 척도를 라이브러리를 통해 불러온 후 MSE에 제곱근을 씌워 계산한다. MSE는 예측값과 실제값의 거리를 제곱을 이용하여 다음과 같이 정의한다.

$$MSE = \frac{1}{N}\sum_{i=1}^{N}(y_i - \hat{y}_i)^2$$

이는 미분 계산이 쉽기 때문에 머신러닝 모델을 최적화하기 위해 자주 사용되는 손실 함수다. 하지만 기본 단위에 제곱을 취해서 나온 척도이므로 데이터와 동일한 단위가 아니다. 따라서 통계적 해석을 할 때에는 단위를 맞추기 위해 MSE에 제곱근을 씌워 RMSE로 결과를 평가할 수 있다.

$$RMSE = \sqrt{\frac{1}{N}\sum_{i=1}^{N}(y_i - \hat{y}_i)^2}$$

■ 데이터 세트 만들기

```
❶ df = pd.read_csv('./data/reg.csv', index_col=[0])
```

❶ 스케일링된 집값 데이터를 read_csv를 통해 불러온다. 이 때 index_col=[0])을 이용하여 csv 파일의 첫 번째 열에 있는 데이터의 인덱스를 배제하고 데이터프레임을 만든다. 데이터 내의 변수의 개수가 13개이고 인스턴스의 개수는 506개이다.

■ 데이터 프레임을 넘파이 배열로 만들기

```
❶ X = df.drop('Price', axis=1).to_numpy()
❷ Y = df['Price'].to_numpy().reshape((-1,1))
```

❶ 데이터프레임 df에서 Price를 제외한 나머지를 변수로 사용한다. drop의 axis=1은 열을 의미하여 Price를 열 기준으로 배제하겠다는 의미다.

❷ Price를 타겟값 Y로 사용한다.

```
❶ X_train, X_test, Y_train, Y_test = train_test_split(X, Y, test_size=0.5)
```

전체 데이터를 50:50으로 학습 데이터와 평가 데이터로 나눈다.

■ 텐서 데이터 만들기

4.3.3에서 배운 방법을 이용하여 ⓭~⓰ trainloader와 testloader를 만든다. 일반적으로 학습 데이터는 shuffle=True로 주고 평가는 shuffle=False로 설정한다.

```
❶ class TensorData(Dataset):
❷
❸     def __init__(self, x_data, y_data):
❹         self.x_data = torch.FloatTensor(x_data)
❺         self.y_data = torch.FloatTensor(y_data)
❻         self.len = self.y_data.shape[0]
❼
❽     def __getitem__(self, index):
❾         return self.x_data[index], self.y_data[index]
❿
⓫     def __len__(self):
⓬         return self.len
⓭ trainsets = TensorData(X_train, Y_train)
⓮ trainloader = torch.utils.data.DataLoader(trainsets, batch_size=32, shuffle=True)
⓯ testsets = TensorData(X_test, Y_test)
⓰ testloader = torch.utils.data.DataLoader(testsets, batch_size=32, shuffle=False)
```

■ 모델 구축하기

Regressor는 입력층 1개, 은닉층 2개, 출력층 1개를 가진 모델이다. 데이터 피쳐의 개수가 13이므로 입력층의 노드가 13개가 있어야 하고, 하나의 값으로 표현된 집값을 예측하는 것이므로 출력층은 1개의 노드를 가져야만 한다. 은닉층은 사용자의 선택으로 정할 수 있는데 이 모델에서는 각 은닉층마다 50, 30개의 노드를 갖도록 구축한다(기본적으로 이전 층의 출력값과 다음 층의 입력값의 크기는 같아야 한다).

```
❶ class Regressor(nn.Module):
❷     def __init__(self):
❸         super().__init__()
❹         self.fc1 = nn.Linear(13, 50, bias=True)
❺         self.fc2 = nn.Linear(50, 30, bias=True)
❻         self.fc3 = nn.Linear(30, 1, bias=True)
❼         self.dropout = nn.Dropout(0.5)
❽
❾     def forward(self, x):
❿         x = F.relu(self.fc1(x))
⓫         x = self.dropout(F.relu(self.fc2(x)))
⓬         x = F.relu(self.fc3(x))
⓭         return x
```

❹ 입력층(노드수: 13) → 은닉층1(50)으로 가는 연산

❺ 은닉층1(50) → 은닉층2(30)으로 가는 연산

❻ 은닉층2(30) → 출력층(1)으로 가는 연산

❼ 연산이 될 때마다 50%의 비율로 랜덤하게 노드를 없앤다(forward 함수에서 적용 위치를 정해준다).

❿ F.relu(self.fc1(x))는 선형 연산 후 ReLU라는 활성화 함수를 적용한다. 일반적으로 활성화 함수는 이전 층에서 다음 층으로 값을 비선형적으로 변환하여 넘겨주는 역할을 한다. 이는 층과 층 사이의 관계를 비선형으로 만들어 줄 수 있어 성능 향상에 도움이 된다.

⓫ self.dropout(F.relu(self.fc2(x))) 데이터가 노드가 50개인 이전 은닉층에서 30개의 은닉층으로 넘어갈 때 ReLU라는 활성화 함수를 거치고 self.dropout을 이용해 30개 중 50%의 확률로 값을 0으로 만든다. 드롭아웃은 과적합overfitting을 방지하기 위해 노드의 일부를 배제하고 학습하는 방식이기 때문에 사용위치는 임의로 정할 수 있지만 절대로 출력층에 사용해서는 안 된다.

⓬,⓭ 배치가 32개고 출력값이 하나이기 때문에 크기가 torch.Size([32, 1])인 결과를 뽑아내어 반환한다(학습 데이터는 총 203개이므로 마지막 배치는 32개가 아니고 29개가 들어온다).

■ **모델 학습하기**

```
❶ model = Regressor()
❷ criterion = nn.MSELoss()
❸ optimizer = optim.Adam(model.parameters(), lr=0.001, weight_decay=1e-7)
```

❸ Adam 최적화 방법을 정의한다. weight_decay는 L_2 정규화에서의 penalty 값를 의미하며 값이 클수록 제약조건이 강함을 의미한다.

```
❹ loss_ = []
❺ n = len(trainloader)
❻ for epoch in range(400):
❼     running_loss = 0.0
❽     for data in trainloader:
❾         inputs, values = data
❿         optimizer.zero_grad()
⓫         outputs = model(inputs)
⓬         loss = criterion(outputs, values)
⓭         loss.backward()
⓮         optimizer.step()
⓯         running_loss += loss.item()
⓰
⓱     loss_.append(running_loss/n)
```

❹ 그래프를 그리기 위한 loss 저장용 리스트를 만든다.

❺ 매 에폭 손실 함수값의 평균을 구하기 위해 배치 반복 수를 n이라고 한다.

❻ 400번 데이터를 반복 학습한다.

❼ 매 에폭 손실 함수값의 평균을 구하기 위해 초깃값을 0으로 한다.

❽ 배치를 불러와 학습한다.

❾ 입력값, 타깃값을 받는다.

❿ 그래디언트를 초기화한다.

⓫ model에 입력값을 넣어 예측값을 산출한다.

⓬~⓮ 손실 함수값 계산 및 최적화를 진행한다.

⓯ 매 에폭 손실 함수값의 평균을 구하기 위해 running_loss에 배치마다 로스를 더한다.

⓱ 저장용 리스트에 매 에폭 결과를 저장한다.

■ 손실 함수값 그리기

학습 데이터의 손실 함수값으로는 모델의 성능을 판단할 수 없지만, 학습이 잘 진행되었는지는 파악할 수 있다. 그림 5.3에서 손실 함수값이 감소하는 것은 학습이 잘 진행되었다고 판단할 수 있다. 물론 차후 과적합 현상이 나타났는지 평가 결과는 어떤지에 따라 모델을 튜닝하거나 학습 전략을 다르게 설정해야만 한다.

```
❶ plt.plot(loss_)
❷ plt.title("Training Loss")
❸ plt.xlabel("epoch")
❹ plt.show()
```

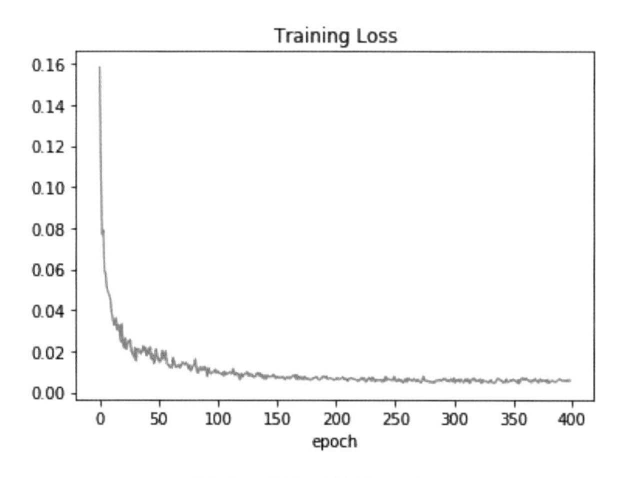

그림 5.3 훈련 손실 함수 그래프

■ 모델 평가하기

최종적인 모델 평가는 RMSE[Root Mean Square Error]를 사용한다.

```
❶  def evaluation(dataloader):
❷
❸      predictions = torch.tensor([], dtype=torch.float)
❹      actual = torch.tensor([], dtype=torch.float)
❺      with torch.no_grad():
❻          model.eval()
❼          for data in dataloader:
❽              inputs, values = data
❾              outputs = model(inputs)
❿              predictions = torch.cat((predictions, outputs), 0)
⓫              actual = torch.cat((actual, values), 0)
⓬
⓭      predictions = predictions.numpy()
⓮      actual = actual.numpy()
⓯      rmse = np.sqrt(mean_squared_error(predictions, actual))
⓰
⓱      return rmse
```

❶ evaluation 함수에 dataloader를 받는다.

❸,❹ 예측값과 그에 대응하는 실제값을 저장하기 위해 빈 텐서를 만든다(값들을 모두 저장하지 않고 for문에서 누적 방식으로도 계산할 수 있지만 예시를 통해 torch.cat에 대해서 알아보자).

❺ with torch.no_grad()로 requires_grad를 비활성화한다.

❻ 드롭아웃 등과 같은 정규화 기법은 학습시에만 적용해야 한다. 따라서 모델 내에서 학습 시에만 동작하는 장치들을 비활성화하기 위해 model.eval()을 적용한다.

❼~⓫ 배치 단위로 데이터를 받아 예측값을 산출하고 실제값과 누적시킨다. 이때 torch.cat에서 0이라는 것은 0번째 차원을 기준으로 누적한다는 의미다(예를 들어 10×2와 10×2인 두 텐서가 있을 때, cat 기준이 0이면 20×2가 되고 1이면 10×4가 결과로 나온다).

⓭,⓮ 텐서 데이터를 넘파이 배열로 변경한다.

⓯ mean_squared_error(predictions, actual)로 MSE를 계산한 후 루트를 씌워 RMSE를 계산한다.

```
⓲  train_rmse = evaluation(trainloader) # 학습 데이터의 RMSE
⓳  test_rmse = evaluation(testloader) # 시험 데이터의 RMSE
⓴  print("Train RMSE: ",train_rmse)
㉑  print("Test RMSE: ",test_rmse)
```

Output:

```
Train RMSE: 0.048989985
Test RMSE: 0.08607124
```

결과를 보면 학습 결과와 테스트 결과가 차이가 크다. 따라서 학습 데이터에 과적합이 되어 있다고 판단할 수 있다. 하지만 데이터를 무작위로 나누고 모델의 초깃값도 random initial parameter를 사용했기 때문에 학습을 할 때마다 결과가 다르게 나올 수 있다. 따라서 교차 검증이나 여러 번의 실험을 통해 결과의 경향성을 봐야 한다.

5.2 활성화 함수

활성화 함수는 인공 신경망에서 필수적인 요소 중 하나다. 따라서 활성화 함수의 종류에 따라서 성능의 변화를 줄 수 있다. 이번 절에서는 기본적인 활성화 함수의 역할과 종류에 대해서 알아본다.

5.2.1 활성화 함수가 필요한 이유

기본적으로 인공 신경망은 선형식 계산의 연속이다(즉, 선형 결합 형태의 함수가 합성된 형태). 이를 통해 연산을 쉽게 할 수 있으며 미분이 가능하고 미분을 쉽게 풀 수 있게 된다. 이 부분에서 "과연 노드 간의 관계가 항상 선형적일까?"라는 합리적인 의심을 해볼 수 있다. 사회, 경제, 자연 현상들을 보면 비선형적인 관계가 많다는 것을 알 수 있다. 따라서 비선형적인 층 사이의 관계를 표현할 수 있는 활성화 함수[Activation function]를 사용한다. 활성화 함수 $a(x)$는 합성 함수의 일환으로 이전 노드의 값과 가중치가 계산된 값을 활성화 함수에 넣어 계산한 뒤 다음 노드로 보내게 된다.

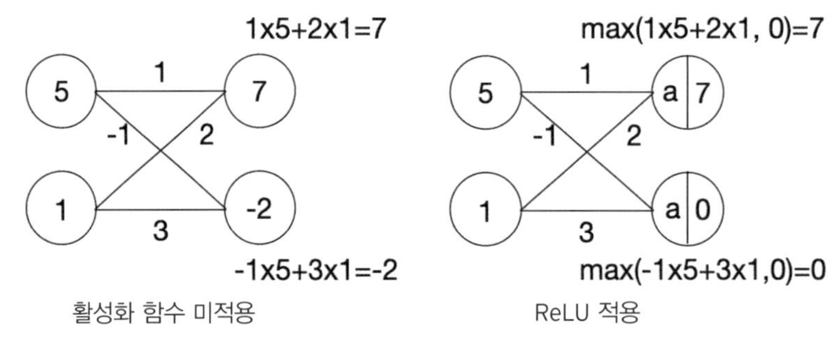

그림 5.4 비선형 활성화 함수가 적용된 노드 계산

그림 5.4과 같이 이전 층에 있는 노드값은 가중치와 각각 곱해져 더하는 선형 결합이다. 활성화 함수를 적용하지 않으면 계산된 값이 그대로 다음 층으로 들어간다. 만약 활성화 함수를 적용한다면 이전 층과 다음 층 사이에 있는 활성화 함수 $a(x)$를 거치게 된다. 만약 함수 $a(x)=max(x,0)$로 정의된 ReLU 함수를 사용했다면 음수는 모두 0으로 나오고, 양수는 계산 그대로 넘겨주게 된다.

5.2.2 선형 함수

선형 함수는 $a(x)=mx+n$ 형태인 활성화 함수다. 만약 $m=1$, $n=0$이면 항등 함수로써 넘어온 값을 그대로 받는다는 의미다. 활성화 함수의 역할은 1차적으로 비선형 관계를 만들어 주기 때문에 거의 사용하지 않는다.

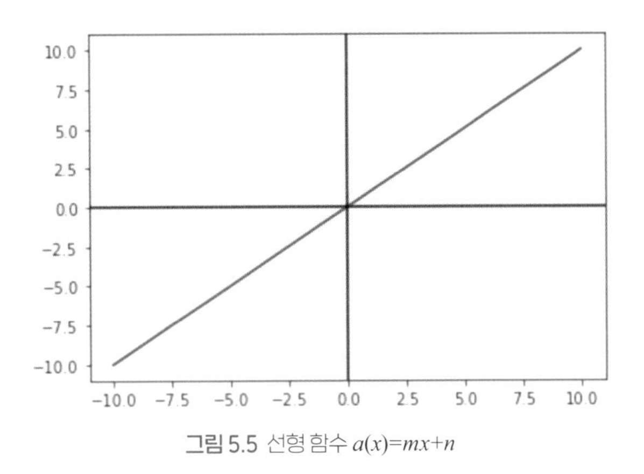

그림 5.5 선형 함수 $a(x)=mx+n$

5.2.3 시그모이드(sigmoid) 함수 - torch.sigmoid() / nn.Sigmoid()

시그모이드 함수 $\sigma(x) = \frac{1}{1+e^{-x}}$는 모든 입력값에 대해 0과 1 사이로 변환하는 역할을 하며 일반적으로 σ(sigma)로 표기한다. 또한 0.5를 기준으로 0.5 이하면 0, 초과면 1로 변환하여 두 가지 클래스를 분류하는 이진분류binary classification 문제에도 활용할 수 있다.

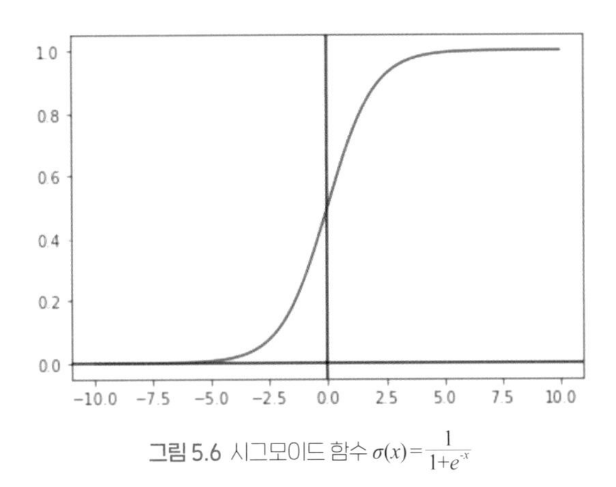

그림 5.6 시그모이드 함수 $\sigma(x)=\frac{1}{1+e^{-x}}$

5.2.4 tanh 함수 - torch.tanh() / nn.Tanh()

시그모이드 함수와 형태는 유사하지만 −1과 1 사이의 값을 취할 수 있어 0과 음수값을 가질 수 있다. 또한 0 부근에서 σ 보다 더 가파른 기울기를 갖는다는 것이 차이점이다.

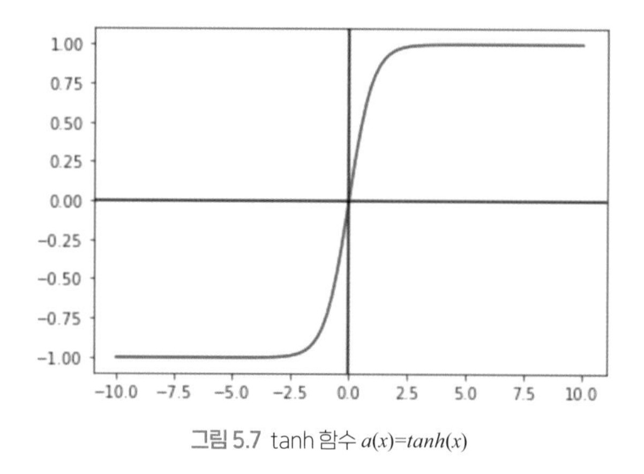

그림 5.7 tanh 함수 $a(x)=tanh(x)$

5.2.5 ReLU 함수 - torch.nn.functional.relu() / nn.ReLU()

두 개의 직선을 이어 만든 것으로 비선형 함수지만 선형과 매우 유사한 성질을 가지고 있다. 따라서 계산이 쉽고 미분도 쉽게 풀 수 있다. 또한 가장 중요한 점은 모델 최적화에 유용한 선형적 성질들을 보존하고 있어서 최적화를 쉽게 할 수 있게 한다. 따라서 가장 널리 사용되며 성능이 매우 좋은 것으로 알려져 있다.

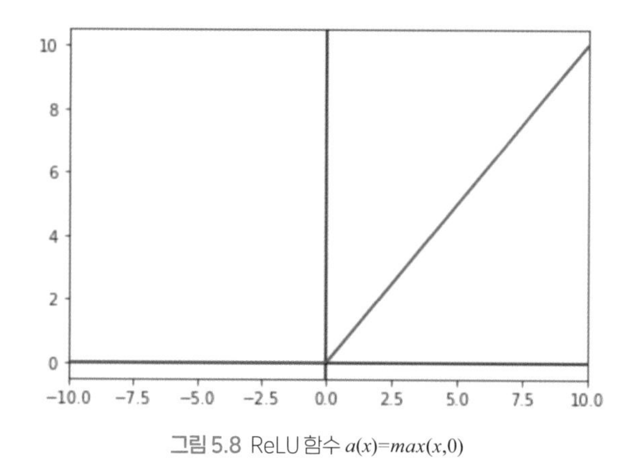

그림 5.8 ReLU 함수 $a(x)=max(x,0)$

5.2.6 Softmax 함수 - torch.nn.functional.softmax() / nn.Softmax()

벡터 $\mathbb{X} = (x_1, x_2, \cdots, x_n)$에 대하여 모든 성분이 항상 양수이며, 그 합이 1이 되도록 변환한다. 따라서 음수값이 오더라도 항상 양수가 나오도록 지수 함수를 이용한 함수다. 벡터 형태로 예측값이 나오는 다중 분류문제에서 자주 사용된다.

$$a(\mathbb{X}) = \frac{e^{\mathbb{X}}}{\sum_{k=1}^{n} e^{x_k}}$$

5.2.7 기타 활성화 함수

파이토치에서는 nn.ELU(), nn.LeakyReLU(), nn.LogSigmoid(), nn.SELU()와 같은 매우 다양한 함수를 제공하고 있으며, 필요에 따라 직접 활성화 함수를 만들기도 한다.

5.3 손실 함수

손실 함수는 최적화를 하는데 목적 함수가 되기 때문에 문제에 맞는 손실 함수를 사용해야만 한다. 또한 필요에 따라 손실 함수를 2개 이상 운용하는 모델도 있으며 가중치를 주어 특정 조건에 대해서 손실 함수값을 조정하는 방법도 있다. 이번 절에서는 가장 자주 사용되는 손실 함수를 알아본다.

5.3.1 MAE - torch.nn.L1Loss

유사도, 거리 측정, 회귀 문제 등에 많이 사용되는 손실 함수다.

$$L = \frac{1}{N}\sum_{i=1}^{N}|y_i - \hat{y}_i|$$

5.3.2 MSE - torch.nn.MSELoss

MAE와 함께 유사도, 거리 측정, 회귀 문제 등에 많이 사용되는 손실 함수다.

$$L = \frac{1}{N}\sum_{i=1}^{N}(y_i - \hat{y}_i)^2$$

5.3.3 Cross Entropy Loss - torch.nn.CrossEntropyLoss

주로 다중 분류 문제에서 사용된다. 유의할 점은 파이토치에서는 예측값은 벡터 형태, 타깃값은 라벨 형태로 세팅해야 에러가 나지 않는다.

$$L = \frac{1}{N}\sum_{i=1}^{N}y_i \cdot log(softmax(\hat{y}_i))$$

5.3.4 기타 손실 함수

파이토치에서는 nn.BCELoss, nn.NLLoss, nn.KLDivLoss 등 다양한 손실 함수를 제공한다.

5.4 최적화 기법

인공 신경망은 예측한 값과 타깃값을 정량적으로 비교할 수 있는 손실 함수를 통해 모델을 평가할 수 있다. 따라서 일반적으로 손실 함수값이 작다는 의미는 예측값과 타깃값의 차이가 작다라는 의미이므로 손실 함수값이 작게 나오게 하는 모델의 변수를 구하는 것이 최적화의 목적이다. 즉, 그림 5.9와 같이 손실 함수가 그려져 있고 현재 모델의 변수가 w_0라고 한다면 손실 함수값이 가장 작게 나오게 하는 변수 w^*를 찾는게 목적이 되는 것이다. 직관적으로 경사가 떨어지는 방향으로 간다면 우리가 원하는 이상적인 값을 얻을 수 있다. 이를 경사하강법Gradient Descent이라고 한다.

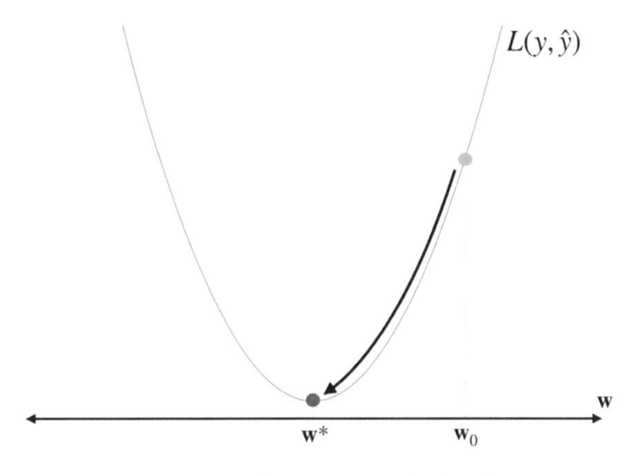

그림 5.9 손실 함수를 기준으로 최적화 진행

즉, 경사를 의미하는 미분을 이용해 w를 업데이트 하는데, 이때 하강에 대한 보폭을 정해주는 값이 학습률Learning rate 또는 Step size μ이다.

$$w \leftarrow w - \mu \frac{\partial L}{\partial w}$$

최적화 문제는 깊게 들어가면 복잡한 수식과 증명들을 볼 수 있다. 다행히 파이토치는 계산을 자동으로 해주는 다양한 최적화 기법들을 제공하기 때문에 최적화 기법에 대한 하이퍼 파라미터Hyper-parameter만 신경써주면 된다. 하이퍼 파라미터란 제안된 방법론을 사용하기 위해 미리 선택하여 사용되는 변수를 의미하며, 예를 들어 학습률이 있다.

5.4.1 확률적 경사하강법(SGD) - torch.optim.SGD

경사하강법의 특징은 모든 변수의 미분을 계산해 한 번에 갱신한다는 것이다. 따라서 노드 수와 가중치 수 그리고 데이터가 많을 경우에는 연산량이 많아 모델의 학습 속도가 느려지며, 계산에 필요한 메모리가 부족한 경우가 발생할 수 있다. 이를 해결하기 위해 데이터를 나눠서 학습하는 방법이 널리 쓰인다. 만약 n개의 데이터가 있다면 임의로 k개의 데이터 묶음을 만들어 학습을 진행한다. 이때 나눠진 데이터 세트를 미니 배치mini-batch라고 하며, 미니 배치를 이용해 경사하강법을 진행하는 것을 확률적 경사하강법Stochastic Gradient Descent: SGD이라고 한다. 따라서 일반 경사하강법과 SGD의 차이는 데이터 전체를 한 번에 사용하는지 나눠서 사용하는지의 차이일 뿐, 계산 과정의 차이는 없다. 또한 "확률적"이라고 하는 이유는 미니 배치를 나눌 때 데이터를 무작위로 섞어서 나누기 때문이다.

```
1 optimizer = torch.optim.SGD(model.parameters(), lr=0.01)
```

5.4.2 다양한 최적화 기법

경사하강법과 SGD의 단점은 학습률 μ가 고정되어 있다는 것이다. 따라서 변수의 위치에 상관없이 이동 비율이 항상 같기 때문에 계산이 비효율적일 수 있다. 따라서 더 효율적인 최적화를 위해 여러 가지 방법들이 고안되었다. 그중 기본적으로 많이 사용되는 방법은 모멘텀+스케줄링이나 Adam이다.

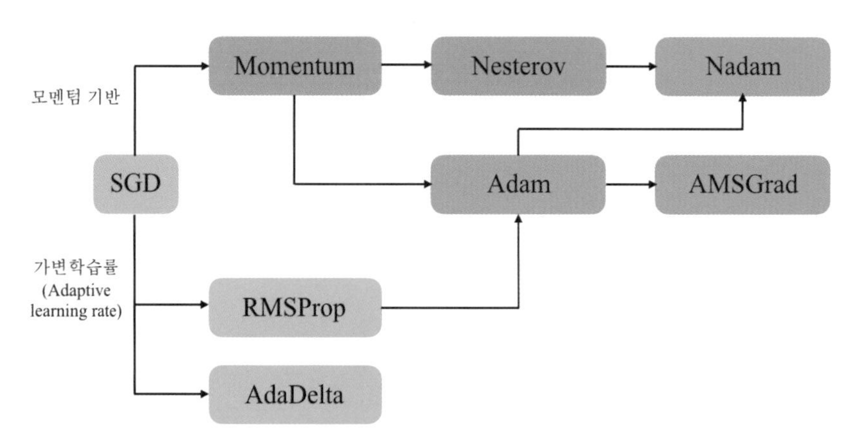

그림 5.10 여러 가지 최적화 기법

▪ momentum 방법

SGD 함수에 momentum 지수를 넣어준다.

```
1 optimizer = torch.optim.SGD(model.parameters(), lr=0.01, momentum=0.9)
```

■ Adam 방법

```
❶ optimizer = torch.optim.Adam(model.parameters(), lr=0.01)
```

■ 기타

torch.optim.Adadelta, torch.optim.Adagrad, torch.optim.RMSprop 등이 제공된다.

5.4.3 스케줄링

가변 학습률을 사용하지 않는 방법에 대해서는 학습률이 변하지 않는다. 따라서 별도로 학습률이 어떻게 바뀌는지 규칙을 정해주는 것을 스케줄링이라고 한다. 예를 들어 학습 반복 30번마다 학습률을 0.1배씩 줄여주고 싶다면 ❷ optim.lr_scheduler.StepLR을 optimizer 아래 선언할 수 있다. 그리고 for문 안에 ⓮ scheduler.step()만 추가하면 자동으로 학습률을 변경해 준다.

```
❶ optimizer = torch.optim.SGD(model.parameters(), lr=0.1, momentum=0.9)
❷ scheduler = optim.lr_scheduler.StepLR(optimizer, step_size=30, gamma=0.1)
❸ ... 중략 ...
❹ for epoch in range(400):
❺     running_loss = 0.0
❻     for data in trainloader:
❼         inputs, values = data
❽         optimizer.zero_grad()
❾         outputs = model(inputs)
❿         loss = criterion(outputs, values)
⓫         loss.backward()
⓬         optimizer.step()
⓭         ... 중략 ...
⓮     scheduler.step()
```

파이토치는 MultiplicativeLR, LambdaLR, StepLR, MultiStepLR, ExponentialLR, CosineAnnealingLR 등 다양한 스케줄링을 제공한다.

5.4.4 MADGRAD

MADGRAD는 모멘텀과 가변식 방법을 병행하는 최신 최적화 방법으로 SGD와 ADAM을 능가하는 것으로 페이스북 연구팀이 발표한 바 있다.

```
madgrad.MADGRAD(모델 변수, lr = 학습률(default: 0.01), momentum = 모멘텀지수(default: 0.9),
weight_decay = L2페널티(default: 0))
```

```
❶ pip install madgrad
```

❶ 터미널 창에서 별도의 설치가 필요하다. 구글 코랩 내에서는 느낌표를 붙여 !pip install madgrad 라고 입력하여 설치를 먼저 한다.

```
❷ import madgrad
❸ optimizer = madgrad.MADGRAD(model.parameters())
```

❷ madgrad를 불러온 후 ❸ 기존 최적화 방법의 사용법과 동일하게 모델 변수를 넣어 사용한다.

5.5 교차 검증

기본적인 모델의 학습과 평가 과정은 학습 데이터로 학습하고 평가 데이터로 성능을 확인한다. 이때 평가 데이터에서 가장 성능이 잘 나오는 모델을 고르게 된다. 학습 시 평가 데이터를 사용하지 않기 때문에 평가 방법에 문제가 되지 않는다고 생각할 수 있지만, 평가 데이터를 기준으로 모델을 튜닝한다면 평가 데이터에 과적합이 될 수도 있다. 물론 빠르게 작업할 수 있으며 어느 정도 성능은 충분히 가늠할 수 있기 때문에 많이 사용된다. 하지만 앞에서 언급한 단점을 보완하기 위해 검증 데이터를 사용한다. 전체 데이터를 학습, 검증, 평가 데이터로 나누어 학습 데이터로 모델을 학습하고 검증 데이터로 모델을 평가하고 튜닝한 다음 평가 데이터로 최종 평가를 한다.

데이터를 나누는 방법은 매우 다양하다. 그 중 k겹 교차 검증k-Fold Cross-Validation은 학습 데이터 전체를 사용하면서 검증할 수 있는 방법으로 머신러닝 분야에서 매우 널리 쓰이는 검증 방법이다. 학습 데이터를 k개로 나누어 1개는 검증 데이터로 사용하고 나머지 k−1개는 학습 데이터로 사용한다. 따라서 k번의 검증 과정이 필요하기 때문에 느린 것이 단점이다. 그림 5.11은 3개의 폴드로 학습 데이터를 나눈 것이다. 따라서 각각 3번의 검증을 한 뒤 3개의 검증 성능의 평균을 내어 점수를 산정하여 모델의 성능을 가늠한다.

	Train data			Test data
$k = 1$	Train data	Train data	Validation data	
$k = 2$	Train data	Validation data	Train data	
$k = 3$	Validation data	Train data	Train data	

그림 5.11 교차 검증 예시

5.5.1 교차 검증을 통한 집값 예측 모델 평가

CODE Cross-Validation.ipynb

■ 모델 평가하기

```
❶ import pandas as pd
❷ import numpy as np
❸ from sklearn.model_selection import train_test_split
❹ import torch
❺ from torch import nn, optim
❻ from torch.utils.data import DataLoader, Dataset
❼ import torch.nn.functional as F
❽ from sklearn.model_selection import KFold
❾ from sklearn.metrics import mean_squared_error
❿ import matplotlib.pyplot as plt
```

❽ from sklearn.model_selection import KFold는 학습 데이터 세트를 k개의 부분 데이터 세트(폴드)로 나눈 후 k−1개의 폴드는 학습 데이터로 사용하고, 나머지 1개는 검증 데이터로 사용할 수 있도록 전체 학습 데이터 세트에서 인덱스를 나눠주는 역할을 한다.

■ 데이터 프레임을 넘파이 배열로 만들기

```
❶ df = pd.read_csv('./data/reg.csv', index_col=[0])
❷ X = df.drop('Price', axis=1).to_numpy()
❸ Y = df['Price'].to_numpy().reshape((-1,1))
```

❶ 스케일링된 집값 데이터를 read_csv를 통해 불러온다. 이 때 index_col=[0])을 이용하여 csv 파일의 첫 번째 열에 있는 데이터의 인덱스를 배제하고 데이터프레임을 만든다.

❷ 데이터프레임 df에서 Price를 제외한 나머지를 변수로 사용한다. drop의 axis=1은 열을 의미하여 Price를 열 기준으로 배제하겠다는 의미다.

❸ Price를 타겟값 Y로 사용한다.

■ 텐서 데이터 만들기

trainset은 교차 검증을 위해 나누기 때문에 미리 DataLoader를 정의하지 않는다.

```
❶ class TensorData(Dataset):
❷
❸     def __init__(self, x_data, y_data):
❹         self.x_data = torch.FloatTensor(x_data)
❺         self.y_data = torch.FloatTensor(y_data)
❻         self.len = self.y_data.shape[0]
❼
❽     def __getitem__(self, index):
❾         return self.x_data[index], self.y_data[index]
❿
⓫     def __len__(self):
⓬         return self.len
⓭ X_train, X_test, Y_train, Y_test = train_test_split(X, Y, test_size=0.7)
⓮ trainset = TensorData(X_train, Y_train)
⓯ testset = TensorData(X_test, Y_test)
⓰ testloader = torch.utils.data.DataLoader(testset, batch_size=32, shuffle=False)
```

■ 모델 구축

```
❶ class Regressor(nn.Module):
❷     def __init__(self):
❸         super().__init__()
❹         self.fc1 = nn.Linear(13, 50, bias=True)
❺         self.fc2 = nn.Linear(50, 30, bias=True)
❻         self.fc3 = nn.Linear(30, 1, bias=True)
❼
❽     def forward(self, x):
❾         x = self.fc1(x)
❿         x = self.fc2(x)
⓫         x = self.fc3(x)
⓬         return x
```

■ 손실 함수와 교차 검증 정의

```
❶ kfold = KFold(n_splits=3, shuffle=True)
❷ criterion = nn.MSELoss()
```

❶ 학습 데이터를 3개의 폴드로 나눠 3겹 교차 검증을 진행한다.

■ 평가 함수 정의

```
❶ def evaluation(dataloader):
❷
❸     predictions = torch.tensor([], dtype=torch.float)
❹     actual = torch.tensor([], dtype=torch.float)
❺
❻     with torch.no_grad():
❼         model.eval() # 평가를 할 때에는 .eval()을 반드시 사용해야 한다.
❽         for data in dataloader:
❾             inputs, values = data
❿             outputs = model(inputs)
⓫
⓬             predictions = torch.cat((predictions, outputs), 0) # cat을 통해 예측값을 누적
⓭             actual = torch.cat((actual, values), 0) # cat을 통해 실제값을 누적
⓮     predictions = predictions.numpy()
⓯     actual = actual.numpy()
⓰     rmse = np.sqrt(mean_squared_error(predictions, actual))
⓱     model.train()
⓲     return rmse
```

❶ 평가하고자 하는 데이터로더를 불러온다.

❸,❹ 예측값과 실제값을 저장할 빈 텐서를 만든다.

❻ 평가시에는 모델 파라미터에 대한 업데이트가 필요 없으므로 requires_grad를 비활성화 한다.

❼ 평가를 위해 model을 eval 모드로 변경한다.

❽~⓬ 데이터를 불러와 예측을 시행하고 예측값과 실제값을 저장한다.

⓮,⓯ CPU용 텐서를 넘파이 배열로 변환한다.

⓰ RMSE를 측정하여 성능을 평가한다.

⓱ 이번 예시에서는 상관없으나, 평가 시에는 정규화 기술을 배제하여 온전한 모델로 평가를 해야 한다. 따라서 .eval()을 사용한다. 즉, 드롭아웃이나 배치 정규화 등과 같이 학습 시에만 사용하는 기술들이 적용된 모델은 평가 시에는 비활성화 해야 하며, 학습 시 다시 .train()을 사용한다.

■ 교차 검증을 이용한 학습 및 평가

```
❶ validation_loss = []
❷ for fold, (train_idx, val_idx) in enumerate(kfold.split(trainset)):
❸
❹     train_subsampler = torch.utils.data.SubsetRandomSampler(train_idx)
❺     val_subsampler = torch.utils.data.SubsetRandomSampler(val_idx)
❻     trainloader = torch.utils.data.DataLoader(trainset, batch_size=32,
sampler=train_subsampler)
❼     valloader = torch.utils.data.DataLoader(trainset, batch_size=32, sampler=val_subsampler)
❽
❾     model = Regressor()
❿     optimizer = optim.Adam(model.parameters(), lr=0.001, weight_decay=1e-7)
⓫
⓬     for epoch in range(400):
⓭         for data in trainloader:
⓮             inputs, values = data
⓯             optimizer.zero_grad()
⓰
⓱             outputs = model(inputs)
⓲             loss = criterion(outputs, values)
⓳             loss.backward()
⓴             optimizer.step()
㉑
㉒     train_rmse = evaluation(trainloader)
㉓     val_rmse = evaluation(valloader)
㉔     print("k-fold", fold," Train Loss: %.4f, Validation Loss: %.4f" %(train_rmse, val_rmse))
㉕     validation_loss.append(val_rmse)
```

❶ 검증 점수를 산출하기 위해 폴드 별 로스 저장 리스트를 만든다.

❷ kfold.split(trainset))을 이용하여 나눠진 학습 데이터의 인덱스를 불러온다.

❹~❼ TensorData로 정의된 데이터의 일부를 불러와 배치 데이터 형태로 활용할 수 있도록 DataLoader와 SubsetRandomSampler를 함께 사용한다.

❾,❿ 매 학습마다 모델 파라미터를 초기화하기 위해 for문 안에 모델을 선언한다.

⓬~⓴ 데이터를 학습한다.

㉒,㉓ 각 검증마다 학습 데이터와 검증 데이터를 가지고 RMSE를 계산한다(총3번 계산).

㉕ 검증 RMSE를 저장한다.

Output:

k-fold 0 Train Loss: 0.0976, Validation Loss: 0.1228
k-fold 1 Train Loss: 0.0912, Validation Loss: 0.1277
k-fold 2 Train Loss: 0.0982, Validation Loss: 0.1101

■ 검증 점수 산출

```
❶ validation_loss = np.array(validation_loss)
❷ mean = np.mean(validation_loss)
❸ std = np.std(validation_loss)
❹ print("Validation Score: %.4f, ± %.4f" %(mean, std))
```

Output: Validation Score: 0.1159, ± 0.0079

❷~❹ 저장된 검증 RMSE의 평균과 표준편차를 구해 출력한다.

■ 모델 평가

```
❶ trainloader = torch.utils.data.DataLoader(trainset, batch_size=32, shuffle=False)
❷ train_rmse = evaluation(trainloader)
❸ test_rmse = evaluation(testloader)
❹ print("Train RMSE: %.4f" %train_rmse)
❺ print("Test RMSE: %.4f" %test_rmse)
```

Output:

Train RMSE: 0.1037
Test RMSE: 0.1200

❶,❷ 학습 데이터 전체에 대해 DataLoader를 생성하여 학습 데이터에 대한 RMSE를 계산한다.

❸ 평가 데이터 세트에 대해 평가를 진행한다.

5.6 모델 구조 및 가중치 확인

모델 튜닝에 필요한 모델 구조 및 가중치를 확인하는 방법에 대해서 알아본다.

5.6.1 모델 구조

CODE Model parameters.ipynb

```
❶ import torch
❷ from torch import nn
❸ import torch.nn.functional as F
❹ from torchsummary import summary
```

❹ torchsummary는 구조와 모델 변수를 간략히 알려주는 라이브러리다. !pip install torchsummary을 통해 별도의 설치가 필요하다.

```
❶ class Regressor(nn.Module):
❷     def __init__(self):
❸         super().__init__()
❹         self.fc1 = nn.Linear(13, 50)
❺         self.fc2 = nn.Linear(50, 30)
❻         self.fc3 = nn.Linear(30, 1)
❼         self.dropout = nn.Dropout(0.5)
❽
❾     def forward(self, x):
❿         x = F.relu(self.fc1(x))
⓫         x = self.dropout(F.relu(self.fc2(x)))
⓬         x = F.relu(self.fc3(x))
⓭
⓮         return x
```

모델을 보면 변수가 있는 곳은 ❹~❻ nn.Linear 부분이다. 입력층에서 첫 번째 은닉층으로 넘어가는 부분의 가중치는 13×50=650개, 편향이 50개이므로 총 700개의 변수가 존재한다. 첫 번째 은닉층에서 두 번째 은닉층 사이에는 가중치가 50×30=1500개, 편향이 30개이므로 변수가 총 1530개이고 마지막 출력층으로 가는 길목에는 가중치 30개, 편향 1개를 포함해 총 31개가 존재한다.

```
❶ model = Regressor()
❷ print(model)
```

Output:

```
Regressor(
  (fc1): Linear(in_features=13, out_features=50, bias=True)
  (fc2): Linear(in_features=50, out_features=30, bias=True)
  (fc3): Linear(in_features=30, out_features=1, bias=True)
  (dropout): Dropout(p=0.5, inplace=False)
```

❷ 모델을 출력하면 __init__부분에서 정의된 구조를 확인할 수 있다.

5.6.2 모델 변수

CODE Model parameters.ipynb

```
❶ for parameter in model.parameters():
❷     print(parameter.size())
```

Output:

```
torch.Size([50, 13])
torch.Size([50])
torch.Size([30, 50])
torch.Size([30])
torch.Size([1, 30])
torch.Size([1])
```

❶ model.parameters():를 통해 정의된 순서대로 변수를 얻을 수 있다.

```
❶ print(model.fc1.weight.size(), model.fc1.bias.size())
```

Output: torch.Size([50, 13]) torch.Size([50])

변수명을 알고 있다면 직접 접근하여 변수를 불러올 수 있다. 예를 들어 model에 fc1의 가중치를 불러 오고 싶다면 model.fc1.weight이라고 작성하고, 편향은 model.fc1.bias이라고 작성한다.

```
❶ for name, param in model.named_parameters():
❷     print(name, param.size())
```

Output:

```
fc1.weight torch.Size([50, 13])
fc1.bias torch.Size([50])
fc2.weight torch.Size([30, 50])
fc2.bias torch.Size([30])
fc3.weight torch.Size([1, 30])
fc3.bias torch.Size([1])
```

❶ 변수명을 잘 모를 경우에는 model.named_parameters()을 통해 변수명과 변수를 동시에 불러올 수 있다.

앞서 다룬 내용들을 바탕으로 특정 변수에 대한 옵션과 값을 변경할 수 있다.

```
❶ summary(model, (10, 13))
```

Output:

```
----------------------------------------------------------------
        Layer (type)               Output Shape         Param #
================================================================
            Linear-1               [-1, 10, 50]             700
            Linear-2               [-1, 10, 30]           1,530
           Dropout-3               [-1, 10, 30]               0
            Linear-4                [-1, 10, 1]              31
================================================================
Total params: 2,261
Trainable params: 2,261
Non-trainable params: 0
----------------------------------------------------------------
Input size (MB): 0.00
Forward/backward pass size (MB): 0.01
Params size (MB): 0.01
Estimated Total Size (MB): 0.02
----------------------------------------------------------------
```

❶ torchsummary에서 제공하는 summary에 model을 넣고 임의의 입력 데이터 사이즈를 넣으면 층마다 출력값의 크기와 변수에 대한 정보를 테이블로 만들어준다.

“

우리는 AI의
황금기의 시작에
있습니다.

”

제프 베이조스

6

CHAPTER

합성곱 신경망

최근에는 합성곱 신경망에 대항하는 비전 트랜스포머(Vision Transformer) 모델들이 떠오르고 있지만 합성곱 신경망은 여전히 이미지 분류, 객체 인식 등의 이미지 관련 문제에서 가장 많이 사용되는 모델이다. 6장에서는 합성곱 연산과 합성곱 신경망 구축에 대해서 다뤄보고 파이토치에서 제공하는 모델에 대해서 알아본다.

- 합성곱 연산과 풀링 연산
- ALEXNET
- RESNET
- 다양한 합성곱 신경망

6.1 합성곱 연산과 풀링 연산

합성곱 신경망의 기본 연산인 합성곱 연산과 풀링 연산에 대해서 다룬다.

6.1.1 이미지 데이터

이미지는 픽셀이라는 기본 단위가 존재한다. 따라서 이미지 데이터는 기본 단위로 구성된 행렬이다. 예를 들어 크기가 128×128 이미지는 128×128 행렬로 표현되며 색깔에 따라 각 성분의 값이 결정된다. 좀 더 자세히 설명하면 흑백 이미지는 하나의 행렬로 색을 표현할 수 있으므로, 이미지 크기는 128×128×1이며 1을 채널Channel이라고 말한다. 즉, 채널은 이미지 하나가 몇 장으로 구성되어 있는지를 나타낸다. 대표적으로 널리 쓰이는 RGB 이미지는 빨강R, 초록G, 파랑B 채널의 값들이 적절히 합쳐져 색을 결정하는 형태로써 128×128×3 이미지라고 할 수 있다. 물론 3채널 이상의 이미지도 존재하며 RGB가 아닌 H색상, S채도, V명도로 표현된 HSV 이미지 등의 다른 표현 방식들도 있다.

여기서 강조하고 싶은 것은 이미지도 숫자로 이루어져 있다는 것이다. 일반적으로 사용되는 RGB 이미지는 기본적으로 0 이상 255 이하의 값이며 그 이미지 값을 이용해 이미지 크기 조정, 값의 스케일링, 이미지 변환, 노이즈 제거 등 다양한 연구들이 진행되고 있다. 이를 이미지 처리Image processing라고 하며 수학적으로는 행렬과 벡터의 연산이다.

6.1.2 MLP와 이미지 처리

지금까지 배웠던 MLP 구조를 생각해 보면 입력층이 일렬 형태라는 것을 알 수 있다. 따라서 MLP 구조를 이용하여 사각형 모양의 사진을 처리하려면 이미지를 일렬 형태로 변환 후 모델에 입력시켜야만 한다. 예를 들어 3×3 이미지 행렬은 9×1 벡터가 되어 모델에 들어가게 되고 모델은 일렬 형태의 이미지 벡터를 통해 학습을 한다. 실제로 단순한 이미지 분류 문제에서는 MLP도 좋은 성능을 보이지만 일반적으로 좋은 성능을 내기 어렵다. 그 이유는 행렬의 성분을 순서대로 일렬로 붙여 벡터화 하기 때문에 이미지 내에 같은 객체가 있다고 하더라도 그 위치나 크기가 조금만 달라져도 벡터는 크게 변화할 수 있기 때문이다.

즉, 같은 객체라도 완전히 다른 벡터로 변환되어 객체의 공통된 특성을 뽑아낼 수 없을 가능성이 커진다. 따라서 전체 이미지를 벡터화 하지 않고 이미지의 일부분을 하나씩 살펴 보면서 전체 이미지를 해석할 필요가 있다. 이것이 바로 CNN의 기본 개념이자 핵심 포인트다.

6.1.3 합성곱 연산과 풀링 연산

앞서 강조했듯이 이미지의 일부분을 차례대로 훑어 보면서 이미지 전체를 파악하는 것이 CNN의 기본 메카니즘이다. 예를 들어 그림 6.1과 같이 3×3 빨간 상자를 만들어 내부를 보고 다음 부분으로 이동을 시키면서 전체 부분을 살펴볼 수 있다. 따라서 부분들에서 얻어진 정보를 모아 이미지 한 장을 해석하기 때문에 이미지를 벡터로 만들었을 때보다 객체의 크기와 위치에 덜 민감하다.

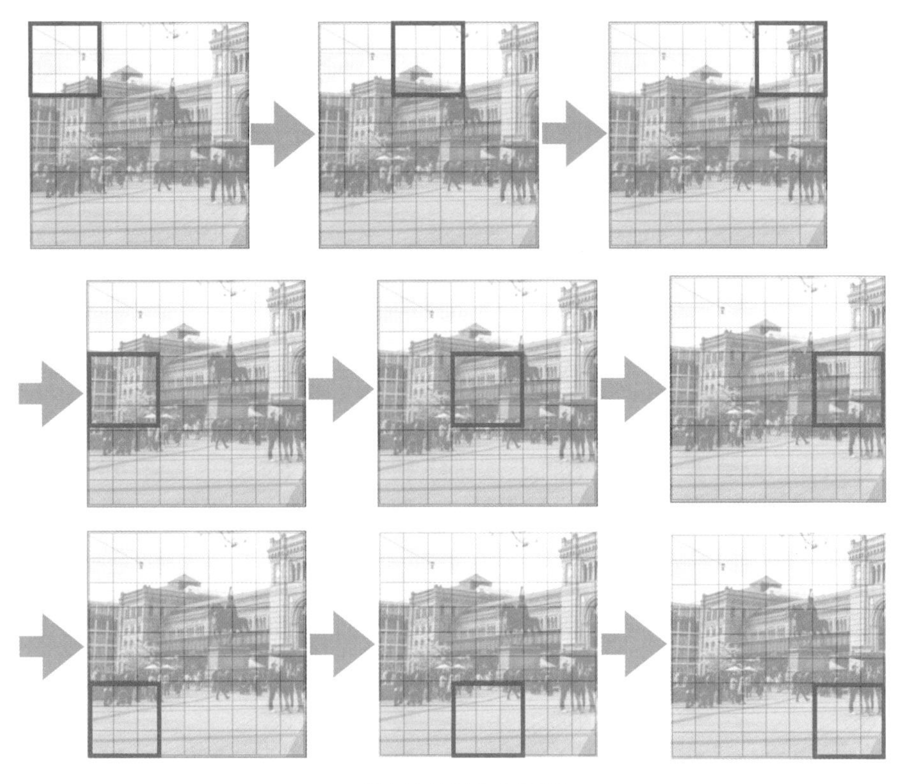

그림 6.1 합성곱 필터의 이동

이때 빨간 부분을 어떻게 보는지가 중요한데, 기본적으로 합성곱(Convolution)과 풀링(Pooling)이라는 방법을 통해 해당 부분을 해석하게 된다. 합성곱은 특정 값을 지닌 빨간 상자를 가지고 해당 부분의 이미지 값과 연산하는 방법으로써 빨간 상자를 필터(Filter) 혹은 커널(Kernel)이라고 한다. 따라서 필터에 따라 추출되는 특성이 다르기 때문에 모델 최적화를 통해 적절한 필터의 값을 찾는 것이 목표가 된다.

■ **합성곱 연산 - nn.Conv2d, torch.nn.functional.conv2d**

합성곱은 필터가 위치한 부분에서 동일한 위치의 성분끼리 곱하여 전체를 더하는 것이다. 필터가 움직이는 보폭(Stride)을 정할 수 있으며 이미지 밖을 특정 값으로 둘러쌓는 패딩(Padding)을 이용할 수도 있다.

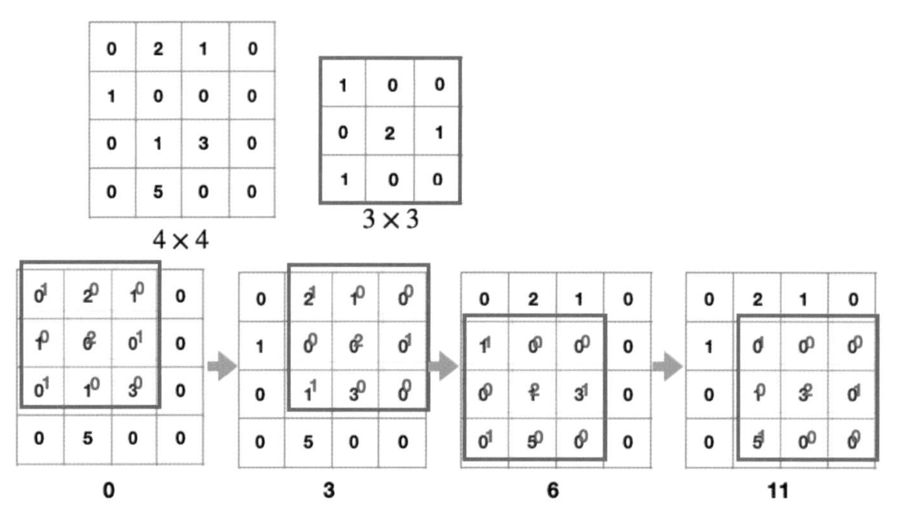

그림 6.2 합성곱 연산

■ **풀링 연산**

nn.AvgPool2d, torch.nn.functional.avg_pool2d / nn.MaxPool2d, torch.nn.functional.max_pool2d

풀링은 앞서 언급한 합성곱과 같은 방법으로 작업이 진행된다. 다만 커널 안에서의 연산이 다를 뿐이다. 일반적으로 영역 내에서 최댓값을 뽑아내는 최댓값 풀링Max pooling과 평균값을 뽑아내는 평균값 풀링Average pooling이 많이 사용된다. 또한 기본적으로 풀링은 커널의 크기와 보폭을 같게 함으로써non-overlapping pooling 이동하는 커널이 같은 부분을 중복 계산하지 않게 한다. 즉, 영역별 대푯값을 하나씩 뽑아내는 연산이며 주로 컨볼루션 층 다음에 배치한다.

6.2 AlexNet

AlexNet은 ILSVRC ImageNet Large Scale Visual Recognition Challenge 2012 대회에서 우승을 차지한 합성곱 신경망 Convolutional Neural Network: CNN이며 가장 기본적인 CNN 모델이라고 할 수 있다. 원 논문에서는 현재는 쓰이지 않는 기술들이 적용되어 파이토치에서는 이런 부분들을 수정하여 모델을 제공하고 있다. 이번 절에서는 파이토치에서 제공하는 모델을 사용하지 않고 직접 작성해 본다.

■ 라이브러리 불러오기

CODE 6.2 CNN - AlexNet.ipynb

```
❶ import torch
❷ import torchvision
❸ import torchvision.transforms as transforms
❹ from torch.utils.data import DataLoader
❺ import torch.nn as nn
❻ import torch.nn.functional as F
❼ import torch.optim as optim
❽ import matplotlib.pyplot as plt
```

■ CIFAR10 데이터 세트 불러오기

transforms.Normalize은 특정 평균과 표준편차를 따르는 정규분포를 통해 이미지를 표준화하는 방법이다. CIFAR10은 3채널 컬러 이미지이므로 각 장의 평균과 표준편차를 정한다. 첫 번째 (0.5, 0.5, 0.5)는 각 채널 당 평균을 할당한 것이고 튜플로 입력한다. 두 번째 (0.5, 0.5, 0.5)는 각 채널의 표준편차를 기입한 것이다. 평균과 표준편차는 학습 전에 가지고 있는 이미지로부터 계산하지만 이번 예시에서는 임의의 값 0.5를 기입한다.

```
❶ transform = transforms.Compose( [transforms.ToTensor(), transforms.Normalize((0.5, 0.5,
   0.5), (0.5, 0.5, 0.5))])
❷ trainset = torchvision.datasets.CIFAR10(root='./data', train=True, download=True,
   transform=transform)
❸ trainloader = torch.utils.data.DataLoader(trainset, batch_size=32, shuffle=True)
❹
❺ testset = torchvision.datasets.CIFAR10(root='./data', train=False, download=True,
   transform=transform)
❻ testloader = torch.utils.data.DataLoader(testset, batch_size=32, shuffle=False)
```

■ GPU 연산 체크하기

```
❶ device = torch.device("cuda:0" if torch.cuda.is_available() else "cpu")
❷ print(f'{device} is available.')
```

Output: cuda:0 is available.

❶ 일반적으로 최근 CNN은 깊고 복잡하다. 따라서 다수의 필터를 계산하고 업데이트해야 하기 때문에 GPU가 필수적인 요소다. 따라서 GPU 연산이 활성화되어 있는지 확인한다. 만약 비활성화 상태라면 코랩에서 GPU 연산으로 옵션을 변경한다. 그리고 torch.device를 통해 GPU가 가능한 텐서로 연산을 수행할 수 있다.
❷ cuda:0는 GPU를 사용할 수 있다는 의미다.

■ AlexNet 구축하기

본래 AlexNet은 ImageNet 데이터를 위해 만들어졌다. ImageNet은 1000개의 클래스로 분류되어 있는 256×256 또는 224×224 크기를 갖는 이미지이다. 따라서 크기가 32×32인 CIFAR10 이미지는 제대로 동작을 안 할 수 있다. 따라서 데이터에 맞게 필터의 크기와 보폭 수를 조정해 모델을 구축한다.

```
❶ class AlexNet(nn.Module):
❷     def __init__(self):
❸         super(AlexNet, self).__init__()
❹         self.features = nn.Sequential(
❺                         nn.Conv2d(3, 64, 3), nn.ReLU(),
❻                         nn.MaxPool2d(2, 2),
❼                         nn.Conv2d(64, 192, 3, padding=1), nn.ReLU(),
❽                         nn.MaxPool2d(2, 2),
❾                         nn.Conv2d(192, 384, 3, padding=1), nn.ReLU(),
❿                         nn.Conv2d(384, 256, 3, padding=1), nn.ReLU(),
⓫                         nn.Conv2d(256, 256, 1), nn.ReLU(),
⓬                         nn.MaxPool2d(2, 2))
⓭
⓮         self.classifier = nn.Sequential(
⓯                         nn.Dropout(0.5),
⓰                         nn.Linear(256*3*3, 1024), nn.ReLU(),
⓱                         nn.Dropout(0.5),
⓲                         nn.Linear(1024, 512), nn.ReLU(),
⓳                         nn.Linear(512, 10))
⓴
㉑     def forward(self, x):
```

```
㉒         x = self.features(x)
㉓         x = x.view(-1, 256*3*3)
㉔         x = self.classifier(x)
㉕         return x
```

❶ AlexNet 클래스를 만든다.

❷ __init__ 함수에 구조를 작성한다.

❹, ⓮ nn.Sequential를 이용하면 순차적으로 행해지는 연산을 한 번에 묶을 수 있다. nn.Sequential의 괄호 안은 작성 순서대로 연산이 수행된다.

❹~⓬ self.features는 합성곱 연산과 풀링 연산이 행해지는 피쳐 추출 Feature extraction 부분이다.

❺ CIFAR10은 RGB 컬러 이미지다. 따라서 입력 채널의 수가 3이므로 반드시 nn.Conv2d에서 입력 채널 수에 3을 입력해야 한다(즉, nn.Conv2d(3(입력 채널 수), 64(출력 채널 수), 3(필터의 크기))). 채널의 출력 크기는 임의로 정해준다. 보폭은 별도로 지정하지 않았으므로 기본값 1로 진행된다. 다음 활성화 함수 nn.ReLU를 적용한다.

❻ 다음 2×2 크기의 필터를 2칸씩 이동하는 최댓값 풀링 nn.MaxPool2d(필터의 크기, 보폭)을 시행한다.

❼~⓬ 위와 같은 방법으로 층을 쌓는다(기본적으로 이전 층의 출력값과 다음 층의 입력값의 크기는 같아야 한다). padding=1은 해당 층의 입력 피쳐맵의 가장 외곽을 0으로 한 겹 둘러싼다는 의미다. 예를 들어 100×100 피쳐맵에 한 겹을 씌우면 102×102가 되며 가장 외곽의 값은 0이 된다. 또한 외곽을 0으로 채우는 영패드 Zero pad 이외에도 padding_mode를 통해 다른 패드를 사용할 수 있다('zeros', 'reflect', 'replicate', 'circular').

⓮~⓳ Fully-connected layer FC로 구성된 self.classifier을 정의한다.

⓰ 유의할 점은 처음 들어오는 입력값의 크기와 self.features에서 나온 ㉓ 피쳐맵을 일렬로 편 벡터의 크기가 같아야 한다.

⓳ 또한 CIFAR10은 10개의 클래스를 가진 데이터이므로 마지막 노드 수는 10이 되어야 한다. 나머지 노드 수나 드롭아웃은 사용자가 임의로 정할 수 있다.

■ 손실 함수 및 최적화 방법 정의하기

다중 분류 문제에서는 Cross Entropy Loss를 기본으로 사용한다. 파이토치에서 제공하는 Cross Entropy Loss는 softmax 계산까지 포함되어 있으므로 모델의 마지막 출력값에 별도의 softmax를 적용하지 않아도 된다. 그리고 GPU 연산을 위해 모델을 불러올 때 .to(device)를 반드시 붙여준다.

```
❶ criterion = nn.CrossEntropyLoss()
❷ alexnet = AlexNet().to(device)
❸ optimizer = optim.Adam(alexnet.parameters(), lr=1e-3)
```

■ AlexNet 모델 학습하기

```
❶ loss_ = [] # 그래프를 그리기 위한 loss 저장용 리스트
❷ n = len(trainloader) # 배치 개수
❸ for epoch in range(50):
❹     running_loss = 0.0
❺     for data in trainloader:
❻         inputs, labels = data[0].to(device), data[1].to(device) # 배치 데이터
❼         optimizer.zero_grad()
❽         outputs = alexnet(inputs) # 예측값 산출
❾         loss = criterion(outputs, labels) # 손실 함수 계산
❿         loss.backward() # 손실 함수 기준으로 역전파 선언
⓫         optimizer.step() # 가중치 최적화
⓬          running_loss += loss.item()
⓭
⓮     loss_.append(running_loss / n)
⓯     print('[%d] loss: %.3f' %(epoch + 1, running_loss / len(trainloader)))
⓰
```

Output:

```
[1] loss: 1.626
[2] loss: 1.184
[3] loss: 0.998
[4] loss: 0.891
... 이하 생략 ...
```

❻ 모델의 학습 과정은 MLP와 동일하다. 추가적으로 GPU 연산을 위해 모델을 불러올 때 데이터에 .to(device)를 반드시 붙여준다.

■ 학습 손실 함수 그래프 그리기

```
❶ plt.plot(loss_)
❷ plt.title("Training Loss")
❸ plt.xlabel("epoch")
❹ plt.show()
```

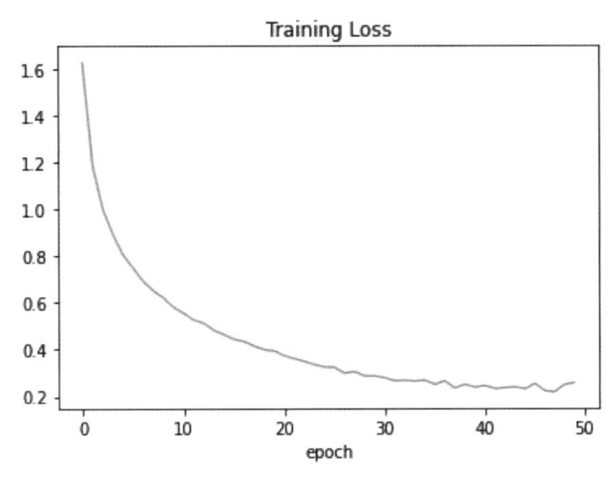

그림 6.3 훈련 손실 함수 그래프

■ 파이토치 모델 저장 및 불러오기

평가가 잘 되었다면 추후 이어서 학습을 하거나 실험 자료를 남기기 위해 모델을 저장해야 한다.

```
❶ PATH = './models/cifar_alexnet.pth'
❷ torch.save(alexnet.state_dict(),PATH)
```

❶ 모델 저장 경로와 모델명.pth를 입력한다.

❷ torch.save(alexnet.state_dict(),PATH)을 이용하여 모델을 저장한다.

```
❶ alexnet = AlexNet().to(device)
❷ alexnet.load_state_dict(torch.load(PATH))
```

❶ 모델 저장은 모델을 통째로 저장하는 것이 아니고 모델 파라미터를 저장하는 것이다. 따라서 저장된 모델을 불러올 때 모델이 선행적으로 선언되어 있어야만 한다.

❷ 모델의 파라미터를 불러와 모델에 주입한다.

■ 평가하기

```
❶     correct = 0
❷     total = 0
❸     with torch.no_grad():
❹         alexnet.eval()
❺         for data in testloader:
❻             images, labels = data[0].to(device), data[1].to(device)
❼             outputs = alexnet(images)
❽             _, predicted = torch.max(outputs, 1)
❾             total += labels.size(0) # 개수 누적(총 개수)
❿             correct += (predicted == labels).sum().item() # 누적(맞으면 1, 틀리면 0으로 합산)
⓫
⓬ print('Test accuracy: %.2f %%' % (100 * correct / total))
```

Output: Test accuracy: 76.66 %

❶,❷ 데이터 전체 개수와 정답 개수를 누적할 수 있는 변수를 선언한다.

❸ 평가 시에는 requires_grad를 비활성화 한다.

❹ 평가 시에는 드롭아웃 등과 같은 정규화 작업을 시행해서는 안된다. 따라서 alexnet.eval()을 선언하여 정규화 작업을 비활성화 한다.

❽ outputs은 크기가 (배치 크기)×10인 벡터 형태로 나온다. 따라서 열 기준으로 가장 큰 원소의 위치가 라벨이 되는 것이기 때문에 최댓값을 열(1) 기준으로 계산하여 예측값을 구한다. torch.max는 최댓값과 최댓값의 위치를 산출해주는데 여기서 우리는 최댓값은 필요가 없으므로 받지 않아도 된다. 따라서 _로 처리하여 해당 출력값은 저장하지 않는다. 즉, _, predicted는 최댓값의 위치만 predicted에 저장하겠다는 의미다.

6.3 ResNet

ResNet은 ILSVRC(ImageNet Large Scale Visual Recognition Challenge) 2015 대회에서 우승을 차지한 합성곱 신경망이며, 이후 CNN에서 중요한 개념으로 자리 잡은 Residual block을 제안한 모델이다.

스킵 커넥션(Skip connection)이란 그림 6.4와 같이 여러 레이어를 건너 뛰어 이전 정보를 더하는 것을 의미하며, 이 하나의 과정을 묶어 만든 것이 Residual block이다. Residual block의 위치나 구조에 따라 성능이 달라질 수 있지만, 기본적으로 합성곱 층 2, 3칸을 뛰어넘어 더하는 방식을 사용한다. ResNet은 Residual block 여러 개를 붙여놓은 모델이며, 모델명에 붙은 숫자는 층의 개수를 의미한다. 즉, ResNet18은 층이 18개이고, ResNet34는 34개의 층을 가지고 있는 모델이다.

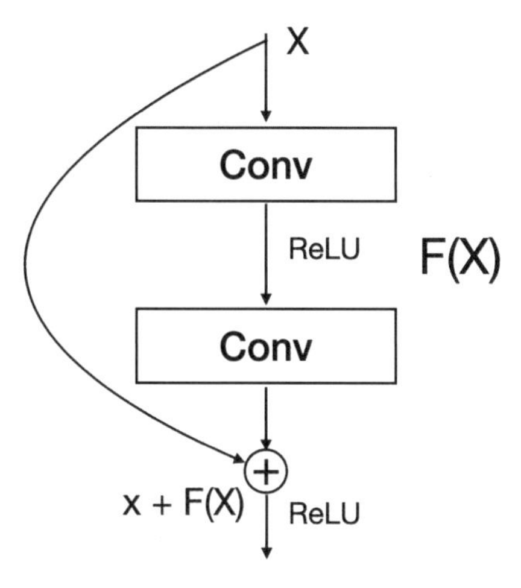

그림 6.4 Residual block

ImageNet 데이터에 맞춰진 ResNet은 기본층에서 7×7 필터를 사용하는 합성곱과 3×3 맥스 풀링을 사용한다. CIFAR10은 이미지 사이즈가 ImageNet 이미지 보다 훨씬 작기 때문에 그림 6.5와 같이 기본층의 합성곱 필터 사이즈를 3×3으로 줄이고 맥스풀링을 생략한다. 또한 ResNet18과 ResNet34는 동일한 블록을 사용하기 때문에 층을 조절하여 두 모델을 구현할 수 있다.

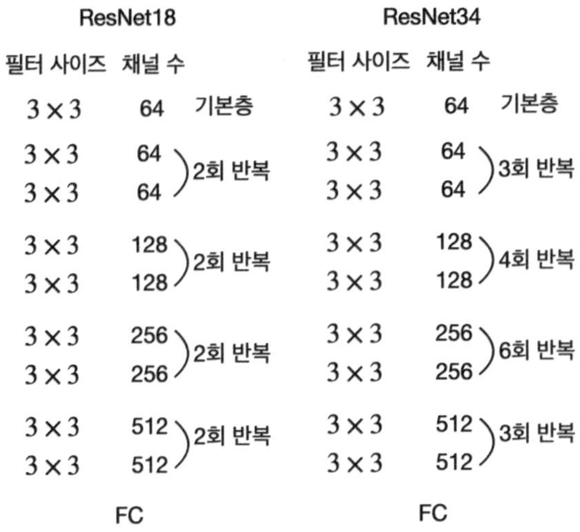

ResNet18			ResNet34		
필터 사이즈	채널 수		필터 사이즈	채널 수	
3×3	64	기본층	3×3	64	기본층
3×3	64	2회 반복	3×3	64	3회 반복
3×3	64		3×3	64	
3×3	128	2회 반복	3×3	128	4회 반복
3×3	128		3×3	128	
3×3	256	2회 반복	3×3	256	6회 반복
3×3	256		3×3	256	
3×3	512	2회 반복	3×3	512	3회 반복
3×3	512		3×3	512	
FC			FC		

그림 6.5 ResNet18, ResNet34의 층 정보

■ Residual block 구축하기

CODE 6.3 CNN - ResNet.ipynb

```
❶ class ResidualBlock(nn.Module):
❷
❸     def __init__(self, in_channels, out_channels, stride=1):
❹         super(ResidualBlock, self).__init__()
❺         self.stride = stride
❻         self.in_channels = in_channels
❼         self.out_channels = out_channels
❽         self.conv_block = nn.Sequential(
❾             nn.Conv2d(self.in_channels, self.out_channels, kernel_size=3, stride=stride,
   padding=1, bias=False), nn.BatchNorm2d(self.out_channels), nn.ReLU(),
❿             nn.Conv2d(self.out_channels, self.out_channels, kernel_size=3, stride=1, padding=1,
   bias=False), nn.BatchNorm2d(self.out_channels))
⓫         if self.stride != 1 or self.in_channels != self.out_channels:
⓬             self.downsample = nn.Sequential(
⓭                             nn.Conv2d(self.in_channels, self.out_channels, kernel_size=1,
   stride=stride, bias=False), nn.BatchNorm2d(self.out_channels))
⓮
⓯     def forward(self, x):
⓰         out = self.conv_block(x)
⓱         if self.stride != 1 or self.in_channels != self.out_channels:
⓲             x = self.downsample(x)
⓳         out = F.relu(x + out)
⓴         return out
```

❽~❿ 컨볼루션 연산 2개를 포함한 블록을 만들어준다.

❾, ❿ 학습을 빠르게 할 수 있는 배치 정규화Batch Normalization를 층 사이에 적용한다. 배치 정규화는 각 배치의 평균과 분산을 이용해서 데이터를 정규화하는 방법이다.

⓫~⓭ ResNet은 ResidualBlock 하나를 거칠 때마다 이미지 사이즈가 줄어들고 채널 수는 늘어나는 구조다. 따라서 처음 들어오는 x값과 블록을 거친 출력값 out의 크기가 같아야만 한다. 따라서 차이가 나는 경우 출력값의 크기와 입력값의 크기를 동일하게 하기 위해 별도의 컨볼루션 연산을 진행하여 입력 크기를 출력 크기와 맞춰준다.

⓱~⓲ 사이즈 조정이 필요하다면 입력값의 크기를 조정한다.

⓳ Skip connection을 시행한다.

■ ResNet 모델 구축하기

```
❶  class ResNet(nn.Module):
❷      def __init__(self, num_blocks, num_classes=10):
❸          super(ResNet, self).__init__()
❹          self.in_channels = 64
❺          self.base = nn.Sequential(
❻                      nn.Conv2d(3, 64, kernel_size=3,stride=1, padding=1, bias=False),
❼                      nn.BatchNorm2d(64),
❽                      nn.ReLU())
❾          self.layer1 = self._make_layer(64, num_blocks[0], stride=1)
❿          self.layer2 = self._make_layer(128, num_blocks[1], stride=2)
⓫          self.layer3 = self._make_layer(256, num_blocks[2], stride=2)
⓬          self.layer4 = self._make_layer(512, num_blocks[3], stride=2)
⓭          self.gap = nn.AvgPool2d(4) # 4: 필터 사이즈
⓮          self.fc = nn.Linear(512, num_classes)
⓯
⓰      def _make_layer(self, out_channels, num_blocks, stride):
⓱          strides = [stride] + [1]*(num_blocks-1)
⓲          layers = []
⓳          for stride in strides:
⓴              block = ResidualBlock(self.in_channels, out_channels, stride)
㉑              layers.append(block)
㉒              self.in_channels = out_channels
㉓          return nn.Sequential(*layers)
```

❶~❸ ResNet 클래스를 정의하고 __init__를 작성한다.

❺~❽ 입력 이미지가 들어와 연산을 수행하는 기본층을 만든다.

❾~⓬ 그림 6.5와 같이 기본층을 제외한 4개의 블록이 필요하다. 따라서 self._make_layer을 이용하여 4개의 블록 묶음을 선언한다.

⓭ 합성곱 층들을 지나면 최종적으로 크기가 4×4인 피쳐맵 512개가 나온다. 크기가 4×4인 평균 풀링을 이용하면 각 피쳐맵 당 1개의 평균값이 나오기 때문에 성분이 512개인 벡터를 얻을 수 있다.
⓮ 클래스가 10개인 이미지를 분류하는 것이므로 최종적으로 512개의 노드에서 10개의 노드로 가는 FC를 정의한다.
⓱ 블록의 반복 횟수만큼 stride를 저장한다.
⓲~㉑ ResidualBlock을 불러와서 append를 이용해 차례로 붙여준다. 이때 이전 출력 채널 크기와 다음 입력 채널 크기가 같아야 하므로 ㉒ self.in_channels = out_channels을 작성한다.
㉓ nn.Sequential에 넣어 모델을 구축한다. *리스트는 리스트의 길이에 상관 없이 모든 성분을 별도로 nn.Sequential에 전달하는 역할을 한다.

```
㉔     def forward(self, x):
㉕         out = self.base(x)
㉖         out = self.layer1(out)
㉗         out = self.layer2(out)
㉘         out = self.layer3(out)
㉙         out = self.layer4(out)
㉚         out = self.gap(out)
㉛         out = out.view(out.size(0), -1)
㉜         out = self.fc(out)
㉝         return out
```

㉔~㉝ 마지막으로 ResNet 클래스 안에 연산을 행하는 forward를 정의한다.

```
❶ def modeltype(model):
❷     if model == 'resnet18':
❸         return ResNet([2, 2, 2, 2])
❹     elif model == 'resnet34':
❺         return ResNet([3, 4, 6, 3])
```

❶~❺ 클래스를 불러오는 함수를 만든다. 그림 6.5와 같이 각 모델마다 블록의 반복 횟수를 리스트로 정의하여 입력한다. 이를 통해 18, 34 외에 4개의 블록을 가진 레이어의 개수를 조정할 수 있다.

```
❶ resnet = modeltype('resnet18').to(device)
❷ print(resnet)
❸ PATH = './models/cifar_resnet.pth' # 모델 저장 경로
```

Output:

```
ResNet(
  (base): Sequential(
    (0): Conv2d(3, 64, kernel_size=(3, 3), stride=(1, 1), padding=(1, 1), bias=False)
    (1): BatchNorm2d(64, eps=1e-05, momentum=0.1, affine=True, track_running_stats=True)
    (2): ReLU()
... 중략 ...
  (gap): AvgPool2d(kernel_size=4, stride=4, padding=0)
  (fc): Linear(in_features=512, out_features=10, bias=True)
```

■ ResNet18 학습 및 평가하기

AlexNet 평가에서 사용한 코드로 학습과 평가 과정를 동일하게 진행한다. 결과적으로 ResNet18의 평가 정확도는 76.66%(학습 50회)인 AlexNet보다 약 6.6% 높은 83.25%(학습 10회)를 달성한다.

Output: Test accuracy: 83.25 %

6.4 다양한 합성곱 신경망

파이토치에서는 손쉽게 이용할 수 있는 다양한 신경망을 제공한다.

```
❶ import torchvision.models as models
❷ alexnet = models.alexnet().to(device)
❸ alexnet.classifier[6] = nn.Linear(4096,5)
❹ """
❺ resnet18 = models.resnet18().to(device)
❻ vgg16 = models.vgg16().to(device)
❼ densenet = models.densenet161().to(device)
❽ inception = models.inception_v3().to(device)
❾ googlenet = models.googlenet().to(device)
❿ shufflenet = models.shufflenet_v2_x1_0().to(device)
⓫ mobilenet_v2 = models.mobilenet_v2().to(device)
⓬ resnext50_32x4d = models.resnext50_32x4d().to(device)
⓬ wide_resnet50_2 = models.wide_resnet50_2().to(device)
⓮ mnasnet = models.mnasnet1_0().to(device)
⓯ """
```

❶ torchvision.models as models을 이용해 모델을 불러올 수 있다.

❷ AlexNet 모델을 사용한다면 alexnet = models.alexnet().to(device)을 선언하면 된다. 여기서 중요한 것은 제공 모델들이 클래스 개수가 1,000개인 ImageNet 데이터를 위해 만들어졌기 때문에 모델의 최종 출력 노드수가 1,000개다. 따라서 우리가 다루는 데이터의 클래스 수로 변경해야 한다.

❸ 만약 5개의 클래스를 분류하는 문제라고 했을 때, AlexNet의 경우는 마지막 층이 alexnet.classifier[6]이기 때문에 alexnet.classifier[6] = nn.Linear(4096,5)라고 층을 재정의하면 된다. 모델마다 해당 층의 이름과 인덱스가 다를 수 있다. 이때 5.6절에서 배운 내용을 토대로 이름을 알아낼 수 있다. 현재 파이토치에서는 30여 개의 합성곱 신경망을 제공하고 있다.

“

우리가
자율주행 자동차를 갖게
된다는 것은 매우
분명하다고 생각한다.

”

제프리 힌튼

7

CHAPTER

순환 신경망

순환 신경망은 합성곱 신경망과 더불어 가장 많이 사용되는 신경망이다. 주어진 데이터가 시간, 순서에 따라 서로 연관이 있다면 우리는 이를 고려하여 모델을 구축해야 한다. 이러한 시퀀스 데이터는 기온 예측, 주가 예측, 번역 등과 같이 우리 생활에 직접적으로 필요한 부분이 많기 때문에 모델이 매우 빠르게 개선되고 있다. 하지만 순환 신경망의 최신 모델을 이해하려면 기본적인 개념들을 이해해야 한다. 7장에서는 시퀀스 데이터의 의미와 기본적인 순환 신경망에 대해서 알아본다.

- 기본 순환 신경망
- LSTM과 GRU
- BI-LSTM

7.1 기본 순환 신경망

순환 신경망에서 일반적으로 사용되는 데이터와 기본 구조를 알아본다.

7.1.1 시계열 데이터

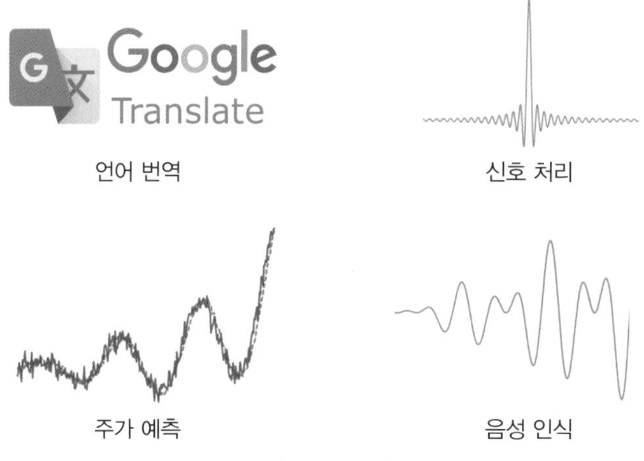

그림 7.1 순환 신경망의 응용 분야

시계열 데이터란 일정 시간 간격으로 배치된 데이터다. 대표적으로 시간에 따른 온도, 주식, 신호 변화 등의 데이터가 있고 추가적으로 음성, 대화 등의 데이터와 같이 단어가 나열된 형태도 연속적으로 관계가 있는 데이터라고 볼 수 있다. 그림 7.1과 같이 시퀀스 형태의 데이터를 통해 학습된 모델은 우리 주변에 이미 많이 사용되고 있다.

7.1.2 기본 인공 신경망과 순환 신경망

순환 신경망Recurrent Neural Network, RNN은 시퀀스 데이터를 예측하기 위해 만들어진 모델로 시계열 예측 기술의 근간이라고 할 수 있다. 기본적인 인공 신경망은 입력값 하나가 들어오면 출력값 하나를 산출하며 이전 입력값과 다음 입력값의 관계는 고려하지 않는다. 이를 개선하기 위해 그림 7.2와 같이 이전 단계에서 계산된 정보를 가공해서 다음 단계의 계산에 반영하는 것이 순환 신경망이다.

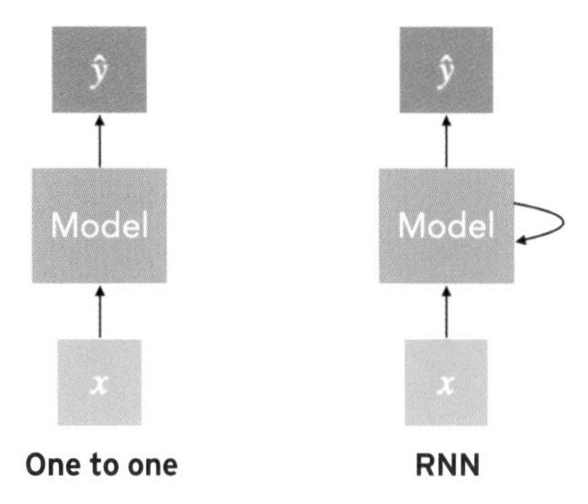

그림 7.2 기본 인공 신경망 vs 순환 신경망

7.1.3 순환 신경망의 다양한 형태

순환 신경망은 다양한 구조가 존재한다. 그림 7.3과 같이 One to many 방식은 하나의 입력값을 받아 순차적으로 출력값을 산출한다. Many to one 방식은 여러 시간(예 일수)에 대한 데이터를 받아 하나의 출력값을 산출한다. Many to many 방식은 여러 개의 시계열 데이터를 받아 여러 개의 출력값을 산출한다.

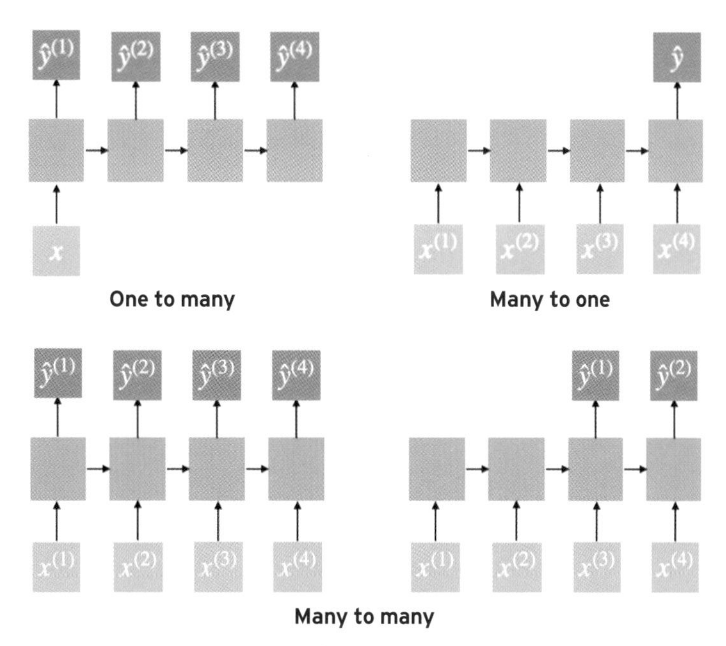

그림 7.3 순환 신경망의 다양한 형태

7.1.4 기본 순환 신경망

이전 데이터로부터 얻은 정보를 다음 계산에 어떻게 반영할 것인지에 따라 종류가 나눠지는데, 기본적인 순환 신경망은 그림 7.4와 같이 연산이 진행된다. 입력값이 하나 들어오면 이전 정보와 입력값을 연산하여 h라는 은닉 상태를 구한다. 이때 얻은 h값은 선형식을 거쳐 o를 만든 후 활성화 함수를 통해 y를 산출한다. 다음 입력값이 들어오면 이전에 계산했던 h값을 이용하여 동일한 계산을 거치게 된다.

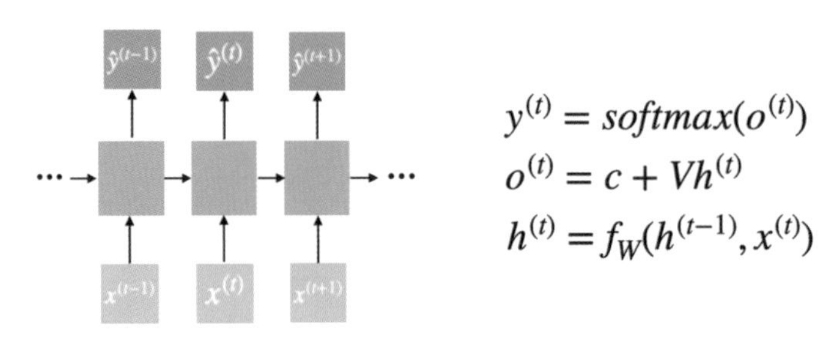

그림 7.4 기본 순환 신경망

그림 7.5는 한 번의 연산에 필요한 변수와 구조를 표현한 것이다. 추가적으로 W, U, V가 모델 변수로써 하나의 시퀀스가 처리되면 최적화 방법을 통해 업데이트가 된다.

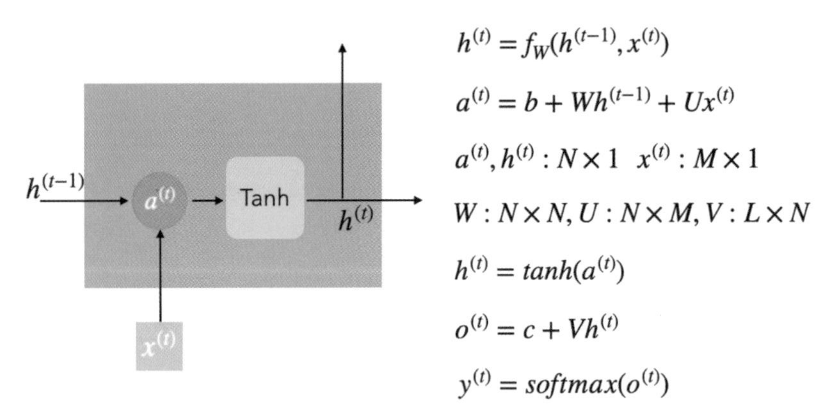

그림 7.5 기본 순환 신경망의 연산

7.1.5 기본 순환 신경망 구현

CODE 7.1 Vanilla RNN.ipynb

■ 라이브러리 및 데이터 불러오기

주가 데이터를 이용해 실습한다. 데이터는 일자, 시작가, 고가, 저가, 종가, 보정된 종가, 거래량으로 구성된 csv 파일이다.

```
❶ import numpy as np
❷ import pandas as pd
❸ from sklearn.preprocessing import MinMaxScaler
❹ import torch
❺ import torch.nn as nn
❻ import torch.optim as optim
❼ import matplotlib.pyplot as plt
```

```
❽ df = pd.read_csv("./data/kospi.csv")
❾ scaler = MinMaxScaler()
❿ df[['Open','High','Low','Close','Volume']] =
   scaler.fit_transform(df[['Open','High','Low','Close','Volume']])
```

❷,❽ pandas를 이용해서 csv 파일을 데이터프레임 형태로 불러온다. 데이터는 보정된 종가를 제외한 나머지를 사용하며 일자를 제외하고 MinMax 스케일을 사용하여 데이터를 가공한다.

```
❶ df.head()
```

Output:

	Date	Open	High	Low	Close	Adj Close	Volume
0	2019-01-30	0.722898	0.732351	0.745525	0.759235	2206.199951	0.242113
1	2019-01-31	0.763058	0.750069	0.769089	0.757866	2204.850098	0.274771
2	2019-02-01	0.751894	0.745714	0.769280	0.756456	2203.459961	0.241609
3	2019-02-07	0.755809	0.742538	0.764596	0.756415	2203.419922	0.215603
4	2019-02-08	0.731584	0.717777	0.739548	0.729669	2177.020049	0.197057

데이터프레임에서 .head()는 상위 5개 항목에 대한 테이블을 출력해 준다. 일자와 보정된 종가를 제외한 나머지가 스케일링된 것을 볼 수 있다.

■ 텐서 데이터 만들기

사용할 데이터는 인스턴스가 413개이고 피쳐가 4개(Open, High, Low, Volume)이고 타깃값은 종가(Close)이다. 즉, 431×4 시계열 데이터를 가지고 있다. 이 단계에서 고려해야 할 점은 며칠을 사용하여 다음 날 종가를 예측하느냐는 것과 학습 데이터와 평가 데이터의 비율이다.

```
❶ device = torch.device("cuda:0" if torch.cuda.is_available() else "cpu")
```

```
❷ X = df[['Open','High','Low','Volume']].values
❸ y = df['Close'].values
```

데이터프레임에서는 values를 이용하여 넘파이 배열로 만들 수가 있다. ❷ 입력 데이터와 ❸ 타깃 데이터를 생성한다.

```
❶ def seq_data(x, y, sequence_length):
❷     x_seq = []
❸     y_seq = []
❹     for i in range(len(x)-sequence_length):
❺         x_seq.append(x[i:i+sequence_length]) # a[2:6] -> 2,3,4,5
❻         y_seq.append(y[i+sequence_length])
❼
❽     return torch.FloatTensor(x_seq).to(device), torch.FloatTensor(y_seq).to(device).view(-1, 1)
```

❶ 시퀀스 데이터를 만드는 함수를 생성한다.

❷,❸ x, y값에 대한 시퀀스를 저장하는 빈 리스트를 생성한다.

❹~❻ 미리 정한 시퀀스 길이로 쪼개어 저장한다. 이때 데이터는 for문의 1회 당 한 칸 움직여 저장한다(보폭을 정해 줄 수도 있다). 예를 들어 길이가 3이면 처음 저장된 데이터는 0, 1, 2번째 데이터가 한 묶음이고 다음은 1, 2, 3, 그 다음은 2, 3, 4번째의 데이터가 한 묶음이 된다. y 데이터는 다음 날 값이 타깃값이기 때문에 입력값이 x[i:i+sequence_length])면 타깃값은 y[i+sequence_length])로 작성한다. 예를 들어 X가 0, 1, 2번째 데이터를 묶일 때 3번째 데이터의 y값이 대응되는 타깃값이 된다.

❽ 마지막으로 GPU용 텐서로 변환한다. 여기서 y 데이터를 view(−1, 1)를 사용하여 2차원으로 바꿔주는 이유는 MSE Loss가 기본적으로 2차원 타깃 데이터를 받기 때문이다.

```
❶ split = 200
❷ sequence_length = 5
❸ x_seq, y_seq = seq_data(X, y, sequence_length)
❹ x_train_seq = x_seq[:split]
❺ y_train_seq = y_seq[:split]
❻ x_test_seq = x_seq[split:]
❼ y_test_seq = y_seq[split:]
❽ print(x_train_seq.size(), y_train_seq.size())
❾ print(x_test_seq.size(), y_test_seq.size())
```

Output:

```
torch.Size([200, 5, 4]) torch.Size([200, 1])
torch.Size([226, 5, 4]) torch.Size([226, 1])
```

❷,❸ 시퀀스 길이를 5로 한다면 426개[431(전체 데이터)−5(시퀀스 길이)]의 시퀀스 데이터를 만들 수 있다.

❶, ❹~❼ 이때 순서대로 200개 데이터는 학습 데이터로 사용하고 이후 데이터는 평가 데이터로 사용한다.

```
❶ train = torch.utils.data.TensorDataset(x_train_seq, y_train_seq)
❷ test = torch.utils.data.TensorDataset(x_test_seq, y_test_seq)
❸ batch_size = 20
❹ train_loader = torch.utils.data.DataLoader(dataset=train, batch_size=batch_size,
   shuffle=True)
❺ test_loader = torch.utils.data.DataLoader(dataset=test, batch_size=batch_size)
```

Dataset과 DataLoader를 이용해 배치 데이터로 만든다.

■ RNN 구축에 필요한 하이퍼 파라미터 정의하기

```
❶ input_size = x_seq.size(2)
❷ num_layers = 2
❸ hidden_size = 8
```

그림 7.5에서 소개된 RNN의 연산은 파이토치에서 제공하기 때문에 전체를 직접 구현하지 않아도 된다. 우리가 정해야 하는 것은 ❶ 입력 변수의 개수, ❷ 은닉층의 개수, ❸ 은닉 상태를 저장하는 벡터의 크기다. 그림 7.6은 우리가 구축할 모델을 표현한 것이다.

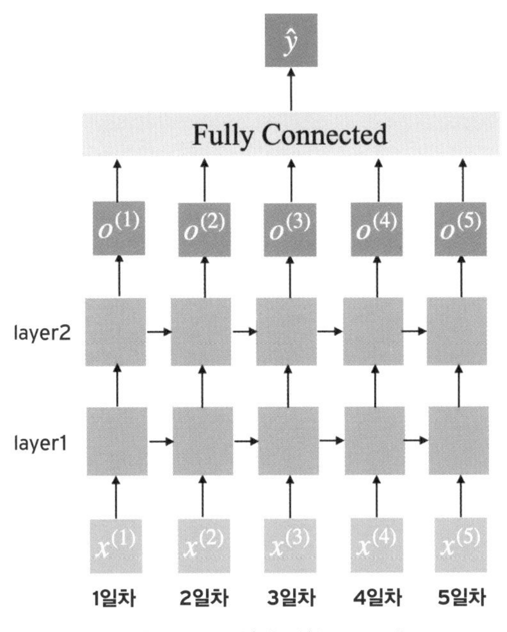

그림 7.6 종가 예측을 위한 RNN 모델

■ RNN 구축하기

```
❶ class VanillaRNN(nn.Module):
❷
❸     def __init__(self, input_size, hidden_size, sequence_length, num_layers, device):
❹         super(VanillaRNN, self).__init__()
❺         self.device =device
❻         self.hidden_size = hidden_size
❼         self.num_layers = num_layers
❽         self.rnn = nn.RNN(input_size, hidden_size, num_layers, batch_first=True)
❾         self.fc = nn.Sequential(nn.Linear(hidden_size*sequence_length, 1), nn.Sigmoid())
❿
⓫     def forward(self, x):
⓬         h0 = torch.zeros(self.num_layers, x.size()[0], self.hidden_size).to(self.device)
⓭         out, _ = self.rnn(x, h0)
⓮         out = out.reshape(out.shape[0], -1)
⓯         out = self.fc(out)
⓰         return out
```

❶ RNN의 클래스를 만든다(가장 기본이 되는 방법 앞에 Vanilla를 붙여 말하기도 한다).

❸~❼ 각 변수를 정리한다.

❽ nn.RNN을 이용하면 한 줄로 모델이 정의된다. 이때 주의할 점은 원래 nn.RNN의 입력 데이터 크기는 시퀀스의 길이×배치사이즈×변수의 크기이기 때문에 (200, 5, 4) 크기의 데이터를 (5, 200, 4)으로 변경해야 한다. 하지만 batch_first=True를 적용하면 기존의 200×5×4 데이터를 그대로 사용할 수 있다.

❾ RNN에서 나온 출력값을 FC층 하나를 거쳐 하나의 예측값을 뽑을 수 있도록 self.fc를 정의한다.

⓬ RNN은 이전 h를 받아 계산하기 때문에 첫 번째 계산 시 이전 h가 없기 때문에 초깃값을 영[zero] 텐서로 정의하여 h0를 대입한다.

⓭ 정의된 self.rnn을 사용한다. 이때 파이토치에서 제공하는 모델은 many to many 방법을 가지고 각 시간에 대한 예측값과 은닉 상태를 산출한다. 이 예시에서는 은닉 상태를 사용하지 않기 때문에 out, _으로 예측값만 받는다(밑줄 _ 은 함수의 반환값을 받지 않을 때 사용한다).

⓮,⓯ 모든 출력값을 사용하기 위해 out을 일렬로 만들어 self.fc에 넣는다.

■ RNN 모델 불러오기

입력값의 크기, 은닉 상태 크기, 시퀀스 길이, 은닉층 개수, gpu 연산을 위한 device 변수까지 모델에 넣어준다. 또한 GPU 연산을 위해 model 뒤에 .to(device)를 붙여준다.

```
model = VanillaRNN(input_size=input_size,
                   hidden_size=hidden_size,
                   sequence_length=sequence_length,
                   num_layers=num_layers,
                   device=device).to(device)
```

■ 손실 함수 및 최적화 방법 정의

주가를 예측하는 것이므로 회귀문제다. 따라서 대표적인 MSE 손실 함수를 사용한다. 학습은 301회이고 최적화 방법은 Adam을 사용한다.

```
criterion = nn.MSELoss()
num_epochs = 301
optimizer = optim.Adam(model.parameters(), lr=1e-3)
```

■ 모델 학습하기

학습 과정은 전형적인 지도 학습 방법이다.

```
loss_graph = []
n = len(train_loader)

for epoch in range(num_epochs):
    running_loss = 0.0

    for data in train_loader:

        seq, target = data # 배치 데이터
        out = model(seq) # 출력값 산출
        loss = criterion(out, target) # 손실 함수 계산

        optimizer.zero_grad()
        loss.backward()
        optimizer.step() # 최적화
        running_loss += loss.item()

    loss_graph.append(running_loss/n)
    if epoch % 100 == 0:
        print('[epoch: %d] loss: %.4f' %(epoch, running_loss/n))
```

Output:

```
[epoch: 0] loss: 0.0299
[epoch: 100] loss: 0.0010
[epoch: 200] loss: 0.0008
[epoch: 300] loss: 0.0007
```

■ **학습 손실 함수값 그리기**

손실 함수를 통해 단편적으로 훈련이 잘 됐음을 확인할 수 있다.

```
❶ plt.figure(figsize=(20,10))
❷ plt.plot(loss_graph)
❸ plt.show()
```

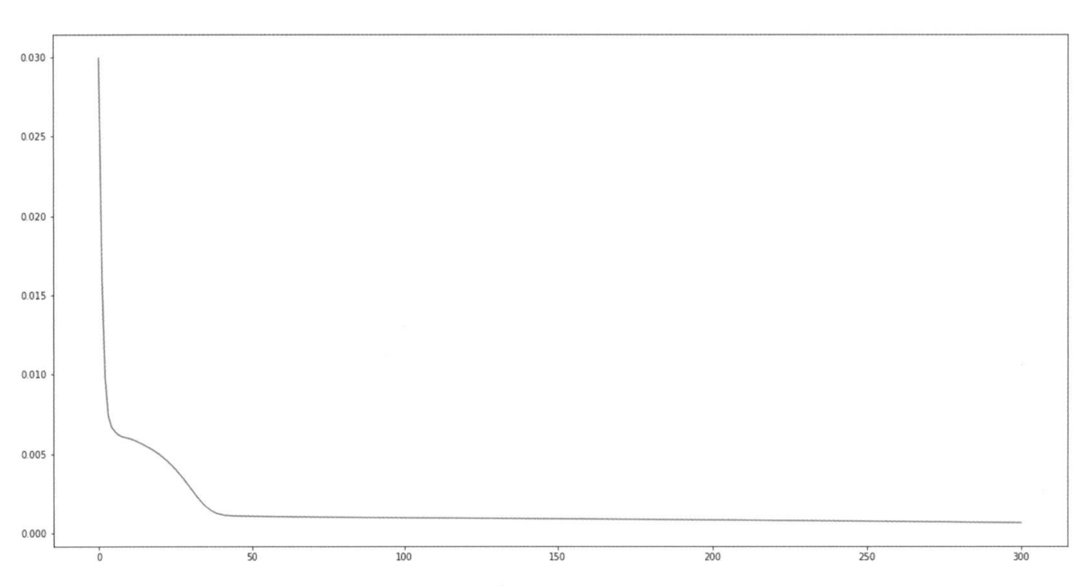

그림 7.7 훈련 손실 함수 그래프

■ **추가 그리기**

```
❶ concatdata = torch.utils.data.ConcatDataset([train, test])
❷ data_loader = torch.utils.data.DataLoader(dataset=concatdata, batch_size=100)
❸ with torch.no_grad():
❹     pred = []
❺     model.eval()
❻     for data in data_loader:
❼         seq, target = data
❽         out = model(seq)
❾         pred += out.cpu().tolist()
```

```
⑩ plt.figure(figsize=(20,10))
⑪ plt.plot(np.ones(100)*len(train),np.linspace(0,1,100),'--', linewidth=0.6)
⑫ plt.plot(df['Close'][sequence_length:].values,'--')
⑬ plt.plot(pred,'b', linewidth=0.6)
⑭ plt.legend(['train boundary','actual','prediction'])
⑮ plt.show()
```

❶ ConcatDataset은 여러 개의 데이터 세트를 함께 사용할 수 있도록 도와준다. 입력값은 데이터 세트의 리스트를 받기 때문에 앞서 정의한 train, test를 리스트 [train, test]로 넣어준다.

❹ 예측값을 저장할 빈 텐서 pred를 만든다.

❾ 예측값은 GPU 텐서다. 따라서 CPU 텐서로 변환 후 .tolist()를 이용하여 리스트로 만들어 순차적으로 리스트를 이어 붙인다.

⑪ 학습 일수와 평가 일수를 구분짓는 선을 긋는다.

⑫,⑬ 실제값과 예측값을 그린다.

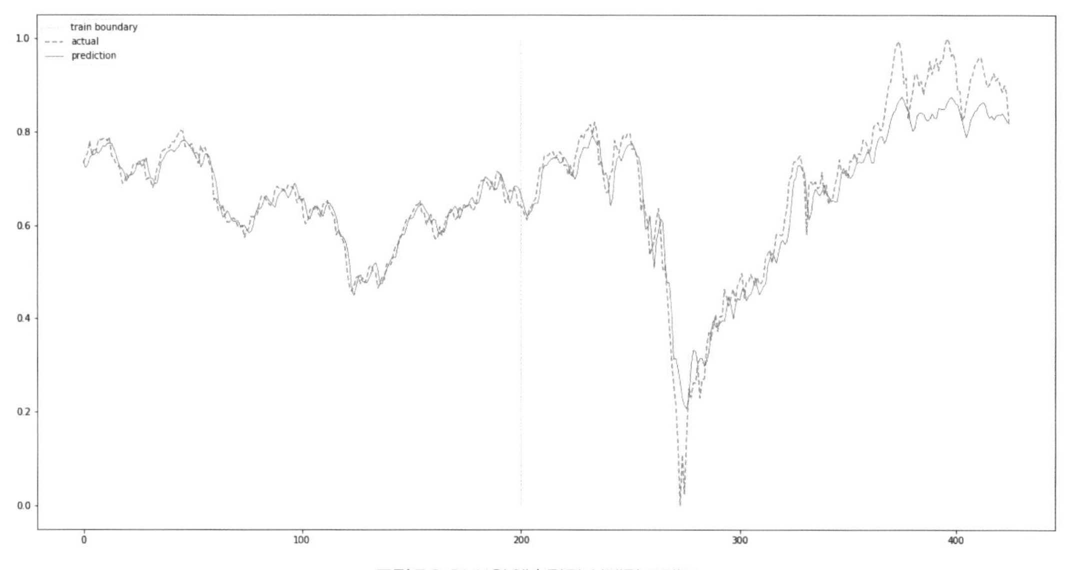

그림 7.8 RNN의 예측값과 실제값 그래프

파란색 수직선을 기준으로 왼쪽을 훈련 데이터로 사용하고 오른쪽을 평가 데이터로 사용하였다. 따라서 훈련 데이터 부분은 학습이 잘 되어 실제값과 예측값이 잘 맞는다고 보여진다. 평가 부분은 급락하는 부분을 잡아내지는 못한다. 전체적으로 예측을 잘 하는 것처럼 보이지만 오른쪽으로 쉬프트 Shift 된 현상을 볼 수 있다.

7.2 LSTM과 GRU

RNN은 시퀀스의 길이가 길거나 관련 정보들 간의 거리가 멀면 학습 능력이 크게 하락할 수 있다. 해당 단점을 보완하고자 LSTM이 개발되었고, 획기적인 모델로 인정받으며 많은 모델에 응용되었다. 또한 LSTM을 간소화한 GRU가 개발되었다.

7.2.1 기본 RNN의 문제

■ 기울기 사라짐

RNN은 연속적으로 활성화 함수 Tanh를 계산하는 형태다. 따라서 역전파를 진행할 때 그림 7.9의 오른쪽 그림과 같은 형태의 Tanh의 미분을 수행하는데, 중앙에서 빨간줄 밖으로 나가면 값이 0에 아주 가까워짐을 알 수 있다. 따라서 미분을 이용하여 모델 변수를 업데이트하기 때문에 미분값이 0에 가까운 값들이 나오게 되면 적절한 변수를 찾기 어렵다.

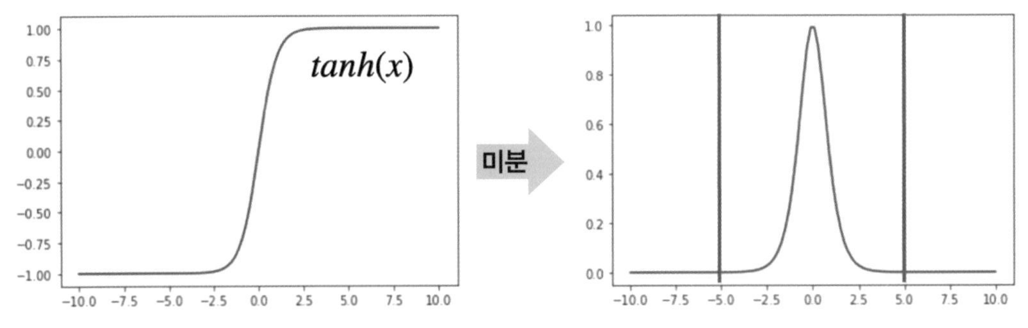

그림 7.9 tanh 함수와 tanh 함수의 미분 그래프

■ 장기 의존성

기본 RNN의 경우 시퀀스가 너무 길다면 앞 쪽의 타임 스텝의 정보가 후반 타입 스텝까지 충분히 전달되지 못하는 문제가 있다.

7.2.2 LSTM(Long Short-Term Memory)

LSTM은 기본 RNN의 단점을 보완하고자 셀 상태 s와 모든 값이 0과 1 사이인 입력 게이트 i, 망각 게이트 f, 출력 게이트 o를 추가하여 이전 정보와 현재 정보를 비중을 조율하여 예측에 반영되고 그 값이 다음 타임 스텝으로 전달된다. 파이토치에서 제공하는 nn.LSTM을 사용하여 그림 7.10과 같은 내부 계산을 별도로 할 필요가 없다. 즉, LSTM의 모델 파라미터인 W와 U들이 자동으로 관리된다.

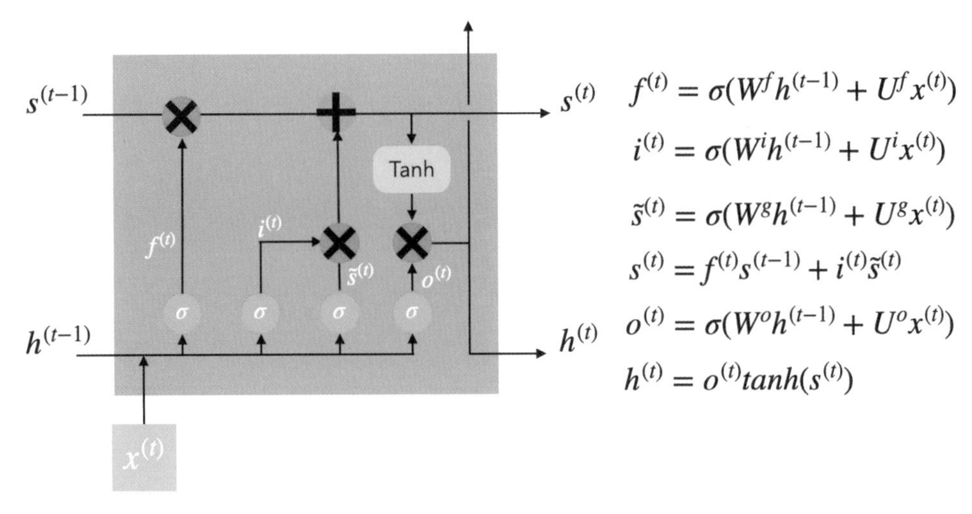

그림 7.10 LSTM의 내부 구조

■ 모델 구축하기

CODE 7.2 LSTM.ipynb

모델 구축 외 다른 부분은 RNN 코드와 동일하다.

```
❶ class LSTM(nn.Module):
❷     def __init__(self, input_size, hidden_size, sequence_length, num_layers, device):
❸         super(LSTM, self).__init__()
❹         self.device = device
❺         self.hidden_size = hidden_size
❻         self.num_layers = num_layers
❼         self.lstm = nn.LSTM(input_size, hidden_size, num_layers, batch_first=True)
❽         self.fc = nn.Linear(hidden_size*sequence_length, 1)
❾
❿     def forward(self, x):
⓫         h0 = torch.zeros(self.num_layers, x.size()[0], self.hidden_size).to(self.device)
⓬         c0 = torch.zeros(self.num_layers, x.size()[0], self.hidden_size).to(self.device)
⓭         out, _ = self.lstm(x, (h0, c0))
⓮         out = out.reshape(out.shape[0], -1)
⓯         out = self.fc(out)
⓰         return out
```

❼ nn.LSTM을 통해 한 줄로 정의가 가능하다. LSTM은 은닉 상태와 셀 상태를 계산해 다음 타임 스텝으로 넘겨준다.

⓫~⓭ 은닉 상태와 셀 상태의 초깃값은 0으로 하여 모델에 넣어준다.

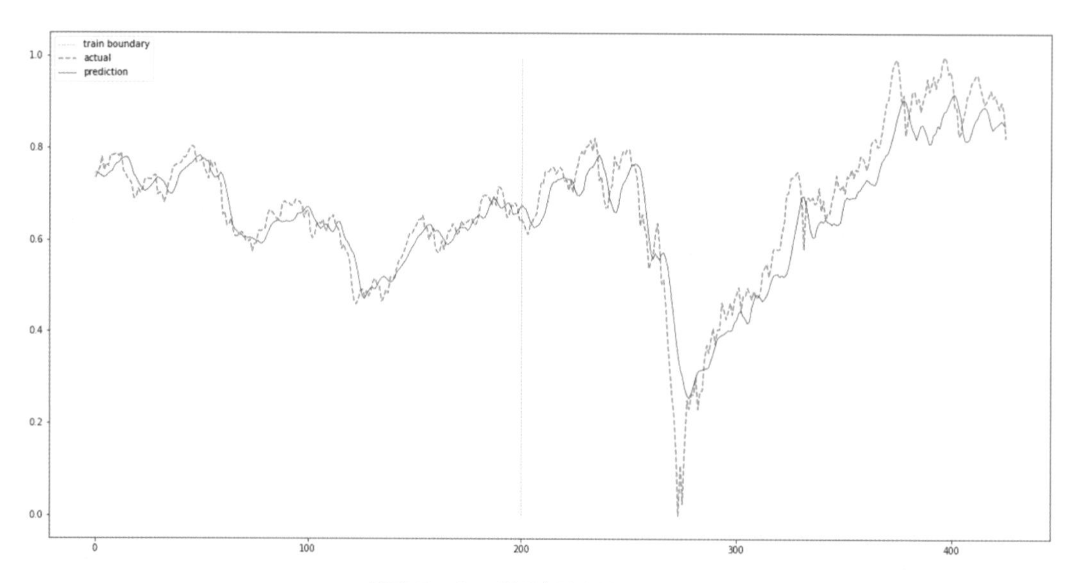

그림 7.11 LSTM의 예측값과 실제값 그래프

7.2.3 GRU(Gated Recurrent Units)

LSTM은 기본 RNN에서 추가로 셀 상태와 3개의 게이트를 사용하기 때문에 속도가 느리다. 이를 해결하기 위해 셀 상태를 없애고 2개의 게이트만 사용하여 LSTM을 간소화한 모델이 GRU이다. 그림 7.12와 같이 업데이트 게이트 u와 리셋 게이트 r을 통해 현재 은닉 상태를 연산할 때 이전 은닉 상태를 얼마나 반영할 것인지를 조율한다.

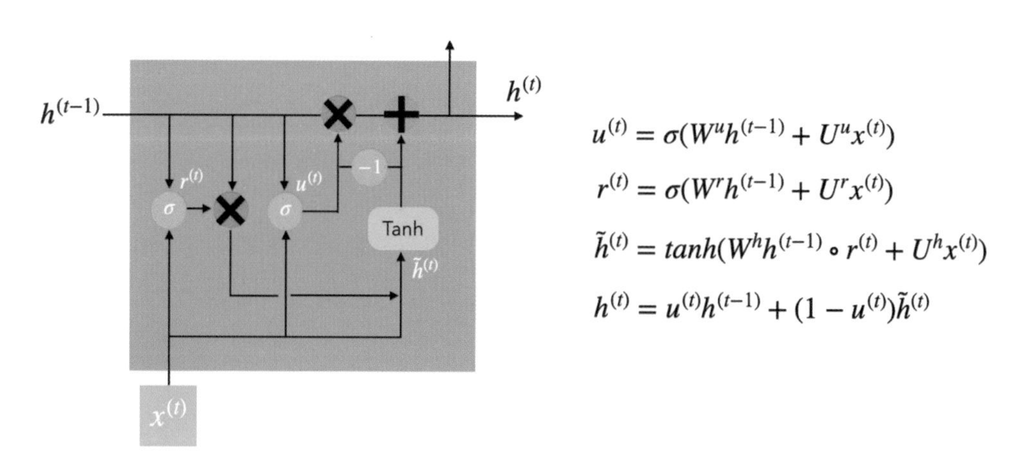

그림 7.12 GRU의 내부 구조

■ 모델 구축하기

CODE 7.2 GRU.ipynb

모델 구축 외 다른 부분은 RNN 코드와 동일하다.

```
❶  class GRU(nn.Module):
❷      def __init__(self, input_size, hidden_size, sequence_length, num_layers, device):
❸          super(GRU, self).__init__()
❹          self.device = device
❺          self.hidden_size = hidden_size
❻          self.num_layers = num_layers
❼          self.gru = nn.GRU(input_size, hidden_size, num_layers, batch_first=True)
❽          self.fc = nn.Linear(hidden_size*sequence_length, 1)
❾
❿      def forward(self, x):
⓫          h0 = torch.zeros(self.num_layers, x.size(0), self.hidden_size).to(self.device)
⓬          out, _ = self.gru(x, h0)
⓭          out = out.reshape(out.shape[0], -1)
⓮          out = self.fc(out)
⓯          return out
```

❼ nn.GRU를 통해 한 줄로 정의가 가능하다.

⓫ RNN과 마찬가지로 은닉 상태의 초깃값은 0으로 한다.

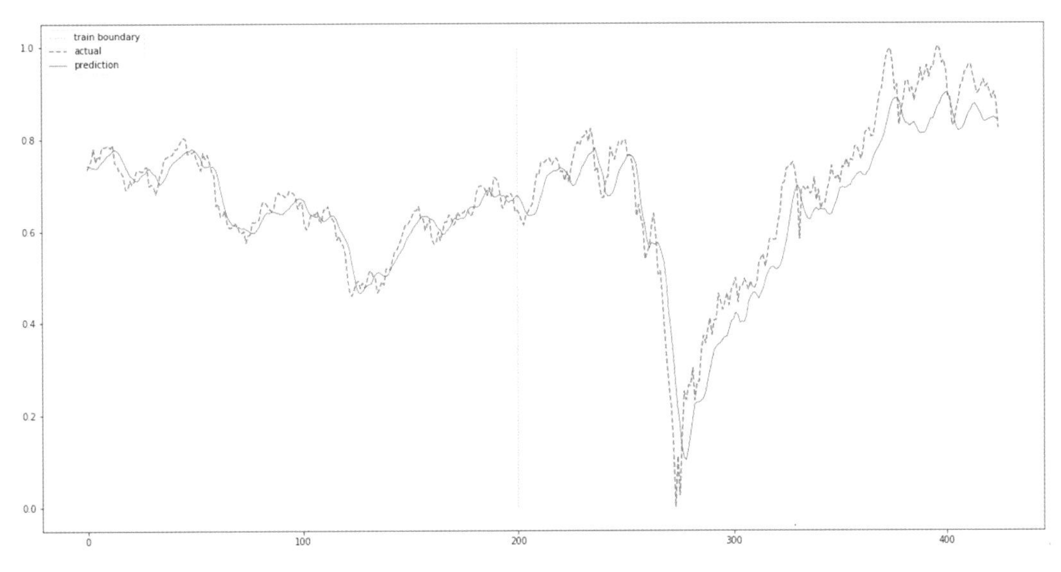

그림 7.13 GRU의 예측값과 실제값 그래프

7.3 Bi-LSTM

우리가 지금까지 다룬 순환 신경망은 이전 상태의 정보를 현재 상태로 넘겨주어 연산을 하는 방식이다. 즉, 데이터 처리의 방향이 한 쪽으로 흐르는 정방향 연산임을 알 수 있다. 따라서 다음 상태를 현재 연산에 활용하기 위해 양방향 연산에 대한 구조를 만들 수 있다. 양방향 LSTM Bidirectional LSTM, Bi-LSTM은 순방향과 역방향의 연산을 담당하는 은닉층을 각각 두어 서로 다른 방향에 대해 계산을 수행하는 LSTM이다.

그림 7.14와 같이 정방향, 역방향에 대한 연산을 각각 수행하여 두 결과를 합쳐 Concatenate 은닉층의 결과로 활용한다.

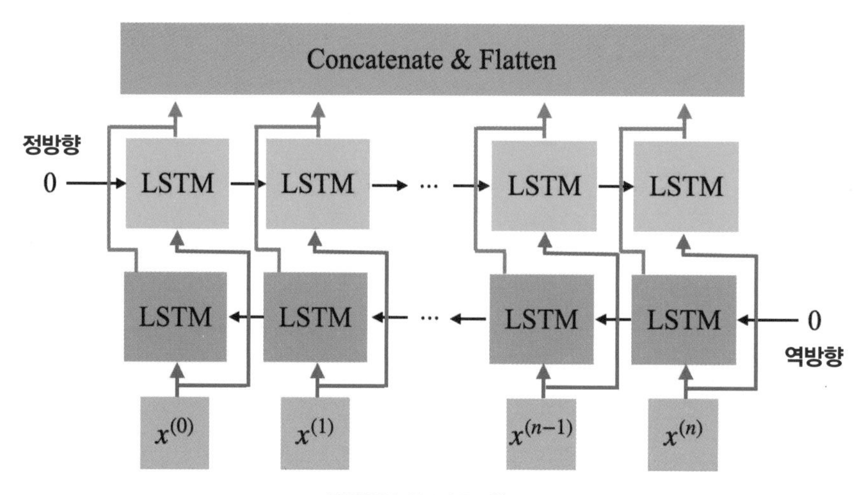

그림 7.14 Bi-LSTM의 구조

7.3.1 Bi-LSTM 구현하기

CODE 7.3 Bi-LSTM.ipynb

■ 라이브러리 불러오기

```
❶ import torch
❷ import torchvision
❸ import torch.nn as nn
❹ import torch.optim as optim
❺ from torch.utils.data import DataLoader
```

■ MNIST 데이터 불러오기

이번 예시에서는 숫자 이미지 판별을 양방향 LSTM을 통해 예측을 할 것이다. 우리가 다루는 이미지는 주로 (배치사이즈, 채널 수, 이미지 너비, 이미지 높이) 형태의 크기를 지니고 있다. MNIST 데이터의 채널 수는 1이고 이미지 크기가 28×28이므로 각 배치 데이터의 크기는 (배치사이즈, 1, 28, 28)이다. 이때 크기를 (배치사이즈, 28, 28)으로 생각할 수 있다. 또한 이미지 픽셀의 각 열을 하나의 벡터로 보고 행을 타임 스텝으로 본다면 (배치사이즈, 시계열의 길이, 벡터의 크기)를 가진 시계열 데이터로 생각할 수 있다. 즉, 순환 신경망도 이미지 처리에 활용될 수 있다.

```
❶ tensor_mode = torchvision.transforms.ToTensor()
❷ trainset = torchvision.datasets.MNIST(root="./data", train=True, transform=tensor_mode,
   download=True)
❸ testset = torchvision.datasets.MNIST(root="./data", train=False, transform=tensor_mode,
   download=True)
❹ trainloader = DataLoader(trainset, batch_size=128, shuffle=True)
❺ testloader = DataLoader(testset, batch_size=128, shuffle=False)
```

■ Bi-LSTM 모델 구축하기

```
❶ class BiLSTM(nn.Module):
❷     def __init__(self, input_size, hidden_size, num_layers, seq_length, num_classes, device):
❸         super(BiLSTM, self).__init__()
❹         self.device = device
❺         self.hidden_size = hidden_size
❻         self.num_layers = num_layers
❼         self.seq_length = seq_length
❽         self.lstm = nn.LSTM(input_size, hidden_size, num_layers, batch_first=True,
   bidirectional=True)
❾         self.fc = nn.Linear(seq_length*hidden_size * 2, num_classes)
❿     def forward(self, x):
⓫         h0 = torch.zeros(self.num_layers * 2, x.size(0), self.hidden_size).to(self.device)
⓬         c0 = torch.zeros(self.num_layers * 2, x.size(0), self.hidden_size).to(self.device)
⓭         out, _ = self.lstm(x, (h0, c0))
⓮         out = out.reshape(-1,self.seq_length*self.hidden_size * 2)
⓯         out = self.fc(out)
⓰         return out
```

❶ BiLSTM 클래스를 정의한다.

❷ 입력값의 크기(이미지의 열 크기), 은닉층의 노드수, 은닉층의 개수, 시계열의 길이(이미지의 행 크기), 클래스 수, gpu 활용 여부에 대한 값을 받는다.

❽ bidirectional=True으로 활성화하여 양방향 LSTM을 생성하고 batch_first=True로 지정하여 크기가 (배치 사이즈, 시계열의 길이, 입력값의 크기)를 지닌 데이터를 활용할 수 있도록 한다.

❾ 모든 타임 스탭에 대한 LSTM 결과를 분류에 사용한다. 따라서 self.fc의 입력값의 크기는 시계열의 길이*은닉층의 크기*2이다. 양방향 LSTM은 정방향, 역방향에 대한 LSTM을 계산한 후 합친 결과(concatenate)를 사용한다. 따라서 각각의 은닉층 결과 2개가 합쳐지므로 2를 곱하는 것이다.

⓫,⓬ 은닉 상태와 셀 상태의 초깃값을 정의한다. 여기서도 양방향에 대한 초깃값을 지정해야 하므로 은닉층의 개수에 2를 곱한다(self.num_layers * 2).

⓭~⓯ 모델에서 나온 out의 크기는 (배치사이즈, 시계열의 길이, 은닉층의 노드수*2)가 된다. 모든 데이터를 nn.Linear에 사용하기 위해 reshape을 하여 크기를 (배치사이즈, 시계열의 길이*은닉층의 노드수*2)로 변경한다. 마지막으로 self.fc를 거친 후 크기가 10(클래스 수)인 출력 벡터를 산출한다.

■ 하이퍼 파라미터 정의하기

모델에 필요한 변수를 정의한다. 위에서 언급했듯이 이미지 데이터의 행을 시계열로 열을 입력 벡터로 활용한다.

```
❶ device = torch.device("cuda" if torch.cuda.is_available() else "cpu")
❷ sequence_length = trainset.data.size(1)
❸ input_size = trainset.data.size(2)
❹ num_layers = 2
❺ hidden_size = 12
❻ num_classes = 10
```

❷,❸ 시계열의 길이는 trainset.data.size(1)이고 입력 벡터의 크기는 trainset.data.size(2)이다.

❹,❺ Bi-LSTM의 은닉층 정보는 적절한 값을 넣어주고 ❻ 클래스 수는 10으로 정의한다.

■ 모델, 손실 함수, 최적화 기법 정의하기

```
❶ model = BiLSTM(input_size, hidden_size, num_layers, sequence_length, num_classes, device)
❷ model = model.to(device)
❸ criterion = nn.CrossEntropyLoss()
❹ optimizer = optim.Adam(model.parameters(), lr=5e-3)
```

■ 모델 학습하기

학습 방법은 지금까지 했던 모델과 동일하게 진행한다.

```
❶ for epoch in range(51):
❷     correct = 0
❸     total = 0
❹     for data in trainloader:
❺         optimizer.zero_grad()
❻         inputs, labels = data[0].to(device).squeeze(1), data[1].to(device)
❼         outputs = model(inputs)
❽         loss = criterion(outputs, labels)
❾         loss.backward()
❿         optimizer.step()
⓫         _, predicted = torch.max(outputs.detach(), 1)
⓬         total += labels.size(0)
⓭         correct += (predicted == labels).sum().item()
⓮     print('[%d] train acc: %.2f' %(epoch, 100*correct/total))
```

Output:

```
[0] train acc: 91.93
[1] train acc: 97.54
.... 중략 ....
[50] train acc: 99.80
```

❻ 다만 원래 배치 데이터의 크기가 (배치사이즈, 1, 28, 28)이므로 squeeze(1)을 통해 데이터의 크기를 (배치사이즈, 28, 28)로 변환한다.

⓫ 학습 도중 정확도를 구할 때에는 변수 업데이트가 필요없으므로 detach()을 사용하여 outputs의 requires_grad를 비활성화한다.

■ 모델 평가하기

순환 신경망을 통해서 98.6%의 평가 정확도를 달성했다. 이와 같이 순환 신경망을 이미지 처리에 사용할 수도 있다.

```
❶ def accuracy(dataloader):
❷     correct = 0
❸     total = 0
❹     with torch.no_grad():
❺         model.eval()
❻         for data in dataloader:
❼             inputs, labels = data[0].to(device).squeeze(1), data[1].to(device)
❽             outputs = model(inputs)
❾             _, predicted = torch.max(outputs, 1)
❿             total += labels.size(0)
⓫             correct += (predicted == labels).sum().item()
⓬
⓭     acc = 100*correct/total
⓮     model.train()
⓯     return acc


⓰ train_acc = accuracy(trainloader)
⓱ test_acc = accuracy(testloader)
⓲ print("Train Acc: %.1f, Test Acc: %.1f" %(train_acc, test_acc))
```

Output:

```
Train Acc: 99.9, Test Acc: 98.6
```

“

생성적 적대 신경망은
지난 10년간 가장 흥미로운
아이디어입니다.

”

얀 르쿤

8

CHAPTER

비지도 학습

일반적으로 라벨이나 목표값 등의 정답이 있는 데이터보다 정답이 없는 데이터가 압도적으로 많다. 따라서 지도 학습을 위한 학습 데이터가 충분하지 못할 수 있다. 따라서 정답이 있는 데이터가 부족한 문제를 해결하기 위해 준지도 학습, 비지도 학습, 전이 학습 등의 다른 학습 방법론을 적용할 수 있다. 8장에서는 비지도 학습의 대표적인 신경망인 오토인코더와 생성적 적대 신경망을 주로 다룬다.

- 비지도 학습이란
- K-평균 알고리즘
- 오토인코더
- 생성적 적대 신경망
- 이미지 스타일 변이
- 깊은 K-평균 알고리즘

8.1 비지도 학습이란

우리가 실제 데이터를 이용하여 모델을 구축하고 데이터를 분석한다고 가정할 때 가장 어려운 부분은 데이터 수집 및 가공이다. 학습용으로 다루는 데이터들은 일반적으로 양도 충분하고 정답[타깃값, 라벨]도 있어 지도 학습을 진행할 수 있다. 하지만 정답이 없는 경우에는 지도 학습을 위해 데이터 전체에 정답을 달아줘야 한다. 이때 데이터가 많다면 시간과 비용이 많이 들고 상황에 따라서는 정답을 어떻게 줘야 할지 애매한 경우가 있다. 또한 실수로 정답을 잘못 적는 경우도 생길 수 있다.

비지도 학습은 정답[타깃값, 라벨] 없이 데이터의 특성을 파악하는 학습 방법이다. 즉, 모델에게 정답을 알려주지 않기 때문에 라벨링이 없는 데이터를 사용할 수 있다는 장점이 있다. 하지만 정답을 모르기 때문에 상대적으로 지도 학습보다는 성능이 낮을 수 있다. 대표적인 비지도 학습의 종류로는 입력 데이터로부터 특성을 뽑아 유사 성질들을 군집화하는 클러스터링[Clustering]과 새로운 데이터를 생성해 내는 오토인코더[Autoencoder]와 생성적 적대 신경망[GAN]이 있다. 그림 8.1은 오토인코더를 통해 만들어 낸 숫자 이미지다.

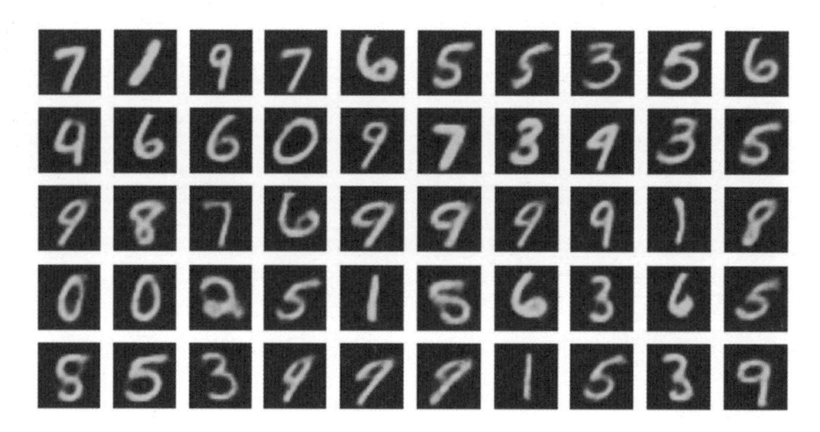

그림 8.1 오토인코더가 만든 숫자 데이터

8.1 K-평균 알고리즘

클러스터링은 입력 데이터로부터 특성을 뽑아 유사 성질들을 군집화하는 비지도 학습이며 종류가 매우 다양하다. 정답이 없어 클러스터링 종류에 따라 군집을 다르게 할 수 있기 때문에 종류 선택과 각 알고리즘의 하이퍼 파라미터 값을 잘 따져 봐야 한다. K-평균K-means 알고리즘은 각 클러스터그룹의 평균을 기준으로 점들을 배치시키는 알고리즘이다. 이때, 특정 거리 함수를 통해 각 중심Centroid과 입력값의 거리를 측정하고 그 중 가장 가까운 그룹으로 할당을 한다. 예를 들어 그룹이 3개라면 각 그룹의 중심이 3개가 있고 어떤 한 점과 중심과의 거리를 계산한다. 이때 첫 번째 중심과의 거리가 가장 가까웠다면 이 점은 첫 번째 그룹으로 귀속된다. 모든 점이 할당되면 각 그룹의 평균을 구해 중심을 업데이트하고 위 과정을 반복하여 클러스터링을 시행한다.

■ 데이터 만들기

CODE 8.2 Kmeans Clustering.ipynb

```
❶ import torch
❷ import numpy as np
❸ import matplotlib.pyplot as plt
❹ from sklearn.datasets import make_circles
❺ x,y = make_circles(n_samples=500, noise=0.1)
❻ plt.figure(figsize=(9,6))
❼ plt.scatter(x[:,0], x[:,1], c=y)
❽ plt.show()
```

❹ sklearn.datasets에서는 다양한 데이터를 제공한다. 이 예시에서는 make_circles을 이용한다.

❺ 500개의 점을 생성한다.

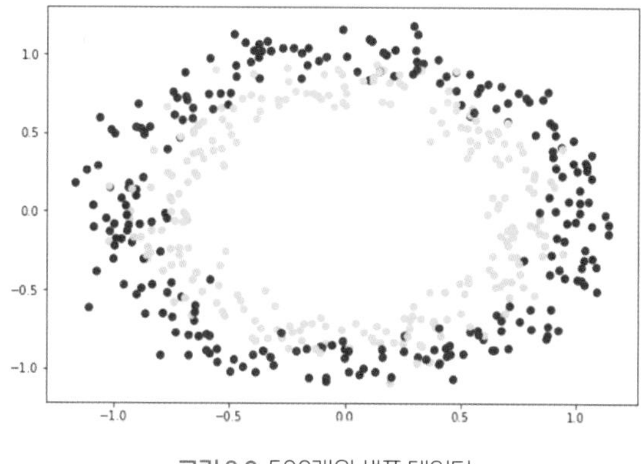

그림 8.2 500개의 샘플 데이터

■ 텐서 데이터 변환하기

```
❶ x = torch.FloatTensor(x)
```

■ K-평균 알고리즘

```
❶ def l2distance(a, b):
❷     return torch.argmin(torch.sum((a-b)**2,dim=1),dim=0)
```

❶ 거리 함수를 정의한다. 여기서는 L2 거리 함수로 두 점(중심과 각 점)들의 거리를 측정한다.

❷ 각 점과 중심과의 거리를 계산하여 가장 거리가 가까운 점의 인덱스를 반환한다.

```
❸ def kmeans(x, num_clusters=2, max_iteration = 5):
❹     device = torch.device("cuda:0" if torch.cuda.is_available() else "cpu")
❺     x = x.to(device)
❻     centroids = torch.rand(num_clusters, x.size(1)).to(device)
❼     for update in range(max_iteration):
❽         y_assign = []
❾         for m in range(x.size(0)):
❿             h = x[m].expand(num_clusters,-1)
⓫             assign = l2distance(h, centroids)
⓬             y_assign.append(assign.item())
⓭
⓮         y_assign = np.array(y_assign)
⓯         if update != max_iteration-1:
⓰             for i in range(num_clusters):
⓱                 idx = np.where(y_assign == i)[0]
⓲                 centroids[i] = torch.mean(x[idx], dim=0)
⓳     return y_assign, centroids
```

❸ K-평균 알고리즘에서는 클러스터의 수를 정해줘야만 한다. 따라서 군집의 수를 알 수 없을 때 적절한 숫자를 찾아야 한다. 여기서는 기본값을 num_clusters=2로 했다. max_iteration은 중심이 업데이트되는 횟수를 의미한다.

❻ 초기 중심을 랜덤으로 할당한다. 중심 하나의 벡터 크기는 입력값의 피쳐 개수 x.size(1)와 같아야 한다.

❿ 이때 입력값 하나가 각 중심까지의 거리를 구해야 하므로 expand를 통해 입력값을 클러스터 개수만큼 복사하여 확장한다.

❿~⓬ 각 입력값마다 모든 중심과의 거리를 계산하여 가장 가까운 그룹으로 할당한다.

⓬ 할당된 클러스터 정보를 저장한다.

⑮~⑱ update 횟수가 완료될 때까지 완성된 그룹들의 각 평균을 계산하여 중심을 업데이트한다.

■ 알고리즘 실행 및 그래프 그리기

K-평균 알고리즘은 sklearn에서 제공하는 from sklearn.cluster import KMeans가 많이 사용된다. 하지만 파이토치를 통해 코드를 작성한다면 추후에 GPU 연산도 할 수 있으며 requires_grad를 사용하여 다른 모델과 조합할 경우 역전파도 이용할 수 있다(물론 파이토치를 위한 라이브러리도 있다). 결과를 보면 그림 8.2와 그림 8.3이 다르게 군집을 하는 것을 볼 수 있다. 따라서 클러스터링은 클러스터링의 종류, 거리 함수 종류, 클러스터의 개수 등의 사항들을 잘 따져야 한다.

```
❶ y_pred, centroids = kmeans(x,2)
❷ plt.figure(figsize=(9,6))
❸ plt.scatter(x[:,0], x[:,1], c=y_pred)
❹ plt.plot(centroids[:,0], centroids[:,1], '*', markersize=30)
❺ plt.show()
```

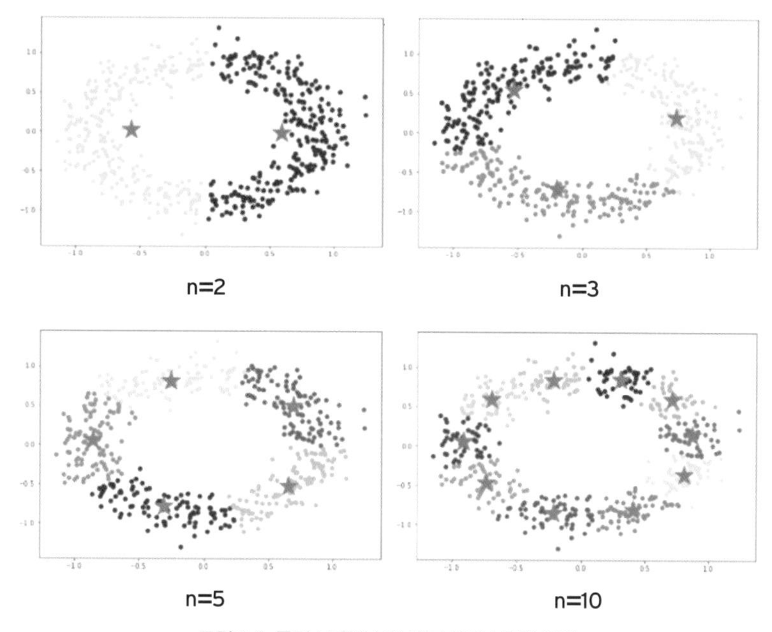

그림 8.3 클러스터 개수에 따른 클러스터링 결과

8.3 오토인코더

오토인코더는 정답 없이 모델을 학습시키는 비지도 학습 모델이다. 일반적으로 그림 8.4과 같이 대칭형 구조를 지니고 있으며 입력 데이터를 압축하는 인코더Encoder 부분과 압축을 푸는 디코더Decoder 부분으로 구성되어 있다. 따라서 인코더를 통해 차원 축소가 된 잠재 변수Latent variable를 가지고 별도로 계산을 할 수도 있고 디코더를 통해 입력값과 유사한 값을 생성할 수도 있다. 기본적으로 입력값 x와 출력값 x′를 이용하여 MSE를 정의하고 이를 기준으로 학습을 진행한다.

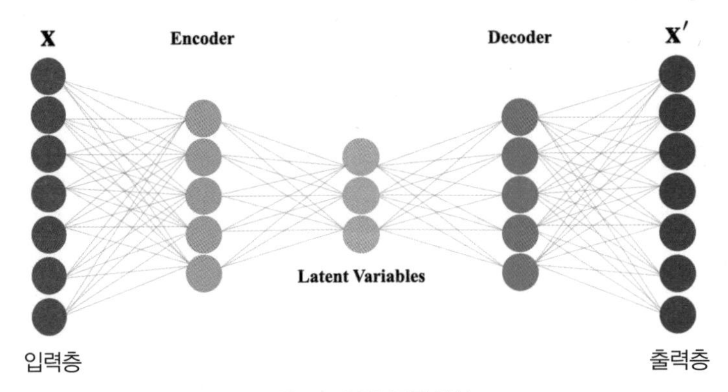

그림 8.4 오토인코더 예시

8.3.1 스택 오토인코더

■ 라이브러리 불러오기

CODE 8.3 Stacked Autoencoder.ipynb

```
❶ import torch
❷ import torchvision
❸ from torchvision import transforms
❹ import torch.nn.functional as F
❺ import torch.nn as nn
❻ import torch.optim as optim
❼ import numpy as np
❽ import matplotlib.pyplot as plt
```

■ GPU 연산 정의 및 MNIST 데이터 불러오기

```
❶ device = torch.device("cuda:0" if torch.cuda.is_available() else "cpu")
❷ dataset = torchvision.datasets.MNIST('./data/', download=True, train=True,
   transform=transforms.ToTensor())
❸ trainloader = torch.utils.data.DataLoader(dataset,batch_size=50,shuffle=True)
```

❷ torchvision.datasets.MNIST를 통해 데이터를 불러오고 transforms를 이용하여 텐서 데이터로 변환한다.

■ 모델 구축하기

기본 오토인코더 모델은 층을 여러 개 쌓았다고 해서 스택 오토인코더Stacked Autoencoder라고도 불린다.

```
❶ class Autoencoder(nn.Module):
❷     def __init__(self):
❸         super(Autoencoder, self).__init__()
❹         self.encoder = nn.Sequential(
❺                         nn.Linear(784, 128),
❻                         nn.ReLU(),
❼                         nn.Linear(128, 32),
❽                         nn.ReLU(),
❾                         nn.Linear(32, 10),
❿                         nn.ReLU())
⓫         self.decoder = nn.Sequential(
⓬                         nn.Linear(10, 32),
⓭                         nn.ReLU(),
⓮                         nn.Linear(32, 128),
⓯                         nn.ReLU(),
⓰                         nn.Linear(128, 28*28),
⓱                         nn.Sigmoid())
⓲
⓳     def forward(self, x):
⓴         encoded = self.encoder(x)
㉑         decoded = self.decoder(encoded)
㉒         return decoded
```

❶ 모델 클래스를 정의한다.

❹,⓫ 인코더와 디코더를 각각 nn.Sequential로 묶어 보기 좋게 한다.

❺ MNIST 이미지의 크기는 1×28×28이다. 따라서 nn.Linear에 넣어주기 위해 사진을 일렬로 편 후 인코더 부분에 크기가 784(28×28)인 벡터 하나가 들어오게 된다.

❻~❿ 층을 자유롭게 여러 개 쌓아 노드를 10개까지 줄인다. 즉, 잠재 변수의 크기가 10으로 정의된다.

⑪~⑰ 크기가 줄어든 잠재 변수 벡터를 디코더에 넣어 다시 크기를 늘려준다.

⑯ 마지막은 같은 크기의 이미지가 나와야 하므로 28*28로 입력한다.

⑰ MNIST 이미지의 픽셀값은 0 이상 1 이하다. 따라서 nn.Sigmoid()를 이용해 범위를 정해서 수렴을 빨리 하게 할 수 있다.

⑲~㉑ forward에서는 encoder와 decoder를 차례대로 연산할 수 있도록 코드를 작성한다.

■ 모델, 손실 함수, 최적화 기법 정의하기

우리의 목적은 입력 이미지와 유사한 출력 이미지를 얻는 것이다. 따라서 입력 이미지와 출력 이미지의 L2 거리를 계산하는 MSE 손실 함수를 사용하고 최적화 방법은 Adam을 사용한다.

```
❶ model = Autoencoder().to(device)
❷ criterion = nn.MSELoss()
❸ optimizer = optim.Adam(model.parameters(), lr=1e-4)
```

■ 학습하기

```
❶ for epoch in range(51):
❷     running_loss = 0.0
❸     for data in trainloader:
❹         inputs = data[0].to(device)
❺         optimizer.zero_grad()
❻         outputs = model(inputs.view(-1,28*28))
❼         outputs = outputs.view(-1,1,28,28)
❽         loss = criterion(inputs, outputs)
❾         loss.backward()
❿         optimizer.step()
⓫         running_loss += loss.item()
⓬     cost = running_loss / len(trainloader)
⓭     print('[%d] loss: %.3f' %(epoch + 1, cost))
```

Output:

```
[1] loss: 0.062
[2] loss: 0.048
... 이하 생략 ...
```

❻ 현재 오토인코더의 층은 합성곱 층이 아니고 일렬 노드로 구성된 nn.Linear이다. 따라서 이미지를 일렬로 펴서 넣어주기 위해 inputs.view(−1,28*28))을 입력값으로 이용한다.

❼ 벡터 형태로 나온 출력값을 다시 정사각형 이미지로 변환하기 위해 outputs.view(−1,1,28,28)를 작성한다. 그림 8.5는 생성된 이미지다.

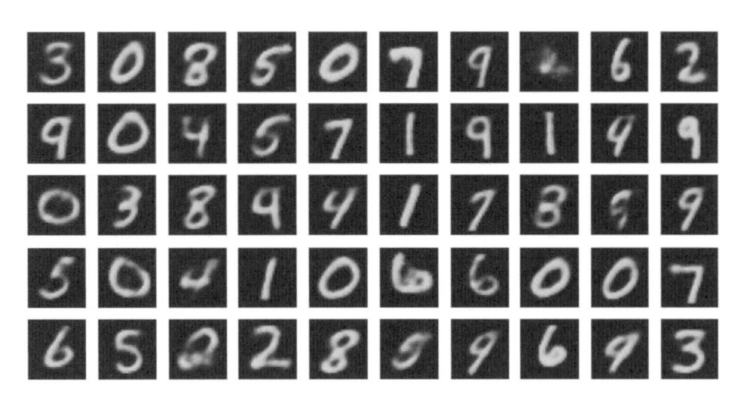

그림 8.5 결과 이미지

8.3.2 디노이징 오토인코더

CODE 8.3 Denoising Autoencoder.ipynb

오토인코더의 기본적인 목적은 새로운 데이터를 만드는 것이다. 따라서 출력 데이터를 입력 데이터에 가까워지도록 학습한다면 기존의 데이터와 매우 유사하여 새로운 데이터를 만드는 의미가 무색해질 수 있다. 따라서 입력값에 과적합되지 않도록 입력값에 노이즈를 주입시키거나 신경망에 드롭아웃을 적용하여 출력 데이터를 생성하고 출력 데이터와 노이즈가 없는 원래 입력 데이터를 가지고 손실 함수를 계산한다. 따라서 노이즈가 있는 이미지를 가지고 노이지가 없는 이미지와 유사한 데이터를 만드는 구조이기 때문에 이를 디노이징 오토인코더Denoising autoencoder라고 한다. 실제로 이미지 복원이나 노이즈 제거 등에 사용된다. 이번 예시에서는 가우시안 노이즈를 주입하여 학습하는 방법을 구현한다.

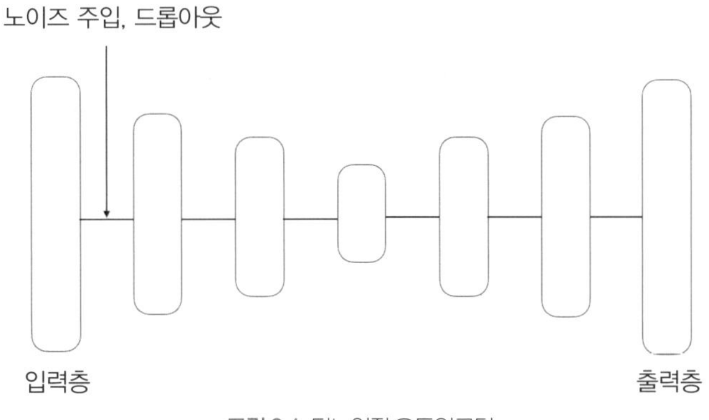

그림 8.6 디노이징 오토인코더

■ 학습하기

```
for epoch in range(101):

    running_loss = 0.0
    for data in trainloader:

        inputs = data[0].to(device)
        optimizer.zero_grad()
        dirty_inputs = inputs + torch.normal(0, 0.5, size=inputs.size()).to(device)
        outputs = model(dirty_inputs.view(-1,28*28))
        outputs = outputs.view(-1,1,28,28)
        loss = criterion(inputs, outputs)

        loss.backward()
        optimizer.step()
        running_loss += loss.item()
    cost = running_loss / len(trainloader)
    print('[%d] loss: %.3f' %(epoch + 1, cost))
```

❽,❾ 해당 코드는 스택 오토인코더와 동일하며 입력 이미지에 가우시안 노이즈만 주입하면 된다. 노이즈 텐서의 사이즈는 이미지 사이즈와 같아야 하기 때문에 size=inputs.size()를 입력하고 평균과 표준편차는 임의로 0, 0.5를 넣는다. 그림 8.7은 생성된 이미지다.

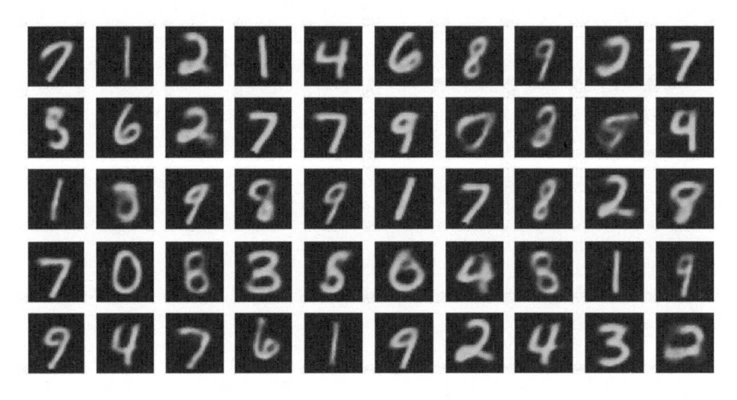

그림 8.7 디노이징 오토인코더의 결과 이미지

8.3.3 합성곱 오토인코더

CODE 8.3 Convolutional Autoencoder.ipynb

합성곱 오토인코더Convolutional autoencoder는 nn.Linear 대신 합성곱 층 nn.Conv2d를 사용하는 구조다. 따라서 이미지 데이터가 일렬로 펴지지 않고 그대로 들어와 연산이 진행된다. 기본적으로 잠재 변수 *h*는 일렬 형태인 벡터이기 때문에, 인코더에서 나온 피쳐맵을 일렬로 펴서 *h*를 추출하고 다시 *h*를 은닉층을 거친 뒤 사각형 모양의 피쳐맵으로 만들어 디코더에 넣어준다. 실제 *h*를 벡터화하는 방법은 응용 범위가 다양하다.

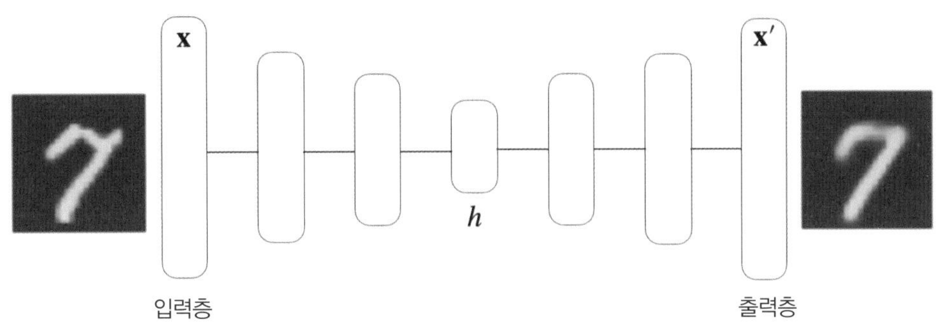

그림 8.8 합성곱 오토인코더

■ 피쳐맵을 벡터화하기

```
❶ class Flatten(torch.nn.Module):
❷     def forward(self, x):
❸         batch_size = x.shape[0]
❹         return x.view(batch_size, -1)
```

❸,❹ 인코더를 거친 피쳐맵의 크기는 (배치 사이즈, 채널 수, 이미지 너비, 이미지 높이)다. 따라서 배치 사이즈가 현재 이미지의 개수이므로 벡터가 배치 사이즈 만큼 존재해야 한다. 즉, x.view(batch_size, −1)를 이용해 각 피처 데이터를 일렬로 변환한다.

■ 벡터를 사각형 피쳐맵으로 변환하기

```
❺ class Deflatten(nn.Module):
❻     def __init__(self, k):
❼         super(Deflatten, self).__init__()
❽         self.k = k
❾
❿     def forward(self, x):
⓫         s = x.size()
⓬         feature_size = int((s[1]//self.k)**.5)
⓭         return x.view(s[0],self.k,feature_size,feature_size)
```

⑫ 잠재 변수 h의 크기는 (배치사이즈, 채널 수*이미지 너비*이미지 높이)이다. 따라서 벡터 사이즈는 채널 수*이미지 너비*이미지 높이이고 너비와 높이가 같다면 채널 수*이미지 너비**2가 된다. 이미지 한 변의 길이는 (벡터 사이즈//채널 수)**.5가 된다.

⑬ 피쳐맵의 크기를 (배치사이즈, 채널 수, 이미지 너비, 이미지 높이) = (s[0], self.k, feature_size, feature_size)로 반환한다.

■ 모델 구축하기

```
❶ class Autoencoder(nn.Module):
❷     def __init__(self):
❸         super(Autoencoder, self).__init__()
❹         k = 16
❺         self.encoder = nn.Sequential(
❻                         nn.Conv2d(1, k, 3, stride=2), nn.ReLU(),
❼                         nn.Conv2d(k, 2*k, 3, stride=2), nn.ReLU(),
❽                         nn.Conv2d(2*k, 4*k, 3, stride=1), nn.ReLU(),
❾                         Flatten(), nn.Linear(1024, 10), nn.ReLU())
```

❻~❽ 합성곱 층을 만든다.

❾ 합성곱 층으로부터 나온 피쳐맵을 일렬로 편다. 피쳐맵으로 만든 벡터를 은닉층 하나를 거쳐 크기가 10인 잠재 변수를 만든다.

```
❿         self.decoder = nn.Sequential(
⓫                         nn.Linear(10, 1024), nn.ReLU(),
⓬                         Deflatten(4*k),
⓭                         nn.ConvTranspose2d(4*k, 2*k, 3, stride=1), nn.ReLU(),
⓮                         nn.ConvTranspose2d(2*k, k, 3, stride=2), nn.ReLU(),
⓯                         nn.ConvTranspose2d(k, 1, 3, stride=2,output_padding=1), nn.Sigmoid())
⓰
⓱     def forward(self, x):
⓲         encoded = self.encoder(x)
⓳         decoded = self.decoder(encoded)
⓴         return decoded
```

⓫ 잠재 변수를 은닉층 하나를 통해 다시 크기가 1024인 벡터로 만든다.

⓬ 사각형 형태의 피쳐맵으로 변환한다. nn.Conv2d는 일반적으로 입력 사이즈보다 출력 사이즈가 더 작다.

⑬~⑮ 크기가 작은 입력값을 크기가 큰 입력값으로 만들기 위해 nn.Conv2d 대신 nn.ConvTranspose2d를 사용한다. nn.ConvTranspose2d는 입력 성분(Conv의 결과)을 출력 성분(Conv의 입력)으로 미분하여 그 값을 입력 벡터와 곱해 출력 벡터를 산출하고 그 결과 벡터를 행렬 형태로 변환하는 연산이다. 사용방법은 nn.Conv2d와 마찬가지로 nn.ConvTranspose2d(입력 채널 수, 출력 채널 수, 필터 크기, stride)를 입력한다. 크기는 일반적인 정사각형 이미지와 필터를 사용했을 경우 다음 식에 의해 피쳐맵의 크기를 산출할 수 있다.

(출력값의 크기) = (입력값의 크기−1) × (보폭) − 2 × (패딩) + (필터의 크기) + (출력값 패딩)

⑮ output_padding은 크기를 맞춰주기 위해 전치 합성곱transposed convolution 연산을 한 후 패딩을 씌워주는 역할을 한다.

■ 모델, 손실 함수, 최적화 기법 정의하기

```
❶ model = Autoencoder().to(device)
❷ criterion = nn.MSELoss()
❸ optimizer = optim.Adam(model.parameters(), lr=1e-3)
```

■ 학습하기

앞서 배웠던 오토인코더와 학습 과정은 동일하다. 차이점은 이미지를 그대로 받아서 학습하기 때문에 별도의 크기 변환이 필요없다. 합성곱 오토인코더는 이미지 처리에서는 기본 신경망을 사용하는 오토인코더 보다 성능이 뛰어나다.

```
❶ for epoch in range(51):
❷     running_loss = 0.0
❸     for data in trainloader:
❹         inputs = data[0].to(device)
❺         optimizer.zero_grad()
❻         outputs = model(inputs)
❼         loss = criterion(inputs, outputs)
❽         loss.backward()
❾         optimizer.step()
❿         running_loss += loss.item()
⓫
⓬     cost = running_loss / len(trainloader)
⓭     if epoch % 10 == 0:
⓮         print('[%d] loss: %.3f' %(epoch + 1, cost))
```

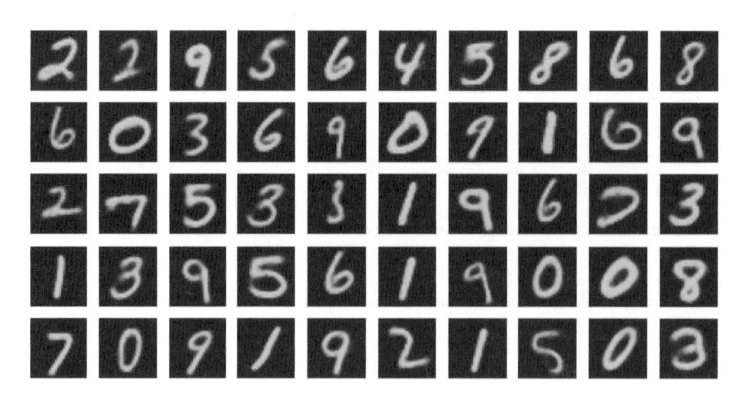

그림 8.9 합성곱 오토인코더의 결과 이미지

8.4 생성적 적대 신경망

생성적 적대 신경망Generative adversarial network, GAN은 아이디어 자체만으로 매우 가치있는 모델로 평가받고 있다. 실제로 얼굴 변환, 생성, 음성 변조, 그림 스타일 변환, 사진 복원 등 다양한 기술로 응용되고 있다. 기본적으로 생성적 적대 신경망은 진짜 같은 가짜 데이터를 만들어 내는 기술이다.

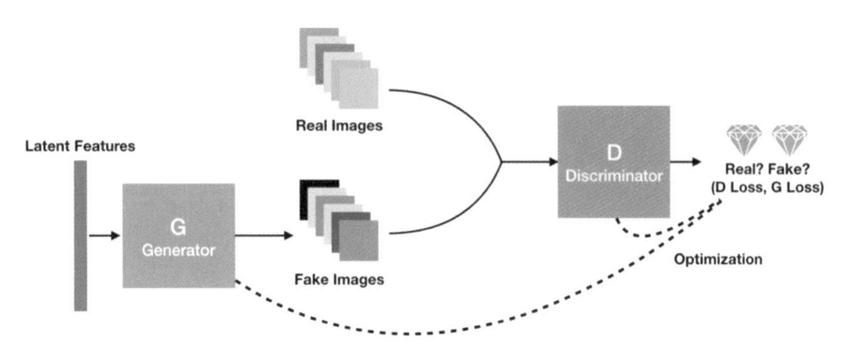

그림 8.10 생성적 적대 신경망의 기본 구조

예를 들어 그림 8.10과 같이 GAN 모델은 가짜 이미지를 만드는 생성자Generator와 진짜 이미지와 가짜 이미지를 구별하는 구별자Discriminator로 구성되어 있다. 따라서 구별자는 진짜와 가짜 판별을 0과 1로 구분하게 된다. 이때 생성자 입장에서는 구별자가 구분을 못하는 이미지를 만들도록 해야 하며 구별자는 진위 여부를 잘 가리도록 모델이 만들어져야 한다. 이를 손실 함수 L로 정의하면 다음과 같다.

$$L(\theta_d, \theta_g) = E_x[logD(x, \theta_d)] + E_z[log(1 - D(G(z, \theta_g), \theta_d))] \ ... \ (1)$$

$$min\theta_g max\theta_d L(\theta_d, \theta_g) \ ... \ (2)$$

손실 함수 L은 진위 여부(0과 1)를 판단하는 값들을 다루기 때문에 식(1)과 같이 이진 크로스 엔트로피 함수 형태로 정의할 수 있다. 식(1)은 이진 크로스 엔트로피 함수에 음수를 곱한 형태로 손실 함수 L의 값이 커지면 이진 크로스 엔트로피 함수값이 작다는 의미이고, 반대로 손실 함수 L의 값이 작아지면 이진 크로스 엔트로피 함수값이 크다는 의미다.

여기서 $G(z, \theta_g)$는 잠재 변수latent feature z로부터 얻어진 가짜 이미지를 의미한다. $D(x, \theta_d)$는 입력값 x 이미지의 진위 여부를 0과 1 사이로 나타내는 구별자의 결과다. 따라서 생성자 입장에서는 손실값이 최소가 되는 방향으로 모델 변수 θ_g을 업데이트하여 구별자가 구별을 잘 못하도록 하고, 구별자는 모델 변수 θ_d를 손실 함수값이 커지는 방향으로 업데이트하여 구별을 잘 하도록 한다. 즉, 식(2)와 같이 각 모델 변수에 대해서 업데이트가 두 번 일어난다. 이 때문에 GAN은 기본적으로 다른 모델보다 학습이 오래 걸리고 수렴이 잘 안되는 경우가 많다.

8.4.1 Vanilla GAN

■ 라이브러리 불러오기

CODE 8.4 GAN.ipynb

```
import torch
import torch.nn as nn
import torch.optim as optim
from torchvision import transforms
from torch.utils.data import DataLoader
from torchvision.datasets import FashionMNIST
from torchvision.utils import make_grid
import imageio
import numpy as np
from matplotlib import pyplot as plt
```

❼ 격자 형태의 이미지를 만들게 하는 make_grid를 불러온다.

❽ gif 파일을 만들기 위해 imageio를 불러온다.

■ 패션 아이템 데이터 불러오기

티셔츠, 바지, 풀오버, 드레스, 코트, 샌들, 셔츠, 스니커즈, 가방, 앵클부츠로 구성된 FashionMNIST 데이터를 불러온다.

```
transform = transforms.Compose([transforms.ToTensor(),transforms.Normalize((0.5,),(0.5,))])
trainset = FashionMNIST(root='./data/', train=True, download=True, transform=transform)
trainloader = DataLoader(trainset, batch_size=100, shuffle=True)
device = torch.device("cuda:0" if torch.cuda.is_available() else "cpu")
```

■ 생성자 구축하기

```
class Generator(nn.Module):
    def __init__(self):
        super(Generator, self).__init__()
        self.n_features = 128
        self.n_out = 784
        self.linear = nn.Sequential(
                    nn.Linear(self.n_features, 256),
                    nn.LeakyReLU(0.2),
```

```
❾                 nn.Linear(256, 512),
❿                 nn.LeakyReLU(0.2),
⓫                 nn.Linear(512, 1024),
⓬                 nn.LeakyReLU(0.2),
⓭                 nn.Linear(1024, self.n_out),
⓮                 nn.Tanh())
⓯     def forward(self, x):
⓰         x = self.linear(x)
⓱         x = x.view(-1, 1, 28, 28)
⓲         return x
```

❹, ❺ 생성자는 잠재 변수로부터 784(28×28) 크기인 벡터를 생성한다. 따라서 잠재 변수의 크기를 임의로 정하고 출력 크기는 이미지를 일렬로 편 크기인 784로 정의한다.

❼~⓮ 기본 GAN에서는 nn.Linear을 이용하여 모델을 구축하며 활성 함수로는 nn.LeakyReLU를 사용한다. ReLU는 입력값이 0보다 작으면 0으로 값을 바꿔준다. 따라서 음수 구간에서 미분을 할 경우 0이 나온다. 이때 기울기 사라짐 방지를 위해 음수 구간의 양의 기울기를 주어 값을 계산하는 LeakyReLU(0.2)로 대체를 한다. 0.2는 음수 구간의 그래프가 y=0.2x라는 의미로 직선의 기울기를 나타낸다.

⓰, ⓱ 정의된 MLP를 거치고 784 크기의 벡터를 크기가 28×28인 흑백 이미지로 변경하여 새로운 이미지를 생성한다.

■ 구별자 구축하기

```
❶ class Discriminator(nn.Module):
❷     def __init__(self):
❸         super(Discriminator, self).__init__()
❹         self.n_in = 784
❺         self.n_out = 1
❻         self.linear = nn.Sequential(
❼                 nn.Linear(self.n_in, 1024),
❽                 nn.LeakyReLU(0.2),
❾                 nn.Dropout(0.3),
❿                 nn.Linear(1024, 512),
⓫                 nn.LeakyReLU(0.2),
⓬                 nn.Dropout(0.3),
⓭                 nn.Linear(512, 256),
⓮                 nn.LeakyReLU(0.2),
⓯                 nn.Dropout(0.3),
⓰                 nn.Linear(256, self.n_out),
⓱                 nn.Sigmoid())
```

```
⑱     def forward(self, x):
⑲         x = x.view(-1, 784)
⑳         x = self.linear(x)
㉑         return x
```

❹ 이미지를 일렬로 편 크기를 입력한다.

❺ 출력값은 진위여부를 판단하기 위해 하나의 숫자로 정의한다.

❻~⑰ nn.Linear을 이용해 구조를 정의하고 출력값은 0과 1 사이의 값이 출력될 수 있도록 nn.Sigmoid 함수를 마지막에 적용한다.

⑲,⑳ 이미지를 벡터 형태로 변경하여 신경망에 대입한다.

■ **모델 정의하기**

생성자와 구별자를 각각 선언한다.

```
❶ generator = Generator().to(device)
❷ discriminator = Discriminator().to(device)
```

■ **손실 함수 및 최적화 기법 정의하기**

```
❶ g_optim = optim.Adam(generator.parameters(), lr=2e-4)
❷ d_optim = optim.Adam(discriminator.parameters(), lr=2e-4)
❸ g_losses = []
❹ d_losses = []
❺ images = []
❻ criterion = nn.BCELoss()
```

❶ 생성자 변수 최적화를 위한 Adam을 정의한다.

❷ 구별자 변수 최적화를 위한 Adam을 별도로 정의한다.

❸~❺ 학습 동안 손실 함수값과 샘플 이미지 저장을 위해 빈 리스트를 만든다.

❻ 손실 함수는 이진 크로스 엔트로피 함수를 사용한다.

■ 잠재 변수 및 라벨 정의하기

```
❶ def noise(n, n_features=128):
❷     data = torch.randn(n, n_features)
❸     return data.to(device)
❹
❺ def label_ones(size):
❻     data = torch.ones(size, 1)
❼     return data.to(device)
❽
❾ def label_zeros(size):
❿     data = torch.zeros(size, 1)
⓫     return data.to(device)
```

❶~❸ 기본적으로 크기가 128인 잠재 변수 n개를 무작위로 생성한다. 이번 작업은 손실 함수에서 이미지의 진위 여부에 대한 계산을 하게 된다. 따라서 실제 이미지의 클래스를 사용하지 않고 진짜 데이터는 라벨은 1, 생성자로부터 만들어진 이미지의 라벨은 0이라고 정의하여 사용하게 된다.
❺~❼, ❾~⓫ 이를 위해 1과 0라벨을 만들어주는 함수를 정의한다.

■ 구별자 학습 함수 정의하기

```
❶ def train_discriminator(optimizer, real_data, fake_data):
❷     n = real_data.size(0)
❸     optimizer.zero_grad()
❹     prediction_real = discriminator(real_data)
❺     d_loss = criterion(prediction_real, label_ones(n))
❻     prediction_fake = discriminator(fake_data)
❼     g_loss = criterion(prediction_fake, label_zeros(n))
❽     loss = d_loss + g_loss
❾     loss.backward()
❿     optimizer.step()
⓫     return loss.item()
```

❶ 진짜 이미지, 가짜 이미지, 최적화 함수를 받는다.

❷ 각 이미지 진위 라벨을 할당하기 위해서 이미지의 개수를 확인한다.

❹ 진짜 이미지를 판별한다.

❺ 이미지 수 만큼 1라벨을 넣어 손실 함수를 계산한다.

❻,❼ 가짜 이미지를 판별하고 이미지 수 만큼 0라벨을 넣어 손실 함수를 계산한다.

❽~⓫ 두 손실 함수의 합을 최종 손실 함수로 사용하여 구별자를 업데이트한다.

■ 생성자 학습 함수 정의하기

```
❶ def train_generator(optimizer, fake_data):
❷     n = fake_data.size(0)
❸     optimizer.zero_grad()
❹     prediction = discriminator(fake_data)
❺     loss = criterion(prediction, label_ones(n))
❻     loss.backward()
❼     optimizer.step()
❽     return loss.item()
```

❶ 가짜 이미지를 받는다.

❷ 이미지 개수를 저장한다.

❹ 가짜 이미지를 구별자에 넣어 판별한다.

❺ 생성자 입장에서는 구별자가 진짜 이미지라고 판단하도록 업데이트가 되어야 하므로 0라벨이 아닌 1라벨을 넣어 손실 함수를 계산하게 한다. 이러한 방식으로 min max 형태의 손실 함수를 직접 구현하지 않고 최적화를 수행할 수 있다.

■ 모델 학습하기

```
❶ test_noise = noise(64)
❷ l = len(trainloader)
❸ for epoch in range(151):
❹     g_loss = 0.0
❺     d_loss = 0.0
❻     for data in trainloader:
❼         imgs, _ = data
❽         n = len(imgs)
❾         fake_data = generator(noise(n)).detach()
❿         real_data = imgs.to(device)
⓫         d_loss += train_discriminator(d_optim, real_data, fake_data)
⓬         fake_data = generator(noise(n))
⓭         g_loss += train_generator(g_optim, fake_data)
⓮
⓯     img = generator(test_noise).detach().cpu()
⓰     img = make_grid(img)
⓱     images.append(img)
⓲     g_losses.append(g_loss/l)
⓳     d_losses.append(d_loss/l)
⓴     if epoch % 10 == 0:
㉑         print('Epoch {}: g_loss: {:.3f} d_loss: {:.3f}\r'.format(epoch, g_loss/l, d_loss/l))
```

❶ 검증을 위한 무작위 잠재 변수 64개를 생성한다.

❷ 평균 손실값을 구하는데 사용하는 배치 수를 저장한다.

❹,❺ 각 에폭마다 손실값을 초기화한다.

❼,❽ 진짜 이미지를 받고 진짜 이미지의 개수를 정의한다.

❾ 진짜 이미지의 개수만큼 가짜 이미지를 생성하며 detach()를 통해 불필요한 requires_grad를 비활성화 시킨다.

⓫ 가지고 있는 이미지를 모두 구별자에 넣어 판별을 하고 구별자를 업데이트하고 반환한 손실 함수값을 누적한다.

⓬,⓭ 생성자를 업데이트하고 반환한 손실 함수값을 누적한다.

⓯~⓱ 검증을 위해 고정된 잠재 변수를 넣어 이미지를 생성하고 변화를 알아보기 위해 격자 형태의 이미지로 만들어 images 리스트에 저장시킨다.

⓲,⓳ 손실 함수값의 변화를 저장한다.

⓴,㉑ 에폭 10단위마다 손실값을 출력한다.

Output:

```
Epoch 0: g_loss: 2.541 d_loss: 0.786
... 중략 ...
Epoch 150: g_loss: 0.990 d_loss: 1.223
```

■ 모델 저장하기

```
❶ torch.save(discriminator.state_dict(), './models/fmnist_disc.pth')
❷ torch.save(generator.state_dict(), './models/fmnist_gner.pth')
```

■ 검증 이미지 변화를 gif 파일로 저장하기

```
❶ to_image = transforms.ToPILImage()
❷ imgs = [np.array(to_image(i)) for i in images]
❸ imageio.mimsave('fashion_items.gif', imgs)
```

❶ images 리스트의 원소 하나는 격자 형태로 만들어진 이미지들의 모임이며 크기가 (3, 242, 242)인 하나의 텐서다. 이때 이미지 저장 형식을 맞추기 위해 ToPILImage()를 이용해 타입과 (242, 242, 3)으로 크기를 변환할 수 있다.

❷,❸ 이미지를 넘파이 배열로 변경하여 gif 파일로 만든다.

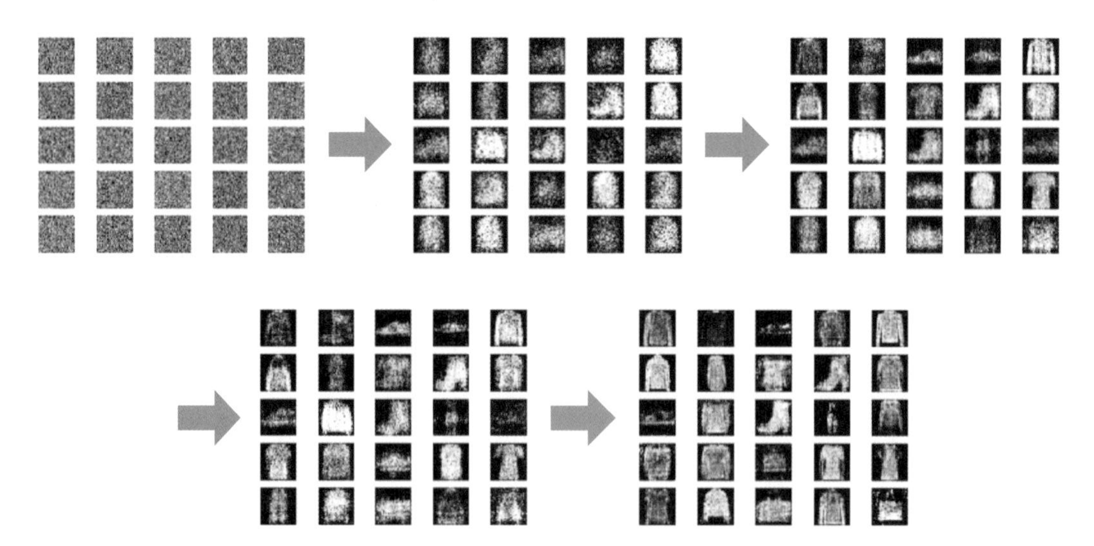

그림 8.11 학습에 따른 이미지 생성 결과

■ 손실 함수값 그래프 그리기

```
❶ plt.figure(figsize=(20,10))
❷ plt.plot(g_losses)
❸ plt.plot(d_losses)
❹ plt.legend(['Generator','Discriminator'])
❺ plt.title('Loss')
❻ plt.savefig('gan_loss.png')
```

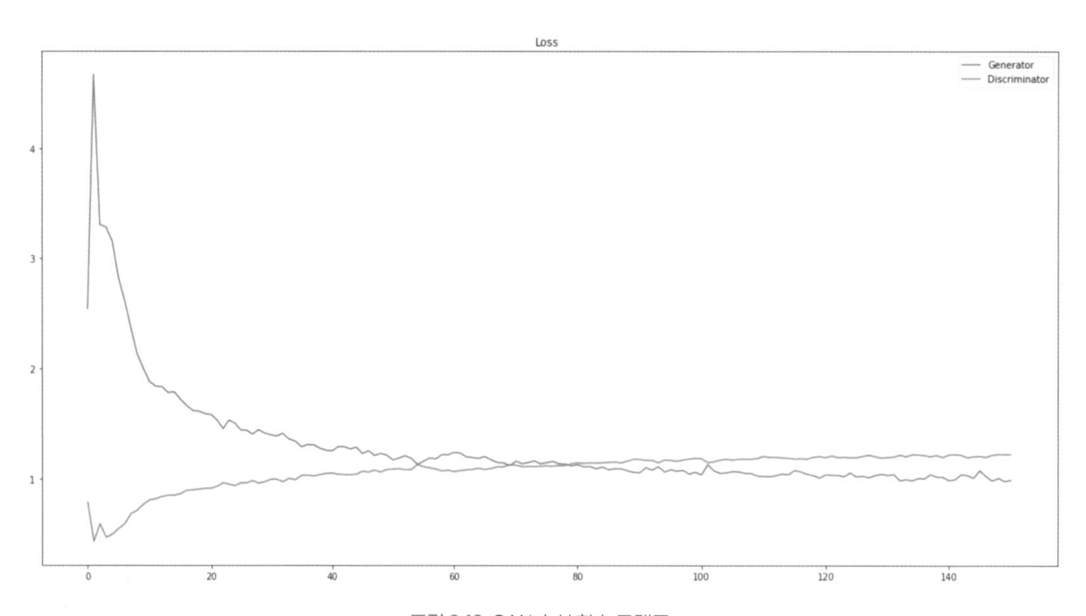

그림 8.12 GAN 손실 함수 그래프

8.4.2 Deep Convolutional GAN(DCGAN)

CODE 8.4 DCGAN.ipynb

DCGAN은 GAN 구조를 합성곱 층으로 구성한 모델이다. 합성곱 신경망은 다층 퍼셉트론보다 이미지 처리에 매우 유리한 네트워크로 알려져 있다. 실제 다층 퍼셉트론으로 구성된 GAN보다 DCGAN을 통해 조금 더 선명한 이미지를 생성할 수 있다. 이번 예시는 8.4.1에서 소개된 모델을 간단하게 합성곱 층으로 변경하여 진행한다.

■ 생성자 구축하기

```
❶ class Generator(nn.Module):
❷     def __init__(self):
❸         super(Generator, self).__init__()
❹         self.n_features = 128
❺         self.conv = nn.Sequential(
❻             nn.ConvTranspose2d(self.n_features, 256, 3, 1, bias=False), nn.ReLU(True),
❼             nn.ConvTranspose2d(256, 128, 3, 2, bias=False), nn.ReLU(True),
❽             nn.ConvTranspose2d(128, 64, 3, 2, bias=False), nn.ReLU(True),
❾             nn.ConvTranspose2d(64, 1, 2, 2, 1, bias=False), nn.Tanh())
❿     def forward(self, x):
⓫         x = x.view(-1, self.n_features, 1, 1)
⓬         x = self.conv(x)
⓭         return x
```

❹,⓫ 크기가 128인 잠재 변수를 가지고 채널이 128개인 1×1 크기 이미지를 입력값으로 받는다.

❺~⓭ 28×28 이미지 한 장을 얻기 위해 nn.ConvTranspose2d를 사용한다. nn.ConvTranspose2d는 입력 성분(Conv의 결과)을 출력 성분(Conv의 입력)으로 미분하여 그 값을 입력 벡터와 곱해 출력 벡터를 산출하고 그 결과 벡터를 행렬 형태로 변환하는 연산이다. 사용방법은 nn.ConvTranspose2d(입력 채널 수, 출력 채널 수, 필터 크기, stride)를 입력한다. 크기는 일반적인 정사각형 이미지와 필터를 사용했을 경우, 다음 식에 의해 피처맵의 크기를 산출할 수 있다.

$$(\text{출력값의 크기}) = (\text{입력값의 크기}-1) \times (\text{보폭}) - 2 \times (\text{패딩}) + (\text{필터의 크기}) + (\text{출력값 패딩})$$

예를 들어 입력값이 1×1 이미지이고 보폭stride은 1, 패딩은 0, 필터의 크기는 3×3, 출력값 패딩이 0이라면 출력값의 크기는 3(=0×1−0+3+0)이 된다. 이와 같은 계산 과정을 거치면 생성자의 출력 이미지의 크기가 28×28임을 알 수 있다.

■ 구별자 구축하기

```
❶ class Discriminator(nn.Module):
❷     def __init__(self):
❸         super(Discriminator, self).__init__()
❹         self.conv = nn.Sequential(
❺                     nn.Conv2d(1, 128, 3, 2, 1, bias=False),
❻                     nn.LeakyReLU(0.2),
❼                     nn.Dropout(0.5),
❽                     nn.Conv2d(128, 256, 3, 2, 1, bias=False),
❾                     nn.LeakyReLU(0.2),
❿                     nn.Dropout(0.5),
⓫                     nn.Conv2d(256, 256, 3, 2, 1, bias=False),
⓬                     nn.LeakyReLU(0.2, inplace=True),
⓭                     nn.Dropout(0.5),
⓮                     nn.Conv2d(256, 1, 3, 2, bias=False),
⓯                     nn.Sigmoid())
⓰     def forward(self, x):
⓱         x = self.conv(x)
⓲         return x.view(-1,1)
```

❹~⓯ 진위 여부를 구별하기 위해 합성곱 신경망을 적용한다. 일반적으로 합성곱 층의 필터는 특징을 추출하는 역할을 하기 때문에 Dropout을 사용하지 않는다. 하지만 이번 예시에서는 구별자에 Dropout을 적용하여 생성자보다 학습에 불리한 조건을 가지게 한다.

■ 손실 함수값 그래프 그리기

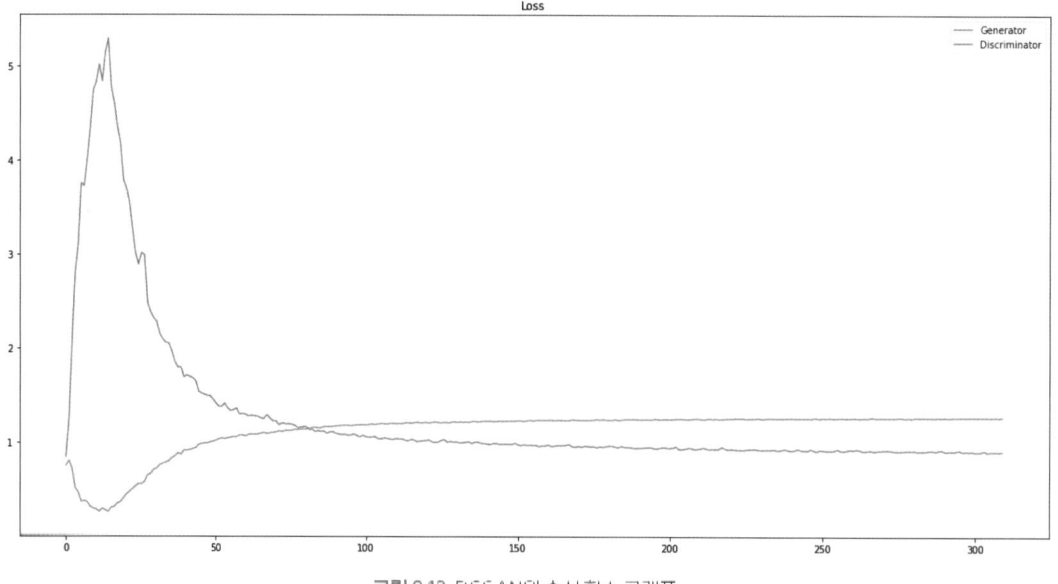

그림 8.13 DCGAN의 손실 함수 그래프

■ Vanilla GAN과 DCGAN 결과 비교

그림 8.14와 같이 DCGAN이 조금 더 선명한 이미지를 만들어 내는 것을 알 수 있다.

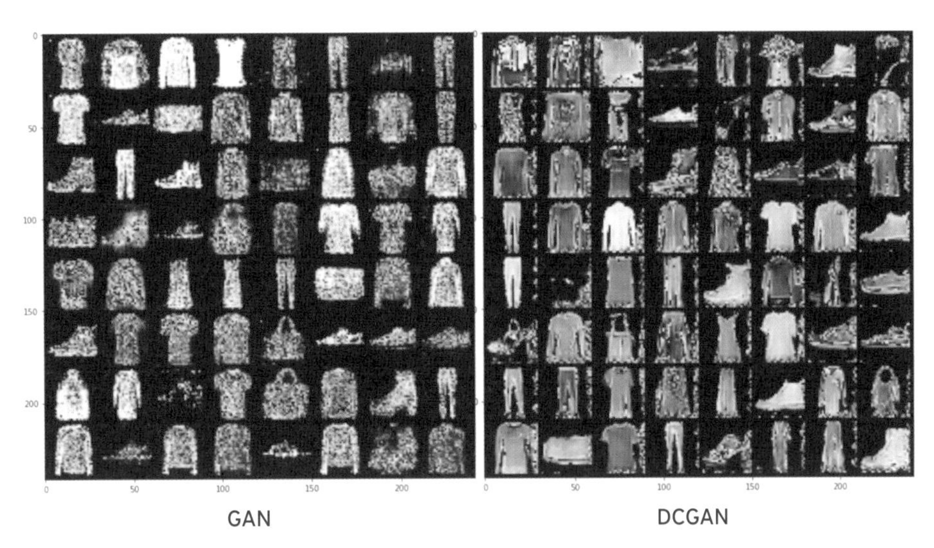

그림 8.14 테스트 이미지 결과

8.5 이미지 스타일 변이

그림 8.15와 같이 이미지 스타일 변이[Image style transfer]는 한 장의 스타일 이미지와 한 장의 내용 이미지를 가지고 새로운 스타일의 내용 이미지를 만드는 비지도 학습 방법이다. 따라서 우리는 임의의 결과 이미지를 만들고 우리가 원하는 그림이 나올 수 있도록 결과 이미지를 업데이트한다. 지금까지 배웠던 방법들이 모델들을 최적화했다면, 스타일 변이는 결과 이미지를 최적화하는 작업을 수행한다. 즉, 모델은 이미 학습된 모델을 사용하고 최적화를 진행하지 않는다.

그림 8.15 스타일 변이 결과 이미지

■ 라이브러리 불러오기

CODE 8.5 Style Transfer.ipynb

```
❶ import torch
❷ import torch.nn as nn
❸ import torch.nn.functional as F
❹ import torch.optim as optim
❺ from PIL import Image
❻ import matplotlib.pyplot as plt
❼ import torchvision.transforms as transforms
❽ import torchvision.models as models
```

■ 모델 불러오기

이미지의 유의미한 특성을 추출하기 위해 사전 훈련된 모델 중 피쳐 추출 부분(합성곱 층)을 불러온다. 또한 모델에 대해 업데이트를 하고 피쳐 추출 용도로 사용하기 때문에 eval()을 활성화한다.

```
❶ device = torch.device("cuda:0" if torch.cuda.is_available() else "cpu")
❷ cnn = models.vgg19(pretrained=True).features.to(device).eval()
```

■ 내용 손실 함수 정의하기

업데이트를 하고자 하는 내용 이미지(input)의 피쳐맵과 원래의 내용 이미지(self.target)의 피쳐맵의 손실을 계산하기 위해 MSE 손실 함수를 사용한다.

```
❶ class ContentLoss(nn.Module):
❷     def __init__(self, target,):
❸         super(ContentLoss, self).__init__()
❹         self.target = target.detach()
❺     def forward(self, input):
❻         self.loss = F.mse_loss(input, self.target)
❼         return input
```

■ 스타일 손실 함수 정의하기

스타일 손실 함수는 내용 손실 함수와는 다르게 각 피쳐맵의 유사도를 비교하기 위해 피쳐맵의 Gram matrix를 구한 결과 값을 사용하여 MSE 손실 함수를 계산한다.

```
❶ def gram_matrix(input):
❷     a, b, c, d = input.size()
❸     features = input.view(a * b, c * d)
❹     G = torch.mm(features, features.t())
❺     return G.div(a * b * c * d)
```

❶ Gram matrix에 대한 함수를 먼저 정의한다.

❷ 이미지의 크기를 저장한다.

❸ 크기가(c)×(d)인 이미지를 일렬 벡터로 (배치 크기 a)×(채널 수 b) 개 만큼 만든다. 즉, features는 벡터들의 모임인 2차원 텐서가 된다.

❹ features를 F라 하면 F의 전치 텐서와 F를 행렬 곱을 수행한다. 즉, 각 벡터들의 내적을 계산하여 유사도를 정량적으로 표현할 수 있다.

❺ 마지막으로 전체 크기로 나누어 값을 반환한다.

```
❶ class StyleLoss(nn.Module):
❷     def __init__(self, target_feature):
❸         super(StyleLoss, self).__init__()
❹         self.target = gram_matrix(target_feature).detach()
❺
❻     def forward(self, input):
❼         G = gram_matrix(input)
❽         self.loss = F.mse_loss(G, self.target)
❾         return input
```

❹,❼ 스타일 이미지(self.target)와 업데이트할 이미지(input)의 각 피쳐맵의 Gram_matrix를 각각 구한다. ❽ Gram_matrix를 사용하여 MSE를 계산한다.

■ 정규화 함수 정의하기

```
❶ class Normalization(nn.Module):
❷     def __init__(self, mean, std):
❸         super(Normalization, self).__init__()
❹         self.mean = mean.view(-1, 1, 1)
❺         self.std = std.view(-1, 1, 1)
❻     def forward(self, img):
❼         return (img - self.mean) / self.std
```

❶ 모델의 입력값을 정규화하기 위해 정규화 클래스를 정의한다.

❹,❺ 평균과 표준편차를 정의한다.

❼ 들어오는 이미지에 대해 정규화를 진행한다.

■ 모델 재정의하기

스타일 변환을 위해 모델 중간의 피쳐맵의 결과들을 활용해 손실 함수를 계산한다. 따라서 어느 부분의 정보를 사용할 것인지를 정의해야 한다.

```
❶ def get_style_model_and_losses(cnn, style_img, content_img):
❷     content_layers = ['conv_4']
❸     style_layers = ['conv_1', 'conv_2', 'conv_3', 'conv_4', 'conv_5']
❹     normalization_mean = torch.tensor([0.485, 0.456, 0.406]).to(device)
❺     normalization_std = torch.tensor([0.229, 0.224, 0.225]).to(device)
❻     normalization = Normalization(normalization_mean, normalization_std).to(device)
❼     content_losses = []
❽     style_losses = []
```

```
❾      model = nn.Sequential(normalization)
❿      i = 0
```

❷ 내용 손실 함수는 VGG19의 4번째 합성곱 층의 피쳐맵을 사용하여 계산한다.

❸ 스타일 손실 함수는 1번째부터 5번째 합성곱 층의 피쳐맵을 사용한다. 이때 스타일 손실 함수는 학습 시 각 층의 손실 함수들의 합으로 정의한다.

❹,❺ 정규화에 필요한 평균과 표준편차를 정의한다.

❻ 정규화 클래스를 정의한다.

❼,❽ 각 층의 손실 함수를 별도로 저장하기 위해 리스트를 정의한다.

❾ 모델 재정의를 시작한다. 모델의 첫 클래스는 입력값을 정규화하는 normalization으로 시작한다.

```
⓫      for layer in cnn.children():
⓬          if isinstance(layer, nn.Conv2d):
⓭              i += 1
⓮              name = 'conv_{}'.format(i)
⓯          elif isinstance(layer, nn.ReLU):
⓰              name = 'relu_{}'.format(i)
⓱              layer = nn.ReLU(inplace=False)
⓲          elif isinstance(layer, nn.MaxPool2d):
⓳              name = 'maxpool_{}'.format(i)
⓴          elif isinstance(layer, nn.BatchNorm2d):
㉑              name = 'bn_{}'.format(i)
㉒          else:
㉓              raise RuntimeError('Unrecognized layer: {}'.format(layer.__class__.__name__))
```

⓫ 원래 모델 cnn의 층을 하나씩 불러온다.

⓬~⓮ 만약 층이 합성곱층이면 i를 1씩 더하여 층 이름을 'conv_숫자'로 하고

⓯~㉑ ReLU, 풀링, 배치 정규화도 마찬가지로 조건문에 따라 이름을 만든다.

㉒~㉓ 만약 이름이 없다면 에러 메시지를 출력한다.

```
㉔          model.add_module(name, layer)
㉕          if name in content_layers:
㉖              target = model(content_img)
㉗              content_loss = ContentLoss(target)
㉘              model.add_module("content_loss_{}".format(i), content_loss)
㉙              content_losses.append(content_loss)
㉚          if name in style_layers:
㉛              target_feature = model(style_img)
㉜              style_loss = StyleLoss(target_feature)
```

```
㉝            model.add_module("style_loss_{}".format(i), style_loss)
㉞            style_losses.append(style_loss)
```

㉔ 이름을 정한 각 층을 하나씩 model에 추가하여 모델을 재구축한다.

㉕~㉙ name이 정의된 content_layers에 속하면 해당 층의 내용 손실 함수에 대해 정의하고 모델에 추가한다.

㉚~㉞ 마찬가지로 name이 정의된 style_layers에 속하면 스타일 손실 함수에 대해 정의하고 모델에 추가한다.

```
㉟    for i in range(len(model) - 1, -1, -1):
㊱        if isinstance(model[i], ContentLoss) or isinstance(model[i], StyleLoss):
㊲            break
㊳    model = model[:(i + 1)]
㊴    return model, style_losses, content_losses
```

㉟~㊲ 구성된 model을 역순으로 읽어 최종 손실 함수가 있는 위치 i를 파악한다.

㊳ 최종 손실 함수가 있는 부분만 모델을 사용하기 때문에 i번째까지 층을 잘라 그 뒤는 배제한 뒤 모델을 정의한다.

■ 결과 이미지 최적화하기

```
❶ def run_style_transfer(cnn, content_img, style_img, num_steps=300, style_weight=100000,
content_weight=1):
❷     input_img = content_img.clone().detach().requires_grad_(True)
❸     model, style_losses, content_losses = get_style_model_and_losses(cnn, style_img,
content_img)
❹     optimizer = optim.LBFGS([input_img])
❺     iteration = [0]
❻     while iteration[0] <= num_steps:
❼         def closure():
❽             input_img.data.clamp_(0, 1)
❾             optimizer.zero_grad()
❿             model(input_img)
⓫             style_score = 0
⓬             content_score = 0
⓭             for sl in style_losses:
⓮                 style_score += sl.loss
⓯             for cl in content_losses:
⓰                 content_score += cl.loss
⓱             loss = style_weight*style_score + content_weight*content_score
```

```
⓲              loss.backward()
⓳              iteration[0] += 1
⓴              if iteration[0] % 50 == 0:
㉑                  print('Iteration {}: Style Loss : {:4f} Content Loss: {:4f}'.format(
㉒                      iteration[0], style_score.item(), content_score.item()))
㉓              return style_score + content_score
㉔          optimizer.step(closure)
㉕      return input_img.data.clamp_(0, 1)
```

❶ 모델, 내용 이미지, 스타일 이미지, 학습 횟수, 손실 함수의 가중치들을 받는다.

❷ 업데이트하고자 하는 이미지 input_img의 초깃값을 내용 이미지로 정하고 최적화를 위해 requires_grad를 활성화한다.

❸ 앞서 정의한 get_style_model_and_losses을 이용해 특정 층에 손실 함수가 들어있는 모델을 만들고 손실 함수와 함께 정의한다.

❹ 최적화 기법으로는 L-BFGS[Limited-memory Broyden-Fletcher-Goldfarb-Shanno algorithm]를 사용하며 우리는 모델 최적화가 아닌 입력 이미지를 최적화하는 것이므로 변수에 [input_img]을 넣어준다. LBFGS는 헤시안 행렬(2차 미분)을 계산하는 방법으로 closure()를 정의하여 1차 미분값들을 저장해야 한다.

❼~㉓ 따라서 학습 과정을 closure() 함수 내에서 진행하게 한다.

❽ 이미지 값을 0 이상 1 이하에서 관리하기 위해 clamp 함수를 사용한다. clamp_(0, 1)는 input_img의 값을 0과 1 기준으로 절삭하여 0 이상 1 이하의 값만 사용하도록 한다. 또한 _는 in-place 방식이라는 의미로 별도의 =없이 원래 input_img를 값을 절삭한 input_img로 만든다.

⓫~⓱ 지정한 층에서 계산된 스타일 손실 함수와 내용 손실 함수에 각각 가중치를 적용한다.

㉔ optimizer.step(closure)를 통해 LBFGS를 작동시킨다.

㉕ 학습이 완료되면 다시 한 번 값을 정리하고 최종 이미지를 반환한다.

■ 예제 이미지 불러오기

```
❶  def image_loader(img_path):
❷      loader = transforms.Compose([transforms.Resize((256.256)), transforms.ToTensor()])
❸      image = Image.open(img_path).convert('RGB')
❹      image = loader(image).unsqueeze(0)
❺      return image.to(device)
❻  style_img = image_loader("./data/imgA.jpg")
❼  content_img = image_loader("./data/imgB.jpg")
```

❶~❸ image_loader를 통해 이미지 사이즈는 256×256으로 설정하고 4채널 이미지에 대해 3채널로 변경하기 위해 이미지를 불러온 뒤 .convert('RGB')을 적용한다.

❹ 모델에 사용하기 위해 unsqueeze(0)을 이용해 배치 사이즈 1을 추가하여 4차원으로 이미지를 만든다.

❻,❼ 내용 이미지와 스타일 이미지를 각각 불러온다.

■ 이미지 학습하기

```
❶ output = run_style_transfer(cnn, content_img, style_img)
```

Output:

```
Iteration 50: Style Loss : 0.000012 Content Loss: 3.554613
... 중략 ...
Iteration 300: Style Loss : 0.000003 Content Loss: 2.373624
```

■ 결과 이미지 보기

```
❶ def imshow(image, title):
❷     unloader = transforms.ToPILImage()
❸     image = unloader(image.squeeze(0).cpu())
❹     plt.figure(figsize=(5,5))
❺     plt.imshow(image)
❻     plt.title(title)
❼     plt.axis("off")
❽     plt.show()
❾ imshow(output, title='Output Image')
```

그림 8.16 결과 이미지

8.6 깊은 K-평균 알고리즘

이번 절에서는 앞서 배운 오토인코더와 K-평균 알고리즘을 조합하여 이미지를 클러스터링한다. 데이터는 MNIST 데이터를 사용하며 훈련 데이터에 라벨이 없다고 가정하고 비지도 학습으로 모델을 학습한다. 그림 8.17과 같이 오토인코더는 인코더 부분에 이미지가 들어와서 차원이 축소된 잠재 변수를 생성한 뒤 다시 디코더를 거쳐 원래 이미지와 같은 크기의 이미지를 출력한다.

즉, 잠재 변수와 크기가 같은 적절한 벡터를 디코더 부분에 주입하게 되면 가상 이미지가 생성되고 잠재 변수는 실제 이미지를 압축한 벡터로써 숫자에 대한 중요한 정보를 담고 있다고 볼 수 있다. 따라서 잠재 변수를 활용하여 이미지를 분류한다면 좋은 결과를 얻을 수 있다고 기대할 수 있을 것이다. 이를 깊은 K-평균 알고리즘[Deep K-Means]이라고 한다.

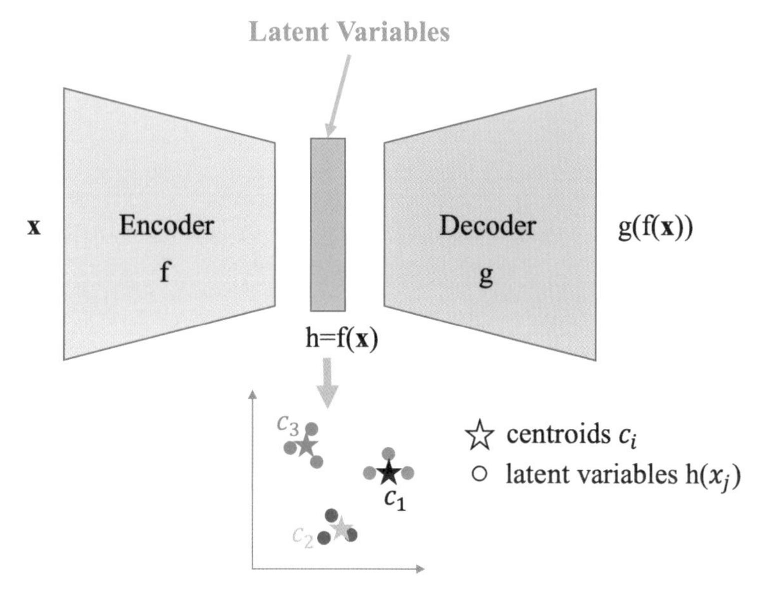

그림 8.17 깊은 K-평균 알고리즘

모델 파라미터는 오토인코더와 클러스터링의 중심[centroids]이 된다. 손실 함수는 두 파트로 나누어 $L=L_{rec}+\lambda L_{clu}$로 정의한다. 여기서 L_{rec}은 오토인코더의 이미지 재구성[reconstruction] 부분을 담당하며 $L_{rec}=\|x-g(f(x))\|_2^2$로 정의한다. L_{clu}는 클러스터링의 최적 중심과 잠재 변수 간의 거리를 측정하는 $L_{clu}=\left\|f(x)-\underset{C}{argmin}\|f(x)-c_i\|_2^2\right\|_2^2$로 정의한다. 기본적으로 좋은 잠재 변수가 추출되려면 이미지 생성을 잘 해야만 한다. 따라서 클러스터링 부분보다 오토인코더 부분에 더 비중을 주기 위해 λ에 작은 값을 주어 학습을 조율한다.

■ 라이브러리 불러오기

```
❶ import torch
❷ import torch.nn as nn
❸ import torchvision
❹ from torchvision import transforms
❺ import numpy as np
❻ from matplotlib import pyplot as plt
❼ from scipy.optimize import linear_sum_assignment as linear_assignment
```

❶~❻ 관련 라이브러리를 불러온다.

❼ 클러스터링은 그룹의 순서를 고려하지 않고 데이터를 군집화 하는 것이다. 예를 들어 숫자 0, 1, 2를 분류하는 문제라면 클러스터 3개를 사용하게 되는데 그 결과가 (0, 1, 2), (0, 2, 1), (2, 0, 1) 등의 다양한 그룹으로 표현된다. 즉, 0, 1, 2 숫자가 완벽히 나눠졌더라도 0이 그룹0, 1이 그룹1, 2가 그룹2로 배치가 안 될 수도 있다는 의미다. 따라서 평가 시에는 평가 라벨에 맞춰 그룹을 재배치 해줘야 하는데, 이 때 이분 그래프에서 최소 가중치를 측정하는 linear_assignment 함수를 활용한다.

■ 데이터 불러오기

```
❶ batch_size = 128
❷ num_clusters = 10
❸ latent_size = 10
```

❶ 배치 사이즈를 정한다.

❷ 적절한 클러스터 수를 정한다.

❸ 클러스터 수와 같을 필요는 없으며 적절한 잠재 변수의 크기를 정한다.

```
❹ trainset = torchvision.datasets.MNIST('./data/', download=True, train=True, transform=trans-
   forms.ToTensor())
❺ testset = torchvision.datasets.MNIST('./data/', download=True, train=False, transform=trans-
   forms.ToTensor())
❻ trainloader = torch.utils.data.DataLoader(trainset, batch_size=batch_size, shuffle=True)
❼ testloader = torch.utils.data.DataLoader(testset, batch_size=batch_size, shuffle=True)
```

❹~❼ MNIST 데이터를 불러온다.

■ 벡터화, 피쳐맵화 클래스 정의하기

```
❶ class Flatten(torch.nn.Module):
❷     def forward(self, x):
❸         batch_size = x.shape[0]
❹         return x.view(batch_size, -1)
❺
❻ class Deflatten(nn.Module):
❼     def __init__(self, k):
❽         super(Deflatten, self).__init__()
❾         self.k = k
❿     def forward(self, x):
⓫         s = x.size()
⓬         feature_size = int((s[1]//self.k)**.5)
⓭         return x.view(s[0],self.k,feature_size,feature_size)
```

❶~❹ 이번 예시에서는 합성곱 오토인코더를 사용한다. 따라서 인코더의 마지막 피쳐맵은 4차원 텐서(배치사이즈, 채널수, 피쳐맵 너비, 높이)가 된다. 따라서 잠재 변수를 구하기 위해 인코더 부분에서 나온 피쳐맵을 벡터화한다.

❻~⓭ 디코더 부분의 계산을 위해 벡터화된 잠재 변수를 다시 4차원 텐서(배치사이즈, 채널수, 피쳐맵 너비, 높이)로 변환한다.

■ k-평균 알고리즘 정의하기

```
❶ class Kmeans(nn.Module):
❷     def __init__(self, num_clusters, latent_size):
❸         super(Kmeans, self).__init__()
❹         device = torch.device("cuda:0" if torch.cuda.is_available() else "cpu")
❺         self.num_clusters = num_clusters
❻         self.centroids = nn.Parameter(torch.rand((self.num_clusters, latent_size)).to(device))
❼
❽     def argminl2distance(self, a, b):
❾         return torch.argmin(torch.sum((a-b)**2,dim=1),dim=0)
❿
⓫     def forward(self, x):
⓬         y_assign = []
⓭         for m in range(x.size(0)):
⓮             h = x[m].expand(self.num_clusters,-1)
⓯             assign = self.argminl2distance(h, self.centroids)
⓰             y_assign.append(assign.item())
⓱         return y_assign, self.centroids[y_assign]
```

❶~❺ 클러스터의 중심 centroids를 정의하기 위해 클러스터 개수 num_clusters와 잠재 변수의 크기

latent_size를 고정한다. 이는 잠재 변수를 그룹화 하는 것이기 때문에 잠재 변수의 크기와 각 중심의 크기가 같아야 한다.

❻ centroids는 최적화가 되어야 할 변수다. 따라서 nn.Parameter로 정의한다.

❽,❾ 잠재 변수의 그룹화를 위해 가장 가까운 중심을 argmin 함수로 찾는다. 즉, torch.sum((a−b)**2,dim=1)은 잠재 변수와 각 중심과의 유클리디안 거리를 측정한 것이고 torch.argmin(torch.sum((a−b)**2,dim=1),dim=0)은 각 거리들 중 가장 가까운 중심의 인덱스를 추출하는 것이다.

⓬ 각 이미지의 클러스터를 저장하기 위한 빈 리스트 y_assign를 선언한다.

⓭ 각 데이터를 그룹화하기 위해 인코더를 통해 나온 잠재 변수를 하나씩 불러온다.

⓮ 계산을 쉽게 하기 위해 하나의 잠재 변수를 클러스터 수만큼 확장(복사)한다.

⓯ 앞서 정의한 self.argminl2distance을 통해 각 잠재 변수의 할당 클러스터를 산출한다.

⓰ 할당된 클러스터를 y_assign에 누적한다.

⓱ 결과적으로 y_assign은 0부터 9까지의 값으로 구성되어 있기 때문에 예측에 사용되며, 최적화를 위해 각 할당된 클러스터에 대응하는 중심을 반환한다.

■ 오토인코더 정의하기

```
❶ class Encoder(nn.Module):
❷     def __init__(self, latent_size):
❸         super(Encoder, self).__init__()
❹ 
❺         k = 16
❻         self.encoder = nn.Sequential(
❼                             nn.Conv2d(1, k, 3, stride=2),
❽                             nn.ReLU(),
❾                             nn.Conv2d(k, 2*k, 3, stride=2),
❿                             nn.ReLU(),
⓫                             nn.Conv2d(2*k, 4*k, 3, stride=1),
⓬                             nn.ReLU(),
⓭                             Flatten(),
⓮                             nn.Linear(1024, latent_size),
⓯                             nn.ReLU())
⓰     def forward(self, x):
⓱         return self.encoder(x)      s = x.size()
⓲         feature_size = int((s[1]//self.k)**.5)
⓳         return x.view(s[0],self.k,feature_size,feature_size)
⓴ 
㉑ class Decoder(nn.Module):
㉒     def __init__(self, latent_size):
㉓         super(Decoder, self).__init__()
㉔ 
```

```
㉕         k = 16
㉖         self.decoder = nn.Sequential(
㉗                         nn.Linear(latent_size, 1024),
㉘                         nn.ReLU(),
㉙                         Deflatten(4*k),
㉚                         nn.ConvTranspose2d(4*k, 2*k, 3, stride=1),
㉛                         nn.ReLU(),
㉜                         nn.ConvTranspose2d(2*k, k, 3, stride=2),
㉝                         nn.ReLU(),
㉞                         nn.ConvTranspose2d(k, 1, 3, stride=2,output_padding=1),
㉟                         nn.Sigmoid())
㊱     def forward(self, x):
㊲         return self.decoder(x)
```

8.3.3 합성곱 오토인코더에서 정의한 모델을 인코더와 디코더를 나누어 정의한다.

■ 클러스터 라벨 재배치 함수 정의하기

```
❶ def cluster_acc(y_true, y_pred):
❷     y_true = np.array(y_true)
❸     y_pred = np.array(y_pred)
❹     D = max(y_pred.max(), y_true.max()) + 1
❺     w = np.zeros((D, D), dtype=np.int64)
❻     for i in range(y_pred.size):
❼         w[y_pred[i], y_true[i]] += 1
❽     ind = linear_assignment(w.max() - w)
❾     return sum([w[i, j] for i, j in zip(ind[0], ind[1])]) * 1.0 / y_pred.size
```

❶ 평가를 위해 실제 라벨과 예측 라벨을 받는다.

❷,❸ 각 라벨을 넘파이 배열로 변환한다.

❹ 클러스터가 10개라고 해서 데이터들이 골고루 그룹 0에서부터 그룹 9까지 분배되지 않을 수 있다. 예를 들어 우리가 가지고 있는 데이터가 0, 1, 2, 4, 8이라고 하면 실제 클래스의 수보다 적게 클러스터링이 된다. 즉, 동일한 클래스 수에서 정확도를 측정하기 위해 실제 라벨 데이터와 예측 라벨 데이터에서 가장 큰 라벨을 기준한다.

❺~❼ 따라서 10×10의 w 행렬을 만들 수 있고 열(실제 라벨), 행(예측 라벨)을 비교하며 할당된 이미지 개수를 넣게 된다. 만약에 예측 라벨이 1이고 실제 라벨이 2이면 w의 2행 1열 성분에 1을 누적하게 된다. 결과적으로 예측 라벨과 실제 라벨의 관계를 배열 w로 표현하게 된다.

❽ 배열 w와 linear_assignment를 기준으로 인덱스를 재배치한다.

❾ 재배치된 인덱스 정보를 바탕으로 예측 라벨과 실제 라벨이 같은 개수만큼 더하고 전체 라벨 수를 나누어 정확도를 계산한다.

■ 평가 함수 정의하기

```
❶ def evaluation(testloader, encoder, kmeans, device):
❷     predictions = []
❸     actual = []
❹
❺     with torch.no_grad():
❻         for images, labels in testloader:
❼             inputs = images.to(device)
❽             labels = labels.to(device)
❾             latent_var = encoder(inputs)
❿             y_pred, _ = kmeans(latent_var)
⓫
⓬             predictions += y_pred
⓭             actual += labels.cpu().tolist()
⓮
⓯     return cluster_acc(actual, predictions)
```

❷,❸ 예측 라벨과 실제 라벨을 저장하기 위해 빈 리스트를 선언한다.

❻~❿ 예측 시에는 디코더 부분이 필요없다. 따라서 인코더와 k-평균 알고리즘을 통해 예측값을 산출한다.

⓬,⓭ 미리 선언한 빈 리스트에 각 라벨을 저장한다.

⓯ 누적된 라벨 리스트를 cluster_acc 함수에 넣어 정확도를 계산한다.

■ 손실 함수 및 최적화 방법 정의하기

```
❶ encoder = Encoder(latent_size).to(device)
❷ decoder = Decoder(latent_size).to(device)
❸ kmeans = Kmeans(num_clusters, latent_size).to(device)
❹ criterion1 = torch.nn.MSELoss()
❺ criterion2 = torch.nn.MSELoss()
❻ optimizer = torch.optim.Adam(list(encoder.parameters()) + list(decoder.parameters()) + list(k-
❼ means.parameters()), lr=1e-3)
```

❶~❸ 모델을 선언한다.

❹,❺ 손실 함수 $L = L_{rec} + \lambda L_{clu}$의 두 부분에 대한 손실 함수를 정의한다.

❻ 분리된 모델을 동시에 최적화하고 싶은 경우 list의 합을 이용해 하나로 합쳐줄 수 있다.

■ 모델 학습 변수 설정하기

```
❶ T1 = 50
❷ T2 = 200
❸ lam = 1e-3
❹ ls = 0.05
```

❶~❸ 우리 모델은 설명에서도 언급했듯이 λ에 민감하다. 따라서 학습 초반에는 작은 $\lambda=lam/(T1-T2)$로 시작하여 학습 횟수에 따라 점차 값을 증가하여 $\lambda=lam$까지 사용하는 방식[annealing]으로 모델을 학습한다. 따라서 λ에 대한 기준을 정한다.

❹ 모델 저장의 기준값을 임의로 설정한다.

■ 모델 학습하기

```
❶ for ep in range(300):
❷     if (ep > T1) and (ep < T2):
❸         alpha = lam*(ep - T1)/(T2 - T1) # 1/100, 2/100, .., 99/100
❹     elif ep >= T2:
❺         alpha = lam
❻     else:
❼         alpha = lam/(T2 - T1)
```

❶ 학습 횟수는 300으로 한다.

❷~❼ 앞서 언급한 annealing 기법으로 학습 횟수에 따라 λ를 조절한다.

```
❽      running_loss = 0.0
❾      for images, _ in trainloader:
❿          inputs = images.to(device)
⓫          optimizer.zero_grad()
⓬          latent_var = encoder(inputs)
⓭          _, centroids = kmeans(latent_var.detach())
⓮          outputs = decoder(latent_var)
⓯
⓰          l_rec = criterion1(inputs, outputs)
⓱          l_clt = criterion2(latent_var, centroids)
⓲          loss = l_rec + alpha*l_clt
⓳          loss.backward()
⓴          optimizer.step()
㉑          running_loss += loss.item()
㉒      avg_loss = running_loss / len(trainloader)
```

❽ 각 배치마다 손실 함수 값을 누적하기 위해 running_loss=0으로 설정한다.

❾ 학습 시 이미지만 사용한다. 따라서 라벨을 "_"을 사용하여 값을 사용하지 않는다.

❿~⓮ 오토인코더로부터 나온 가상 이미지와 클러스터의 중심을 출력한다.

⓭ kmean 부분을 역전파할 때에는 잠재 변수를 고정하고 중심을 변수로 두게 하기 위해 latent_var에 .detach()를 붙여 requires_grad를 비활성화 한다.

⓰~⓴ 앞서 정의한 손실 함수를 계산하고 최적화를 시행한다.

```
㉓         if ep % 10 == 0:
㉔             testacc = evaluation(testloader, encoder, kmeans, device)
㉕             print('[%d] Train loss: %.4f, Test Accuracy: %.3f' %(ep, avg_loss, testacc))
㉖
㉗         if avg_loss < ls:
㉘             ls = avg_loss
㉙             torch.save(encoder.state_dict(),'./models/dkm_en.pth')
㉚             torch.save(decoder.state_dict(),'./models/dkm_de.pth')
㉛             torch.save(kmeans.state_dict(),'./models/dkm_clt.pth')
```

Output:

```
[0] Train loss: 0.0998, Test Accuracy: 0.116
[10] Train loss: 0.0245, Test Accuracy: 0.279
...중략...
[280] Train loss: 0.0177, Test Accuracy: 0.893
[290] Train loss: 0.0177, Test Accuracy: 0.889
```

㉓~㉕ 학습 횟수 10회마다 검증을 시행한다.

㉗~㉛ 훈련 손실 함수를 기준으로 모델들을 저장한다(절대 평가 내용이 반영되면 안 된다).

■ 최종 모델 평가하기

```
❶ encoder.load_state_dict(torch.load('./models/dkm_en.pth'))
❷ decoder.load_state_dict(torch.load('./models/dkm_de.pth'))
❸ kmeans.load_state_dict(torch.load('./models/dkm_clt.pth'))
❹
❺ predictions = []
❻ actual = []
❼ latent_features = []
❽ with torch.no_grad():
❾     for images, labels in testloader:
❿         inputs = images.to(device)
⓫         labels = labels.to(device)
⓬         latent_var = encoder(inputs)
⓭         y_pred, _ = kmeans(latent_var)
⓮
⓯         predictions += y_pred
⓰         latent_features += latent_var.cpu().tolist()
⓱         actual += labels.cpu().tolist()
⓲ print(cluster_acc(actual, predictions))
```

Output:

0.894

❶~❸ 저장된 모델을 불러온다.

❹~⓲ 비지도 학습으로 모델을 평가하여 89.4%의 평가 정확도를 달성한다.

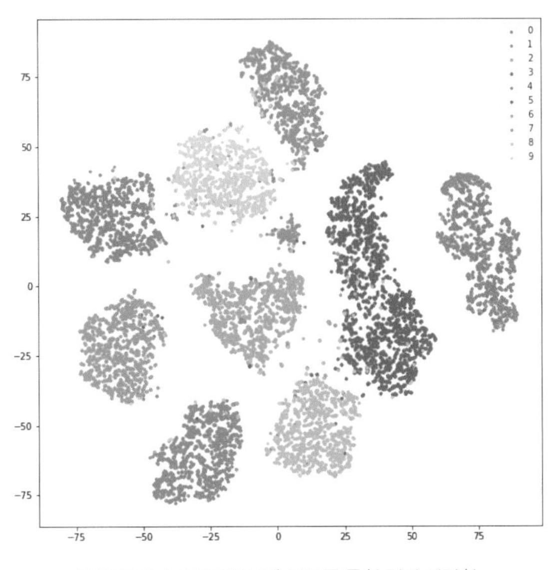

그림 8.18 t-SNE(10.2절) 분포를 통한 결과 시각화

“

전이학습은

머신러닝의 성공을

이끌어 갈 것이다.

”

앤드류 응

9

CHAPTER

성능 개선

9장에서는 모델을 학습하면서 대표적으로 겪을 수 있는 문제인 과적합, 데이터 불균형, 데이터 부족을 해결하기 위한 방법을 알아본다.

- 과적합
- 데이터 불균형
- 전이 학습
- 준지도 학습

9.1 과적합

과적합Overfitting이란 학습 데이터에 대해서는 예측을 잘 하지만 테스트 데이터와 같은 학습에 사용되지 않은 데이터에 대해서 예측을 잘 못하는 현상이다. 머신러닝 분야에서의 과적합은 항상 문제로 대두되는 만큼 지금까지 다양한 방지 기법들이 개발되었다. 일반적으로 모델 파라미터 수가 많으면 쉽게 나타나는 것으로 알려져 있기 때문에 과적합 현상은 모델을 깊게 만드는데 방해 요소로 작용한다. 이때 과적합을 방지하면서 딥러닝 모델을 학습시키는 것을 정규화Regularization 방법이라고 한다.

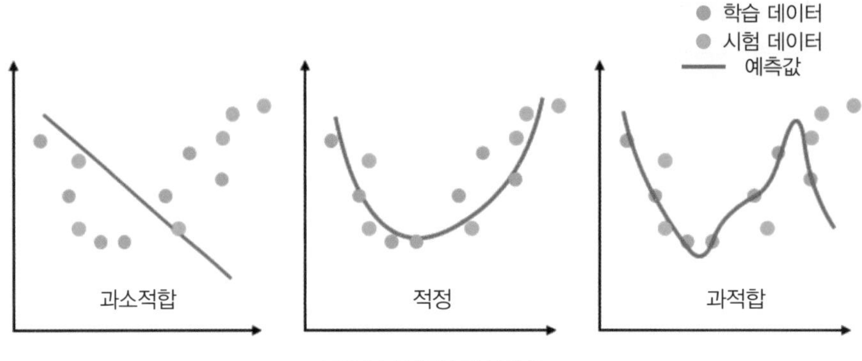

그림 9.1 과소적합과 과적합

9.1.1 데이터 증식

CODE 9.1 Regularization.ipynb

딥러닝은 일반적으로 많은 데이터를 요구한다. 이 때문에 추가 데이터를 확보할 수 있다면 성능 향상에 큰 도움이 된다. 하지만 직접적으로 추가로 데이터를 모으는 것은 비용, 시간 등의 다양한 이유 때문에 쉽지 않다. 따라서 데이터 증식Data augmentation 기법을 통해 임의로 새로운 데이터를 만들어 학습 데이터에 추가한다. 데이터 증식은 통계적 기법, 단순 변형, 생성 모델 이용 등이 있으며 목적과 상황에 따라 다양한 방법을 취할 수 있는데, 이번 예시에서는 torchvision.transforms에서 제공하는 이미지 데이터 증식에 대해서 알아본다.

그림 9.2 이미지 데이터 증식

```
import torchvision.transforms as tr
import PIL

transf = tr.Compose([tr.ToPILImage(), tr.RandomCrop(60),
tr.ColorJitter(brightness=0.1,contrast=0.1, saturation=0.1,
hue=0.1),tr.RandomHorizontalFlip(),tr.ToTensor()])
```

4.3절에서 배운 내용을 토대로 Dataset을 정의하기 전에 ❹ tranf를 정의한다. 많은 기능들이 이미지 타입이 PIL일 경우 작동을 하기 때문에 사용 전에 데이터 타입을 확인해야 한다. RandomCrop(60)은 크기가 60×60으로 이미지 일부를 무작위로 잘라서 같은 이미지라도 매번 다른 입력 이미지로 모델에 들어갈 수 있게 한다. ColorJitter는 이미지의 밝기, 대비, 색조를 변형해 새로운 이미지로 만들어 준다. RandomHorizontalFlip은 이미지를 뒤집는 것이다. 그 외 회전, 흑백 이미지 등 다양한 기법들이 있다.

9.1.2 조기 종료

CODE 9.1 Early stopping.ipynb

모델이 학습 데이터를 많이 공부한다면 학습 데이터에 맞춰져 모델이 최적화 될 수 있다. 따라서 적당한 기준을 정하여 모델 학습을 끊는 것이 조기 종료 Early stopping 방법이다. 그림 9.3과 같이 학습 반복 횟수가 많아 모델은 학습 데이터를 많이 학습하기 때문에 파란 선과 같은 손실 함수값이 그려지고, 이때 매 에폭마다 시험 데이터의 손실 함수값을 확인했을 때 빨간 선이 그려졌다고 가정한다면 초록색 지점에서 학습된 모델이 가장 이상적이라고 생각할 수 있다. 따라서 이 시점에 학습된 모델을 사용한다. 조기 종료는 프로그래밍 기술보다 아래 내용을 상기하는 것이 더 중요하다.

• 손실 함수값이 작다고 반드시 정확도가 높은 것은 아니다.

• 학습 반복 횟수를 그림 9.3보다 더 크게 할 경우 시험 데이터의 손실 함수값이 다시 내려오는 경우도 존재한다.

• 그림 9.3과 같이 모델을 선택하는데 직접적으로 시험 데이터를 사용하면 매우 위험할 수 있다. 따라서 검증 데이터를 사용해야 한다. 시험 데이터는 오직 평가에만 사용한다.

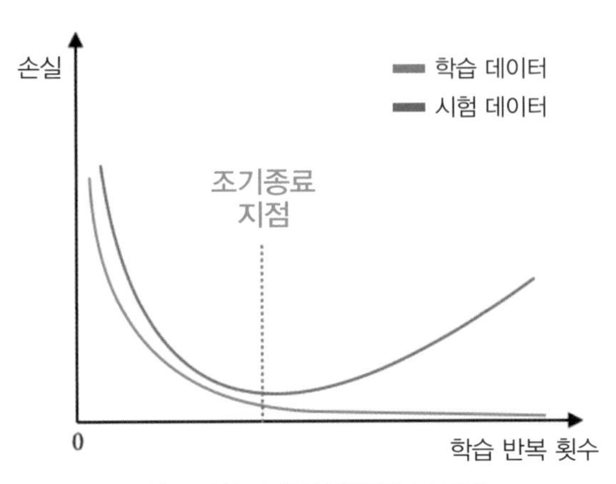

그림 9.3 학습 손실 함수와 평가 손실 함수

■ 라이브러리 불러오기

```
❶ import torch
❷ import torchvision
❸ import torchvision.transforms as transforms
❹ from torch.utils.data import DataLoader
❺ import torch.nn as nn
❻ import torch.nn.functional as F
❼ import torch.optim as optim
❽ import matplotlib.pyplot as plt
```

■ 학습, 검증, 평가 데이터 생성하기

```
❶ transform = transforms.Compose(
❷     [transforms.ToTensor(),
❸      transforms.Normalize((0.5, 0.5, 0.5), (0.5, 0.5, 0.5))])
❹ dataset = torchvision.datasets.CIFAR10(root='./data', train=True,
❺                                         download=True, transform=transform)
❻ trainset, valset = torch.utils.data.random_split(dataset, [30000, 20000])
❼ trainloader = torch.utils.data.DataLoader(trainset, batch_size=32, shuffle=True)
❽ valloader = torch.utils.data.DataLoader(valset, batch_size=32, shuffle=False)
❾ testset = torchvision.datasets.CIFAR10(root='./data', train=False,
❿                                         download=True, transform=transform)
⓫ testloader = torch.utils.data.DataLoader(testset, batch_size=32, shuffle=False)
```

❻ torch.utils.data.random_split을 통해 50000개의 dataset을 학습 데이터 30000개, 검증 데이터 20000개로 나눈다.

❾ 평가 데이터는 train=False를 입력하여 생성한다.

■ GPU 연산 확인

```
❶ device = torch.device("cuda:0" if torch.cuda.is_available() else "cpu")
❷ print(f'{device} is available.')
```

■ 모델 정의하기

6.3절에서 구축한 ResNet을 이용한다.

```
❶ ..... 생략 .....
❷ resnet = modeltype('resnet18').to(device)
```

■ 손실 함수 및 최적화 기법

```
❶ PATH = './cifar_resnet_early.pth'
❷ criterion = nn.CrossEntropyLoss()
❸ optimizer = optim.Adam(resnet.parameters(), lr=1e-3)
```

❶ 저장 모델명을 정의한다.

❷,❸ 크로스 엔트로피 함수와 Adam을 이용한다.

■ 검증 데이터에 대한 손실 함수값을 연산하는 함수 정의하기

```
❶ def validation_loss(dataloader):
❷     n = len(dataloader)
❸     running_loss = 0.0
❹     with torch.no_grad():
❺         resnet.eval()
❻         for data in dataloader:
❼             images, labels = data[0].to(device), data[1].to(device)
❽             outputs = resnet(images)
❾             loss = criterion(outputs, labels)
❿             running_loss += loss.item()
⓫     resnet.train()
⓬     return running_loss / n
```

❹ 평가만 하기 때문에 requires_grad를 비활성화한다.

❺ 평가 시 정규화 기법들이 작동하지 않도록 eval 모드로 설정한다.

⓫ 다시 모델을 train 모드로 변경한다.

■ 학습하기

```
❶ train_loss_list = []
❷ val_loss_list = []
❸ n = len(trainloader)
❹ early_stopping_loss = 1
```

❶,❷ 손실 함수 그래프를 그리기 위해 학습 및 검증 데이터에 대한 손실 함수값을 각각 담을 수 있는 빈 리스트를 생성한다.

❸ 매 에폭 마다 평균 손실 함수값을 구하기 위해 n을 설정한다.

❹ 가장 낮은 검증 손실 함수값에 해당하는 모델을 저장하기 위해 손실 함수값 초기 기준을 1로 한다.

```
❺ for epoch in range(51):
❻     running_loss = 0.0
❼     for data in trainloader:
❽         inputs, labels = data[0].to(device), data[1].to(device)
❾         optimizer.zero_grad()
❿         outputs = resnet(inputs)
⓫         loss = criterion(outputs, labels)
⓬         loss.backward()
⓭         optimizer.step()
⓮         running_loss += loss.item()
```

❼~⓮ 배치 데이터를 받아 학습을 진행한다.

```
❶     train_loss = running_loss / n
❷     train_loss_list.append(train_loss)
❸     val_loss = validation_loss(valloader)
❹     val_loss_list.append(val_loss)
❺     print('[%d] train loss: %.3f , validation loss: %.3f' %(epoch + 1, train_loss, val_loss))
```

❶,❷ 배치 학습이 한 번 완료될 때마다 평균 손실 함수값을 저장한다.

❸,❹ 검증 데이터에 대한 손실 함수값을 저장한다.

❺ 현재 에폭의 평가, 검증 손실 함수값을 출력한다.

```
❻     if val_loss < early_stopping_loss:
❼         torch.save(resnet.state_dict(), PATH)
❽         early_stopping_train_loss = train_loss
❾         early_stopping_val_loss = val_loss
❿         early_stopping_epoch = epoch
⓫
⓬ print('Final pretrained model >> [%d] train loss: %.3f , validation loss: %.3f' %(early_stopping_
  epoch + 1, early_stopping_train_loss, early_stopping_val_loss))
```

```
Output:
[1] train loss: 1.603 , validation loss: 1.272
[2] train loss: 1.243 , validation loss: 1.092
... 중략 ...
Final pretrained model >> [9] train loss: 0.135 , validation loss: 0.982
```

❻~❿ 만약 현재 검증 손실 함수값이 기준보다 작으면 모델을 저장하고 현재의 에폭, 평가, 검증 손실 함수값을 저장한다.

⓬ 학습이 완료되면 조기 종료를 한 에폭과 손실 함수값들을 출력한다. 결과를 보면 9번째 학습 시 검증 손실 함수값이 가장 작은 것을 알 수 있다.

■ 손실 함수값 그래프 그리기

```
❶ plt.plot(train_loss_list)
❷ plt.plot(val_loss_list)
❸ plt.legend(['train','validation'])
❹ plt.title("Loss")
❺ plt.xlabel("epoch")
❻ plt.show()
```

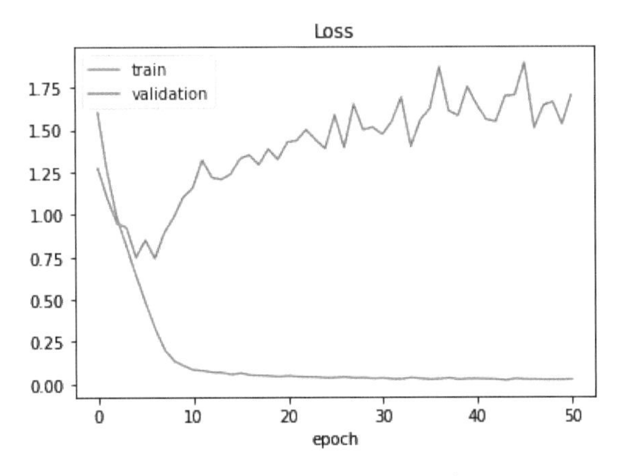

그림 9.4 훈련 손실 함수와 검증 손실 함수

9.1.3 L_2 정규화

CODE 9.1 Regularization.ipynb

L_2 정규화는 그림 9.5에서 표현된 바와 같이 경계를 만들어 학습 데이터에서의 최적 변수 w*에 도달하지 못하게 하며 경계 안에서만 변수를 최적화하도록 한다. 따라서 모델이 최적화된다면 v*로 수렴하게 된다.

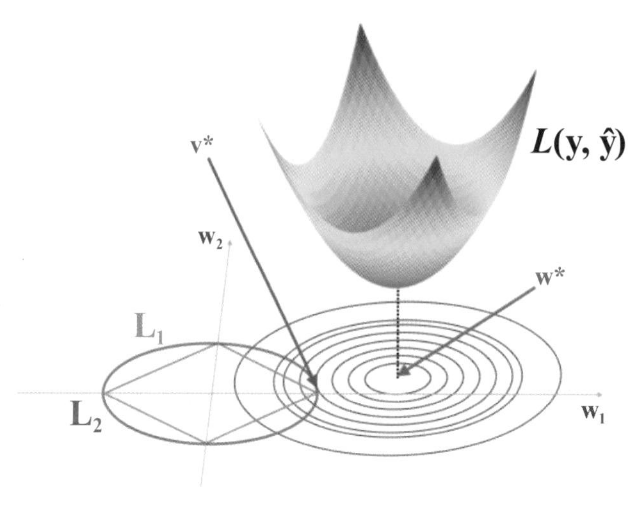

그림 9.5 L_2 정규화 예시

Adam을 사용할 경우 weight_decay에 L_2 페널티 값을 입력하여 L_2 정규화를 활성화할 수 있으며, 페널티 값이 클수록 제약조건이 더 강해지고 0이면 정규화를 사용하지 않는다는 의미다. 따라서 문제마다 적절한 값을 입력해야 한다.

```
❶ optimizer = optim.Adam(resnet.parameters(), lr=1e-3, weight_decay=1e-3)
```

9.1.4 드롭아웃

CODE 9.1 Regularization.ipynb

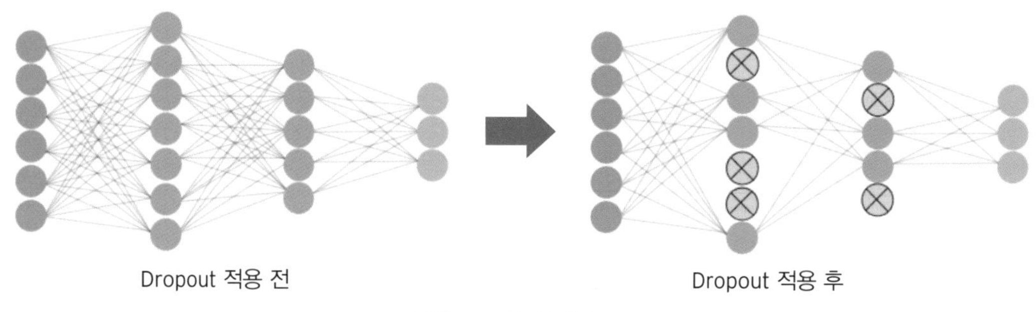

그림 9.6 드롭아웃의 원리

인공 신경망에서 무작위로 일정한 비율의 노드를 제외하여 학습하는 방법을 드롭아웃Dropout이라고 한다. 따라서 한 번 변수 갱신이 일어날 때마다 제외된 노드와 관련 있는 변수는 갱신이 되지 않기 때문에 학습 데이터에 대한 모델 최적화를 억제할 수 있다. 드롭아웃의 세팅 방법에 대해서 살펴보면 출력층은 예측값이 나오는 단계이기 때문에 적용하지 않는다. 즉, 출력층의 노드는 절대 지우지 않으며 원하는 층에만 적용할 수도 있고 제외 비율도 조정을 할 수 있다. 추가적으로 학습이 반복될 때마다 제외할 노드를 무작위로 선택하여 학습에서 과적합을 방지하며 시험 데이터를 이용하는 것과 같은 평가 단계에서는 드롭아웃을 적용하지 않고 원래 전체 모델을 사용한다(.eval() 함수를 선언).

```
❶ class Regressor(nn.Module):
❷     def __init__(self):
❸         super().__init__()
❹         self.fc1 = nn.Linear(13, 50)
❺         self.fc2 = nn.Linear(50, 1)
❻         self.dropout = nn.Dropout(0.5)
❼
❽     def forward(self, x):
❾         x = self.dropout(F.relu(self.fc1(x)))
❿         x = F.relu(self.fc2(x))
⓫     return x
```

nn.Dropout(0.5)은 해당 노드에 50%를 선택해 노드를 사용하지 않겠다는 의미로 F.relu(self.fc1(x))의 노드는 50개이므로 25개의 노드가 비활성화된다. 또다른 표현으로는 torch.nn.functional.dropout(input, p=0.5, training=True)가 있다.

9.1.5 배치 정규화

CODE 9.1 Regularization.ipynb

미니 배치를 이용하면 학습을 반복할 때마다 우리가 나눠 놓은 미니 배치들이 돌아가면서 사용된다. 즉, 학습을 한 번 할 때마다 입력값의 분포가 다르고 각 레이어의 입력값 분포 또한 다르다는 의미다. 기본적인 인공 신경망의 구조는 이전 층의 노드가 관련 변수들과 일차결합 연산을 거치고 그 값이 활성화 함수를 통해 다음 레이어로 가는 흐름인데, 여기서 활성화 함수로 들어가기 전에 각 노드로 들어오는 값인 피처feature값을 보정된 정규화Normalization를 통해서 항상 동일한 분포 위에 있게 한다. 배치 정규화Batch normalization는 입력값들의 분포를 일정하게 하여 일반적으로 학습에 대한 수렴 속도가 빠르다. 또한 배치 단위의 정규화 분포는 전체의 데이터 분포와 다를 수 있기 때문에 과적합을 방지할 수 있다. 이 효과는 드롭아웃과 유사하며 속도가 더 빠른 것으로 알려져 있다. 6.3절 ResNet 구현편과 같이 층과 층 사이에 nn.BatchNorm2d()를 넣어주면 된다.

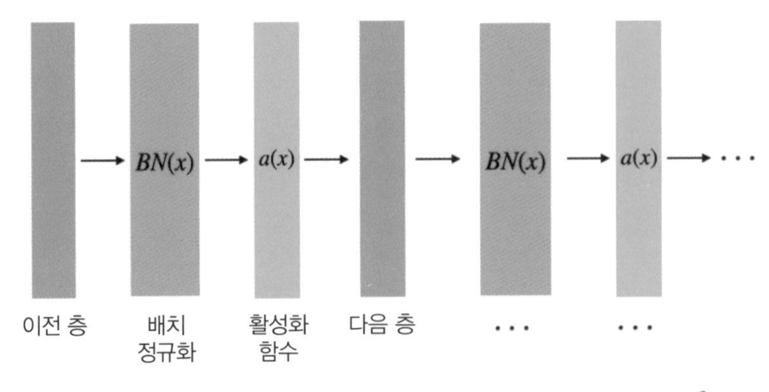

학습 시: $\hat{x}_i \longleftarrow \frac{x_i-\mu_B}{\sqrt{\sigma_B{}^2+\varepsilon}},\ \mu_B \leftarrow \frac{1}{n}\sum_{k=1}^{n} x_k,\ \sigma_B{}^2 \leftarrow \frac{1}{n}\sum_{k=1}^{n}(x_k-\mu_B)^2$

$$BN(x_i) = \gamma\hat{x}_i + \beta$$

평가 시: $\hat{x}_i \longleftarrow \frac{x_i-\mu_{BN}}{\sqrt{\sigma_{BN}{}^2+\varepsilon}},\ \mu_{BN} \leftarrow \frac{1}{n}\sum_{k=1}^{n} \mu_B^k,\ \sigma_{BN}^2 \leftarrow \frac{1}{n}\sum_{k=1}^{n} \sigma_B^{k^2}$

$$BN(x_i) = \gamma\hat{x}_i + \beta$$

그림 9.7 배치 정규화 수식 및 적용 위치

9.1.6 교란 라벨

CODE 9.1 DisturbLabel.ipynb

교란 라벨DisturbLabel은 분류 문제에서 일정 비율만큼 라벨을 의도적으로 잘못된 라벨로 만들어서 학습을 방해하는 방법이다. 매우 단순한 방법임에도 분류 문제에서의 과적합을 효과적으로 막을 수 있다. 예를 들어 그림 9.8과 같이 10개의 이미지가 있는 미니 배치에서 10%의 비율의 무작위로 라벨을 바꾸는 세팅을 했다면 각각 미니 배치마다 확률적으로 1개의 잘못된 라벨이 들어가서 학습을 하게 된다.

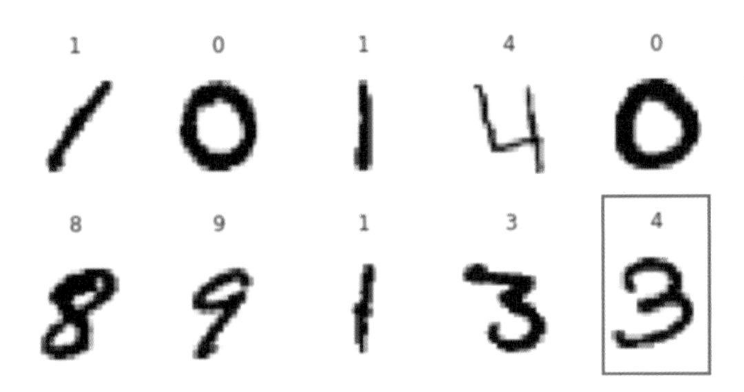

그림 9.8 교란 라벨 예시

■ 교란 라벨 정의하기

```
❶ class DisturbLabel(torch.nn.Module):
❷     def __init__(self, alpha, num_classes):
❸         super(DisturbLabel, self).__init__()
❹         self.alpha = alpha
❺         self.C = num_classes
❻         self.p_c = (1 - ((self.C - 1) / self.C) * (alpha / 100))
❼         self.p_i = (1-self.p_c)/(self.C-1)
```

❶ DisturbLabel 클래스를 만든다.

❷ 교란 라벨 비율(0~100)과 클래스 수를 받는다.

❻,❼ 실제 라벨을 뽑을 확률을 self.p_c로 부여하고 나머지는 self.p_i값을 부여한다. 예를 들어, 클래스 수가 10개이고 교란 라벨 비율이 30%라면 self.p_c=73/100, self.p_i=3/100이 되고, 실제 라벨이 5라면 뽑힐 확률 분포는 (3/100, 3/100, 3/100, 3/100, 3/100, 73/100, 3/100, 3/100, 3/100, 3/100)이 된다.

```
❽     def forward(self, y):
❾         y_tensor = y.type(torch.LongTensor).view(-1, 1)
❿         depth = self.C
⓫         y_one_hot = torch.ones(y_tensor.size()[0], depth) * self.p_i
⓬         y_one_hot.scatter_(1, y_tensor, self.p_c)
⓭         y_one_hot = y_one_hot.view(*(tuple(y.shape) + (-1,)))
⓮         distribution = torch.distributions.OneHotCategorical(y_one_hot)
⓯         y_disturbed = distribution.sample()
⓰         y_disturbed = y_disturbed.max(dim=1)[1]
⓱         return y_disturbed
```

❾~⓬ 앞서 언급한 라벨이 뽑힐 확률 분포 (3/100, 3/100, 3/100, 3/100, 3/100, 73/100, 3/100, 3/100, 3/100, 3/100)를 만들어준다.

⓭~⓯ 해당 확률을 이용해 Multinoulli 분포를 통해 샘플을 뽑는다.

⓰ 10개의 원소 중 가장 큰 값의 라벨을 뽑는다. 확률 분포를 이용해 교란 라벨을 만들기 때문에 비율이 30%라고 해서 반드시 미니 배치의 30%가 교란 라벨이 아닐 수 있다.

■ 교란 라벨 선언 및 적용하기

```
❶ disturblabels = DisturbLabel(alpha=30, num_classes=10)
```

❶ 학습 전 DisturbLabel을 선언한다.

```
❶ for epoch in range(50):
❷     running_loss = 0.0
❸     for data in trainloader:
❹         inputs, labels = data[0].to(device), data[1].to(device)
❺         optimizer.zero_grad()
❻         outputs = resnet(inputs)
❼         labels = disturblabels(labels).to(device)
❽         loss = criterion(outputs, labels)
❾         .... 이하 생략 ....
```

❼ 손실 함수 계산 이전에 교란 라벨을 생성하여 거짓 라벨과 함께 손실 함수를 계산하게 한다.

9.1.7 교란 값

CODE 9.1 DisturbValue.ipynb

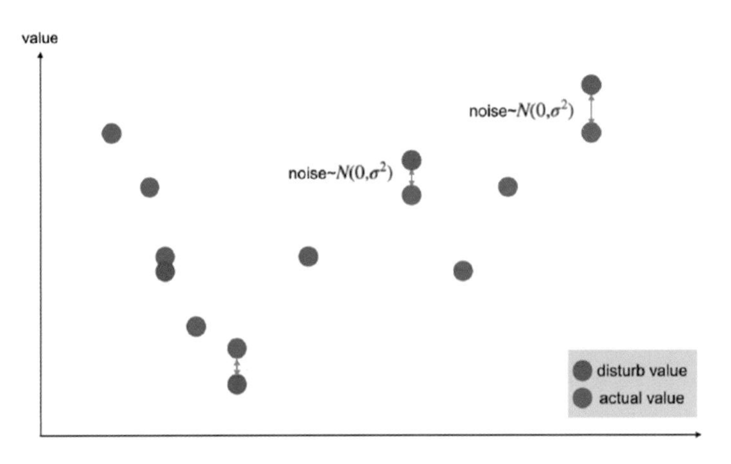

그림 9.9 교란 값 예시

교란 값DisturbValue은 회귀 문제에서 일정 비율만큼 라벨에 노이즈를 주입하여 학습 데이터에 대해 최적화를 방해하는 방법이다. 매우 간단하며 어떠한 모델에도 적용할 수 있다는 것이 가장 큰 장점이다.

■ **노이즈 생성하기**

```
❶ def noise_generator(x, alpha):
❷     noise = torch.normal(0, 1e-8, size=(len(x), 1))
❸     noise[torch.randint(0, len(x), (int(len(x)*(1-alpha)),))] = 0
❹     return noise
```

❶ 타깃값과 노이즈 비율(0~1)을 받는다.

❷ 임의로 정한 정규분포에 따른 노이즈를 생성한다.

❸ 노이즈 타깃이 아닌 값은 노이즈를 0으로 한다.

■ 교란 값 선언 및 적용하기

```
❶ for epoch in range(400):
       for data in trainloader:
❷          inputs, values = data
❸          optimizer.zero_grad()
❹          outputs = model(inputs)
❺          values = values + noise_generator(values, alpha)
❻          loss = criterion(outputs, values)
❼ .... 이하 생략 ....
```

9.1.8 라벨 스무딩

CODE 9.1 Label Smoothing.ipynb

분류 문제에서 사용하는 원-핫 벡터를 생각해 보면 (1,0,0)과 같이 0과 1로 구성되어 있고 우리는 소프트맥스나 시그모이드 함수를 통해 0과 1 사이의 예측값을 출력한다. 이때 교차 엔트로피 손실 함수를 계산할 때 실제 값을 0과 1이 아닌, 예를 들어 0.1과 0.8로 구성해서 과적합을 방지하는 기술이 라벨 스무딩Label Smoothing이다. 직관적으로 말하자면 0과 1을 맞춰야 하는 문제에서 예측값이 0.7이 나왔다면 원래 1을 맞추기 위해 1에 가까워지도록 학습이 될 것이다. 이때 기준을 0.8로 낮추면서 0.7만 나와도 이 정도면 맞았다고 모델이 스스로를 인정하면서 실제값에 가깝게 가려고 하지 않고 정답을 맞히게 되어 과적합을 막아주는 개념이다. 그림 9.10은 라벨 스무딩의 공식과 예시다. 예를 들어 클래스가 3개인 분류 문제에서는 라벨값이 0, 1, 2이고 원 핫 벡터로 표현할 때에는 (1,0,0), (0,1,0), (0,0,1)이 된다. 이때, 스무딩 비율이 0.1이면 위 공식에 의해 모든 실제 타깃은 1은 0.93으로 0은 0.03으로 변환하여 0과 1 사이의 차이를 0.93과 0.3으로 줄인다.

$$y_{ls} = (1-\alpha)\, y + \frac{\alpha}{K}$$

(K 는 클래스 수, α는 스무딩 비율, y는 0 또는 1)

$$\alpha = 0.1, K = 3 \qquad y_{ls} = 0.9y + 0.03 \qquad (1,0,0) \rightarrow (0.93,0.03,0.03)$$

$$\alpha = 0.3, K = 5 \qquad y_{ls} = 0.7y + 0.06 \qquad (0,0,1,0,0) \rightarrow (0.06,0.06,0.76,0.06,0.06)$$

그림 9.10 라벨 스무딩 연산

파이토치에서 제공하는 크로스 엔트로피 함수 nn.CrossEntropyLoss()는 실제 라벨의 원 핫 벡터를 입력으로 받을 수 없다. 따라서 라벨 스무딩을 적용할 경우 원 핫 벡터를 사용할 수 있도록 별도로 손실 함수를 만들어 주어야 한다.

■ 라벨 스무딩 정의 및 선언하기

```
❶ class LabelSmoothingLoss(nn.Module):
❷     def __init__(self, classes, smoothing=0.0, dim=-1):
❸         super(LabelSmoothingLoss, self).__init__()
❹         self.confidence = 1.0 - smoothing
❺         self.smoothing = smoothing
❻         self.cls = classes
❼         self.dim = dim
❽
❾     def forward(self, pred, target):
❿         pred = pred.log_softmax(dim=self.dim)
⓫         with torch.no_grad():
⓬             true_dist = torch.zeros_like(pred)
⓭             true_dist.fill_(self.smoothing / (self.cls - 1))
⓮             true_dist.scatter_(1, target.data.unsqueeze(1), self.confidence)
⓯         return torch.mean(torch.sum(-true_dist * pred, dim=self.dim))
```

❿ Cross Entropy 부분의 log softmax를 미리 계산한다.

⓬ 예측값과 동일한 크기의 영텐서를 만든다.

⓭ alpha/(K−1)을 만들어 준다(그림 9.10과 같이 alpha/K도 가능).

⓮ (1−alpha)y + alpha/(K−1)을 수행한다.

⓯ ❿행에서 만든 pred를 함께 사용해 Cross Entropy Loss 함수를 계산한다.

```
❶ criterion = LabelSmoothingLoss(classes=10, smoothing=0.2)
```

❶ 만약 Cifar10 데이터를 이용하는 경우, 클래스는 10개로 지정하고 적절한 스무딩 비율을 넣어 nn.CrossEntropyLoss() 대신 LabelSmoothingLoss로 criterion을 선언한다.

9.2 데이터 불균형

데이터 불균형Data imbalance이란 데이터 세트 내의 클래스의 분포가 불균형한 것을 의미한다. 불균형은 특정 클래스에 과적합을 야기할 수 있다.

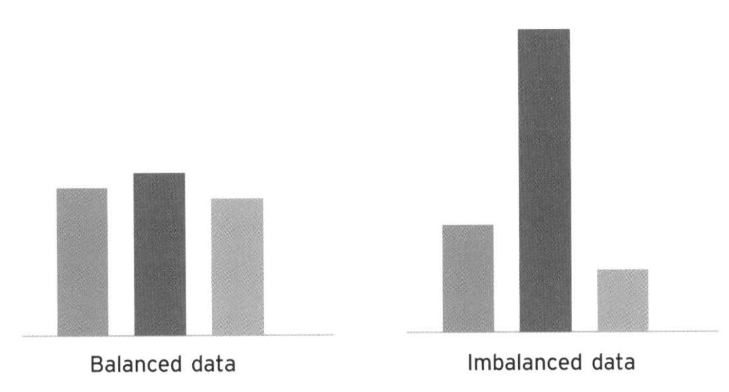

그림 9.11 데이터 균형과 불균형

9.2.1 가중 무작위 샘플링

CODE 9.2 Data Imbalance.ipynb

주어진 데이터가 불균형 데이터라도 우리는 미니 배치를 균형 데이터로 뽑을 수 있다. 즉, 배치를 만들 때마다 각 클래스를 동일한 개수를 뽑는다면 한 번 학습 시 균형 데이터를 사용하게 되는 것이다. 이 방법을 가중 무작위 샘플링Weighted random sampling이라고 한다.

■ 가중치 함수 만들기

```
❶ def make_weights(labels, nclasses):
❷     labels = np.array(labels)
❸     weight_list = []
❹     for cls in range(nclasses):
❺         idx = np.where(labels == cls)[0]
❻         count = len(idx)
❼         weight = 1/count
❽         weights = [weight] * count
❾         weight_list += weights
❿     return weight_list
```

❶ 라벨과 클래스 수를 받는다.

❷ 리스트 타입을 넘파이 배열로 바꾼다.

❹~❻ 각 클래스마다 라벨의 개수를 센다.

❼,❽ 라벨이 뽑힐 가중치를 1/count로 동일하게 해당 라벨 전체에 할당한다.

❾ 데이터를 불러올 때 ImageFolder을 사용할 경우 라벨이 0부터 N까지 차례대로 나열이 되어있기 때문에 각 클래스의 가중치를 일렬로 이어준다.

■ 이미지 데이터 불러오기

이번 예시에서 불러올 데이터는 클래스가 2개인 이미지 데이터다(각각 14, 4개).

```
❶ transf = tr.Compose([tr.Resize((16,16)),tr.ToTensor()])
❷ trainset = torchvision.datasets.ImageFolder(root='./class', transform=transf)
```

■ 가중치 생성하기

```
❶ weights = make_weights(trainset.targets, len(trainset.classes))
❷ weights = torch.DoubleTensor(weights)
❸ print(weights)
```

❶~❷ 가중치를 생성 후 텐서로 변환한다.

```
Output:
tensor([0.2500, 0.2500, 0.2500, 0.2500, 0.0714, 0.0714, 0.0714, 0.0714, 0.0714,
        0.0714, 0.0714, 0.0714, 0.0714, 0.0714, 0.0714, 0.0714, 0.0714, 0.0714],
        dtype=torch.float64)
```

가중치 텐서를 보면 모든 데이터에 대한 각각의 가중치가 있음을 알 수 있다. 또한 각 클래스의 가중치의 합이 1로 같다. 즉, 하나의 클래스를 뽑을 확률이 같다는 의미다(파이토치에서는 weights의 전체 합이 1일 필요는 없다).

■ 데이터로더 생성하기

```
❶ sampler = torch.utils.data.sampler.WeightedRandomSampler(weights, len(weights))
❷ trainloader_wrs = DataLoader(trainset, batch_size=6, sampler=sampler)
❸ trainloader_rs = DataLoader(trainset, batch_size=6, shuffle=True)
```

❶ 파이토치에서 제공하는 WeightedRandomSampler를 사용하여 배치를 불러올 때 자동으로 클래스에 대한 균일 분포를 갖는 배치를 만들 수 있다

❷ DataLoader에 sampler를 추가하여 데이터 준비를 완료한다.

❸ 가중 무작위 샘플링과 무작위 샘플링의 비교를 위해 무작위 샘플링을 하는 DataLoader를 추가적으로 만든다.

■ 가중 무작위 샘플링 vs 무작위 샘플링

배치 사이즈를 6개로 한 경우 2개의 클래스가 각각 3개로 들어오는 것이 이상적일 것이다. 하지만 확률적으로 데이터를 뽑기 때문에 반드시 3개씩 뽑히지 않을 수 있지만, 무작위 샘플링 보다는 균형 잡힌 데이터가 만들어진다.

```
❶ for epoch in range(5):
❷     for data in trainloader_wrs:
❸         print(data[1])
```

```
Output:
tensor([0, 1, 1, 0, 1, 0])
tensor([1, 0, 1, 0, 1, 0])
tensor([0, 1, 0, 1, 0, 1])
... 중략 ...
tensor([1, 1, 0, 0, 0, 1])
tensor([1, 0, 0, 0, 0, 0])
tensor([1, 0, 1, 1, 1, 1])
```

현재 데이터는 클래스 1이 클래스 0보다 3.5배 많다. 따라서 다음과 같이 무작위로 뽑았을 경우 클래스 1이 배치 전체를 차지하고 있는 것을 알 수 있다.

```
❶ for epoch in range(5):
❷     for data in trainloader_rs:
❸         print(data[1])
```

```
Output:
tensor([0, 0, 1, 1, 1, 1])
tensor([1, 1, 1, 1, 1, 1])
tensor([0, 1, 1, 1, 1, 0])
... 중략 ...
tensor([1, 1, 1, 1, 1, 1])
tensor([0, 1, 1, 0, 1, 1])
tensor([0, 0, 1, 1, 1, 1])
```

9.2.2 가중 손실 함수

CODE 9.2 Data Imbalance.ipynb

파이토치의 nn.CrossEntropyLoss는 가중 손실 함수를 제공한다. 따라서 미리 정의된 weight을 입력하면 쉽게 구현이 가능하다.

```
❶ device = torch.device("cuda:0" if torch.cuda.is_available() else "cpu")
❷ num_ins = [40,45,30,62,70,153,395,46,75,194]
❸ weights = [1-(x/sum(num_ins)) for x in num_ins]
❹ class_weights = torch.FloatTensor(weights).to(device)
❺ criterion = nn.CrossEntropyLoss(weight=class_weights)
```

❷ 예를 들어 10개의 클래스 별 이미지 개수를 알고 있다고 하자. 가중 손실 함수는 데이터가 적은 클래스에 대해서 큰 가중치를 부여함으로써 업데이트 균형을 맞추려는 의도를 가지고 있다.
❸ 이 예시에서는 각 클래스의 확률 x/sum(num_ins))을 구한 뒤 1에서 뺀 값을 가중치로 사용한다.
❹,❺ 다음 텐서로 변환된 가중치를 nn.CrossEntropyLoss에 넣어준다.

9.2.3 혼동 행렬

CODE 9.2 Data Imbalance.ipynb

혼동 행렬Confusion matrix은 데이터 불균형의 직접적인 해결책은 될 수 없지만 결과를 행렬화하여 각 클래스의 분포와 정확도를 확인하여 불균형 데이터로 예측 쏠림 현상을 인지할 수 있으며 다양한 결과 해석에서 사용된다.

```
❶ from sklearn.metrics import confusion_matrix
❷ import seaborn as sns
❸ from matplotlib import pyplot as plt
❹ actual = [1,1,1,0,0,0,0,0,2,2,2,2,2,2,2,2]
❺ prediction = [1,2,2,0,2,2,1,2,0,1,0,2,2,2,2,2]
❻ c_mat = confusion_matrix(actual, prediction)
❼ plt.figure(figsize = (8,6))
❽ sns.heatmap(c_mat, annot=True, fmt="d", cmap='Blues',linewidths=.5)
❾ b, t = plt.ylim()
❿ b += 0.5
⓫ t -= 0.5
⓬ plt.ylim(b, t)
⓭ plt.savefig('confusion_matrix.png')
⓮ plt.show()
```

❶~❸ 관련 라이브러리를 불러온다.

❹,❺ 실제값과 예측값을 알고 있다고 가정하자.

❻~⓮ 혼동 행렬 틀을 만들어 플로팅을 한다.

❾~⓫ 이때 그냥 plt.ylim() 을 사용할 경우 버전에 따라 위 아래가 잘려서 그래프가 출력될 수 있다. 따라서 위 아래 범위를 0.5씩 더 확보한다.

결과를 확인하면 클래스0, 1이 클래스2로 많이 예측됐다는 것을 확인할 수 있다. 즉, 모델 변수가 데이터가 가장 많은 클래스2로 치우쳐 있다는 의미로 해석할 수 있다.

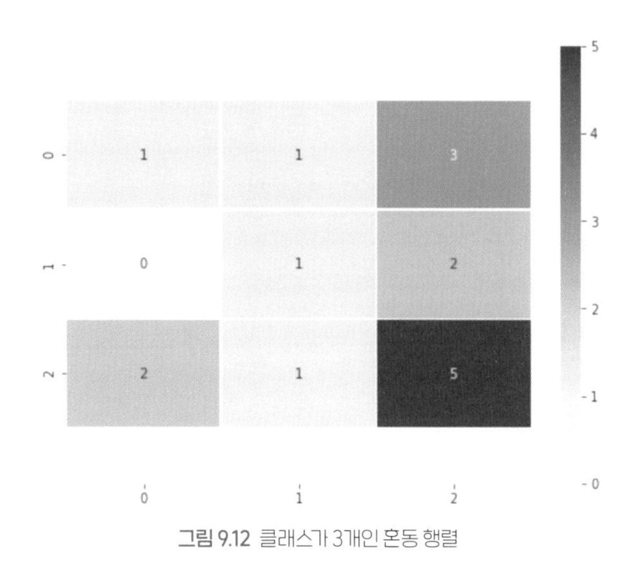

그림 9.12 클래스가 3개인 혼동 행렬

9.3 전이 학습

전이 학습Transfer learning이란 기존의 지식을 우리가 풀고자 하는 문제에 적용하여 학습하는 방법을 의미한다. 즉, 다른 데이터를 가지고 와서 사용하는 것과 다른 업무에서 학습된 모델을 적용하는 것 모두 전이 학습에 속하며 다양한 방법들이 존재한다. 이렇듯 우리가 다루는 문제에 대한 데이터나 지식의 부족을 사전 지식을 통해 해결할 수 있으며 인공지능 분야에서 매우 중요한 연구 중 하나다.

9.3.1 사전 학습 모델

CODE 9.3 Transfer Learning.ipynb

6.4절에서 언급했듯이 torchvision.models as models을 이용해 ImageNet 데이터로 학습된 사전 학습 모델pretrained model을 쉽게 사용할 수 있다. 또한 5.6절에서 배운 내용을 바탕으로 모델 내부의 변수명을 확인하고 모델 일부를 수정할 수 있다.

```
❶ import torchvision.models as models
❷ alexnet = models.alexnet().to(device)
❸ resnet18 = models.resnet18().to(device)
❹ vgg16 = models.vgg16().to(device)
❺ densenet = models.densenet161().to(device)
❻ inception = models.inception_v3().to(device)
❼ googlenet = models.googlenet().to(device)
❽ shufflenet = models.shufflenet_v2_x1_0().to(device)
❾ mobilenet_v2 = models.mobilenet_v2().to(device)
❿ resnext50_32x4d = models.resnext50_32x4d().to(device)
⓫ wide_resnet50_2 = models.wide_resnet50_2().to(device)
⓬ mnasnet = models.mnasnet1_0().to(device)
```

■ CIFAR10을 위한 ResNet18 불러오기

```
❶ model = torchvision.models.resnet18(pretrained=True)
❷ model.conv1 = nn.Conv2d(3, 64, kernel_size=3, stride=1, padding=1)
❸ num_ftrs = model.fc.in_features
❹ model.fc = nn.Linear(num_ftrs, 10)
❺ model = model.to(device)
```

❷ 불러온 모델은 사이즈가 CIFAR10보다 큰 ImageNet 데이터에 맞춰진 모델이다. 따라서 원래 첫 번째 합성곱 층의 필터 사이즈가 7×7인데 CIFAR10 데이터에는 큰 사이즈다. 따라서 3×3 필터로 변경한다.

❸,❹ 원래 모델의 마지막 출력 노드가 1000이기 때문에 우리 데이터에 맞춰 10개로 변경해야 한다.

9.3.2 모델 프리징

CODE 9.3 Model Freezing.ipynb

모델 프리징Model freezing은 기존의 일부 모델 변수들을 그대로 사용하기 위해 업데이트가 되지 않도록 하는 방법이다. 따라서 사전 학습된 변수를 그대로 유지할 수 있어 학습 속도와 정확도를 향상시킬 수 있고, 다른 모델과 붙여 다른 구조를 만들 수도 있다. CNN에서는 피쳐 추출 부분은 프리징을 시키고 분류 파트만 학습을 진행하기도 한다. 하지만 모델을 튜닝하고 프리징하는데 정답은 없으므로 다양한 시도가 중요하다.

■ 모델 불러오기

```
❶ model = torchvision.models.alexnet(pretrained=True)
❷ num_ftrs = model.classifier[6].in_features
❸ model.classifier[6] = nn.Linear(num_ftrs, 10)
❹ model = model.to(device)
```

❶~❸ 모델을 불러온 후 출력 레이어의 노드를 클래스 수와 맞춰준다.

■ 모델 파라미터명 확인하기

```
❶ for i, (name, param) in enumerate(model.named_parameters()):
❷     print(i,name)
```

```
Output:
0 features.0.weight
1 features.0.bias
2 features.3.weight
.... 중략 ....
10 classifier.1.weight
11 classifier.1.bias
.... 이하 생략 ....
```

❶ model.named_parameters()를 이용하여 가중치와 편향 목록을 출력할 수 있다.

❷ 리스트의 차례를 알 수 있도록 i와 같이 출력한다. 출력 결과를 보면 0~9번째는 합성곱 층에 대한 가중치와 편향이고 10번 이후는 분류기의 가중치와 편향임을 알 수 있다.

■ 변수 프리징하기

```
❶ for i, (name, param) in enumerate(model.named_parameters()):
❷     param.requires_grad = False
❸     if i == 9:
❹         print('end')
❺         break
```

```
Output: end
```

❷ 파라미터의 requires_grad를 False로 하여 학습 시 업데이트가 되지 않게 한다.

❸~❺ if문을 통해 합성곱 층에 대한 가중치와 편향(9번까지)만 프리징이 되면 for문을 멈춘다.

■ Requires_grad 확인하기

```
❶ f_list = [0, 3, 6, 8, 10]
❷ c_list = [1, 4, 6]
❸ for i in f_list:
❹     print(model.features[i].weight.requires_grad)
❺     print(model.features[i].bias.requires_grad)
❻ for j in c_list:
❼     print(model.classifier[j].weight.requires_grad)
❽     print(model.classifier[j].bias.requires_grad)
```

```
Output:
False
False
False
False
.... 중략 ....
True
True
True
```

9.4 준지도 학습

지도 학습이 정답이 있는 데이터를 사용하여 모델을 학습했다면, 준지도 학습 Semi-supervised learning 은 정답이 있는 데이터와 정답이 없는 데이터를 함께 사용하여 모델을 학습시키는 방법으로써 더 많은 데이터를 확보하여 성능 향상에 도움을 줄 수 있다.

9.4.1 의사 라벨링

CODE 9.4 Semi-supervised Learning.ipynb

의사 라벨링 Pseudo labeling 은 준지도 학습 중 가장 기본적으로 사용되는 방법이다. 우리가 라벨이 없는 데이터를 지도 학습에 사용하려면 라벨을 달아 주어야 한다. 따라서 이미 학습된 모델을 이용하여 라벨링이 되지 않는 데이터를 예측한 후, 그 예측값을 기준으로 라벨링을 하여 기존의 학습 데이터와 함께 학습에 사용하는 방법이 의사 라벨링이다. 여기서 주의할 점은 예측값을 라벨로 이용하기 때문에 라벨에 대한 불확실성이 존재한다. 따라서 무분별한 사용은 자제해야 하며, 다양한 형태로 모델을 구현할 수 있다. 우리는 2가지 의사 라벨링 방법을 정의하여 성능 향상을 달성한다.

■ 라이브러리 불러오기

```
❶ import torch
❷ import torchvision
❸ import torchvision.transforms as transforms
❹ from torch.utils.data import DataLoader, Dataset
❺ import numpy as np
❻ import torch.nn as nn
❼ import torch.optim as optim
❽ from tqdm import tqdm
```

❶~❼ 넘파이 및 파이토치 라이브러리를 불러온다.

❽ for문의 진행 상황을 알려주는 라이브러리다.

■ GPU 연산 정의

```
❶ device = torch.device("cuda:0" if torch.cuda.is_available() else "cpu")
❷ print(device)
```

```
Output: cuda:0
```

■ 데이터 세트 정의하기

```
❶ class MyDataset(Dataset):
❷     def __init__(self, x_data, y_data, transform=None):
❸         self.x_data = x_data
❹         self.y_data = y_data
❺         self.transform = transform
❻         self.len = len(y_data)
❼
❽     def __getitem__(self, index):
❾         sample = self.x_data[index], self.y_data[index]
❿         if self.transform:
⓫             sample = self.transform(sample)
⓬         return sample
⓭
⓮     def __len__(self):
⓯         return self.len
```

❶~⓯ 4.3절에서 배운 내용을 바탕으로 데이터 세트 클래스를 정의한다.

■ 데이터 전처리 정의하기

```
❶ class TrainTransform:
❷     def __call__(self, sample):
❸         inputs, labels = sample
❹         transf = transforms.Compose([transforms.ToPILImage(),
❺                 transforms.RandomHorizontalFlip(), transforms.ToTensor()])
❻         final_output = transf(inputs)
❼         return final_output, labels
```

❶~❼ 4.3절에서 배운 내용을 바탕으로 학습 데이터에 대한 전처리를 정의한다.

■ 데이터 세트 나누기

실험을 위해 각 클래스의 이미지 개수가 갖도록 데이터를 나눈다.

```
❶ def balanced_subset(data, labels, num_cls, num_data): # numpy
❷     num_data_per_class = num_data // num_cls
❸     data1 = torch.tensor([],dtype=torch.float)
❹     data2 = torch.tensor([],dtype=torch.float)
❺     labels1 = torch.tensor([],dtype=torch.long)
❻     labels2 = torch.tensor([],dtype=torch.long)
❼     for cls in range(num_cls):
❽         idx = np.where(labels.numpy() == cls)[0]
❾         shuffled_idx = np.random.choice(len(idx), len(idx), replace=False)
❿         data1 = torch.cat([data1, data[shuffled_idx[:num_data_per_class]]], dim=0)
⓫         data2 = torch.cat([data2, data[shuffled_idx[num_data_per_class:]]], dim=0)
⓬         labels1 = torch.cat([labels1, labels[shuffled_idx[:num_data_per_class]]], dim=0)
⓭         labels2 = torch.cat([labels2, labels[shuffled_idx[num_data_per_class:]]], dim=0)
⓮     return data1, data2, labels1, labels2
```

❶ 데이터, 라벨, 클래스 수, 나눠지는 목표 데이터 개수를 받는다.

❷ 각 클래스의 데이터 개수를 정의한다.

❸~❻ 나눠지는 두 개의 세트를 저장하기 위해 데이터와 라벨 텐서를 각각 2개씩 정의한다.

❼~⓮ 각 클래스마다 정의된 데이터 개수만큼 무작위로 뽑아 저장한다.

❽ 이때 np.where를 사용하기 위해 labels 텐서를 넘파이 배열로 바꿔 사용한다.

■ 데이터 불러오기

```
❶ trainset = torchvision.datasets.MNIST(root='./data', train=True, download=True)
❷ labeled_data, unlabeled_data, labels, unlabels = balanced_subset(trainset.data,
   trainset.targets, num_cls=10, num_data=2000)
❸ train_images, val_images, train_labels, val_labels = balanced_subset(labeled_data, labels,
   num_cls=10, num_data=1000)
```

❶ 숫자 판별 MNIST 데이터를 불러온다.

❷,❸ 이번 실험에서는 라벨링된 데이터가 2000개만 있다고 가정하고 학습 데이터, 검증 데이터를 각각 1000개씩 사용하며 나머지 데이터는 라벨링이 안 된 데이터라고 가정한다.

■ 데이터로더 정의하기

```
❶ train_images = train_images.unsqueeze(1)
❷ val_images = val_images.unsqueeze(1)
❸ trainset = MyDataset(train_images, train_labels, transform=TrainTransform())
❹ trainloader = torch.utils.data.DataLoader(trainset, batch_size=128, shuffle=True)
❺ validationset = MyDataset(val_images, val_labels)
❻ valloader = torch.utils.data.DataLoader(validationset, batch_size=128, shuffle=False)
❼ unlabeled_images = unlabeled_data.unsqueeze(1)
❽ unlabeledset = MyDataset(unlabeled_images, unlabels)
❾ unlabeledloader = torch.utils.data.DataLoader(unlabeledset, batch_size=256, shuffle=True)
```

❶,❷,❼ CNN은 4차원 입력 이미지가 필요하다. 하지만 1채널인 MNIST 데이터는 (배치사이즈, 이미지 너비, 이미지 높이) 형태인 3차원으로 되어 있기 때문에 unsqueeze(1)를 통해 3차원 텐서를 4차원 텐서 (배치사이즈, 1, 이미지 너비, 이미지 높이)로 변환한다.

❸ 학습 데이터에는 TrainTransform()을 적용하고 ❺,❽ 나머지 세트에 대해서는 적용하지 않는다.

```
❿ transform = transforms.Compose([transforms.ToTensor()])
⓫ testset = torchvision.datasets.MNIST(root='./data', train=False, download=True,
   transform=transform)
⓬ testloader = torch.utils.data.DataLoader(testset, batch_size=100,shuffle=False)
```

❿~⓬ 평가 데이터를 불러온다.

■ 모델 정의하기

```
❶ class Net(nn.Module):
❷     def __init__(self):
❸         super(Net, self).__init__()
❹         self.features = nn.Sequential(
❺                         nn.Conv2d(1, 64, 3), nn.ReLU(),
❻                         nn.MaxPool2d(2, 2),
❼                         nn.Conv2d(64, 192, 3, padding=1), nn.ReLU(),
❽                         nn.MaxPool2d(2, 2))
❾         self.classifier = nn.Sequential(
❿                         nn.Dropout(0.5),
⓫                         nn.Linear(192*6*6, 1024), nn.ReLU(),
⓬                         nn.Dropout(0.5),
⓭                         nn.Linear(1024, 512), nn.ReLU(),
⓮                         nn.Linear(512, 10))
⓯     def forward(self, x):
⓰         x = self.features(x)
⓱         x = x.view(-1, 192*6*6)
⓲         x = self.classifier(x)
⓳         return x
⓴
㉑ model = Net().to(device)
```

❶~⓳ 임의의 모델을 정의한다.

■ 손실 함수 및 최적화 기법 정의하기

```
❶ criterion = nn.CrossEntropyLoss()
❷ optimizer = optim.Adam(model.parameters(), lr=1e-3)
```

■ 정확도 평가 함수 정의하기

```
❶ def accuracy(dataloader):
❷     correct = 0
❸     total = 0
❹     with torch.no_grad():
❺         model.eval()
❻         for data in dataloader:
❼             images, labels = data[0].to(device), data[1].to(device)
❽             outputs = model(images)
❾             _, predicted = torch.max(outputs.data, 1)
❿             total += labels.size(0)
⓫             correct += (predicted == labels).sum().item()
⓬     acc = 100*correct/total
⓭     model.train()
⓮     return acc
```

■ 지도 학습 수행하기

기준 성능을 알아보기 위해 1000개의 라벨링된 데이터로만 학습을 진행한다.

```
❶ best_acc = 0
❷ for epoch in range(501):
❸     correct = 0
❹     total = 0
❺     for traindata in trainloader:
❻         inputs, labels = traindata[0].to(device), traindata[1].to(device)
❼         optimizer.zero_grad()
❽         outputs = model(inputs)
❾         loss = criterion(outputs, labels)
❿         loss.backward()
⓫         optimizer.step()
⓬         _, predicted = torch.max(outputs.detach(), 1)
⓭         total += labels.size(0)
⓮         correct += (predicted == labels).sum().item()
```

❶ 검증 정확도를 기준으로 모델을 저장하기 위해 변수를 선언한다.

❷~⓮ 학습 데이터를 이용해 학습을 하고 학습 정확도를 계산한다.

```
⓯        val_acc = accuracy(valloader)
⓰        if val_acc >= best_acc:
⓱            best_acc = val_acc
⓲            torch.save(model.state_dict(), './models/cifar_model_for_pseudo_baseline.pth')
⓳            print('[%d] train acc: %.2f, validation acc: %.2f - Saved the best model' %(epoch,
     100*correct/total, val_acc))
⓴        elif epoch % 10 == 0:
㉑            print('[%d] train acc: %.2f, validation acc: %.2f' %(epoch, 100*correct/total, val_acc))
```

⓯~⓳ 검증 정확도를 계산하여 가장 높은 검증 정확도를 기준으로 모델 파라미터를 저장한다.

⓴~㉑ 학습 상황을 알 수 있도록 epoch 10마다 학습 정확도와 검증 정확도를 출력한다.

```
Output:
[0] train acc: 13.90, validation acc: 14.50 - Saved the best model
[1] train acc: 29.60, validation acc: 54.10 - Saved the best model
.... 중략 ....
[444] train acc: 100.00, validation acc: 78.40 - Saved the best model
.... 중략 ....
[500] train acc: 100.00, validation acc: 78.00
```

■ 지도 학습 성능 평가하기

```
❶  model.load_state_dict(torch.load('./models/cifar_model_for_pseudo_baseline.pth'))
❷  accuracy(testloader)
```

```
Output: 73.8
```

❶,❷ 저장된 베스트 모델을 가지고 와서 평가 정확도를 측정한다. 이때 지도 학습의 정확도는 73.8%를 달성한다.

■ 준지도 학습1을 위한 모델을 재정의하기

```
❶  model = Net().to(device)
❷  criterion = nn.CrossEntropyLoss()
❸  optimizer = optim.Adam(model.parameters(), lr=1e-3)
```

❶~❸ 모델 파라미터를 초기화하고 준지도 학습을 진행한다.

■ 준지도 학습1 수행하기

의사 라벨링은 정확한 라벨과 부정확한 라벨이 섞여있다. 따라서 훈련 데이터와 동일하게 모델 최적화에 사용하게 된다면 오히려 좋지 않은 결과를 초래할 수 있다. 따라서 훈련 라벨과 의사 라벨을 구분하여 따로 손실 함수(L_t와 L_p)를 계산한 뒤 둘을 더해 전체 손실 함수 L(L=L_t+alpha*L_p)을 정의한다. 이때 의사 라벨을 이용하는 손실 함수 부분에 가중치 alpha를 주어 학습 개입을 조절할 수 있다. 즉, alpha=0이면 학습 데이터로만 모델을 최적화한다는 의미이고, alpha가 커질수록 의사 라벨의 영향도가 커진다는 의미다. 따라서 연구마다 영향도의 차이가 다를 수 있으니 적절한 alpha를 정의하는 것이 중요하다.

```
❶ alpha = 0
❷ alpha_t = 1e-4
❸ T1 = 100
❹ T2 = 450
❺ best_acc = 0
```

이 예시에서는 처음 ❸ epoch 100번까지는 alpha=0으로 학습을 진행하고 ❹ 이후 epoch이 450이 될 때까지 일정하게 alpha를 높여 학습을 시행한다. 450회가 지나면 alpha를 ❷ alpha_t로 고정하여 학습을 진행하여 마무리 한다. 즉, alpha를 0부터 1e−4까지 점차 높여 학습을 진행하는 것이다.

```
❻ for epoch in range(501):
❼     correct = 0
❽     total = 0
❾     for traindata, pseudodata in zip(trainloader, unlabeledloader):
❿         inputs, labels = traindata[0].to(device), traindata[1].to(device)
⓫         pinputs = pseudodata[0].to(device)
⓬         optimizer.zero_grad()
⓭         outputs = model(inputs)
⓮         if alpha > 0:
⓯             poutputs = model(pinputs)
⓰             _, plabels = torch.max(poutputs .detach(), 1)
⓱             loss = criterion(outputs, labels)  + alpha*criterion(poutputs, plabels)
⓲         else:
⓳             loss = criterion(outputs, labels)
⓴         loss.backward()
㉑         optimizer.step()
㉒         _, predicted = torch.max(outputs.detach(), 1)
㉓         total += labels.size(0)
㉔         correct += (predicted == labels).sum().item()
```

❾ zip을 이용하여 두 개의 데이터로더를 동시에 이용할 수 있다.

⓲~⓳ alpha=0이면 학습 데이터만 이용하여 손실 함수를 계산하고 ⓮~⓱ 0보다 크면 의사 라벨로 함께 이용하여 손실 함수를 계산한다. 첫 번째 의사 라벨 방법에서는 모델의 출력 벡터와 출력 벡터로 만든 예측 라벨과의 손실 함수를 계산하는 것이다. 예를 들어 (0.1, 0.6, 0.3)이라는 출력 벡터가 나왔다면 예측 라벨은 (0, 1, 0)이 되고 이 둘을 손실 함수에 넣어 계산을 하게 된다.

㉑ 다음으로는 조건에 맞는 손실 함수를 기준으로 모델을 최적화한다.

㉒~㉔ 학습 정확도 계산을 위해 정답 개수와 총 라벨 개수를 누적한다.

```
㉕       if (epoch > T1) and (epoch < T2):
㉖           alpha = alpha_t*(epoch - T1)/(T2 - T1)
㉗       elif epoch >= T2:
㉘           alpha = alpha_t
㉙       val_acc = accuracy(valloader)
㉚       if val_acc >= best_acc:
㉛           best_acc = val_acc
㉜           torch.save(model.state_dict(), './models/cifar_model_for_pseudo_label.pth')
㉝           print('[%d] train acc: %.2f, validation acc: %.2f - Saved the best model' %(epoch,
        100*correct/total, val_acc))
㉞       elif epoch % 10 == 0:
㉟           print('[%d] train acc: %.2f, validation acc: %.2f' %(epoch, 100*correct/total, val_acc))
```

㉕~㉘ 학습이 1회가 완료되면 epoch을 확인하여 alpha를 업데이트 한다.

㉙~㉝ 검증 정확도를 계산하여 가장 높은 검증 정확도를 기준으로 모델 파라미터를 저장한다.

㉞~㉟ 학습 상황을 알 수 있도록 epoch 10마다 학습 정확도와 검증 정확도를 출력한다.

Output:

```
[0] train acc: 14.30, validation acc: 17.80 - Saved the best model
[1] train acc: 33.90, validation acc: 47.30 - Saved the best model
.... 중략 ....
[453] train acc: 100.00, validation acc: 80.20 - Saved the best model
.... 중략 ....
[500] train acc: 100.00, validation acc: 72.90
```

■ 준지도 학습1 성능 평가하기

평가 정확도가 기준 대비 2.4% 증가한 76.2%이다(기준 73.8%).

```
❶ model.load_state_dict(torch.load('./models/cifar_model_for_pseudo_label.pth'))
❷ accuracy(testloader)
```

Output: 76.2

■ 준지도 학습2를 위한 모델을 재정의하기

```
❶ model = Net().to(device)
❷ model.load_state_dict(torch.load('./models/cifar_model_for_pseudo_baseline.pth'))
❸ criterion = nn.CrossEntropyLoss()
❹ optimizer = optim.Adam(model.parameters(), lr=1e-3)
```

❷ 이번 방법에서는 학습 데이터로 학습된 사전 훈련 모델을 가지고 의사 라벨을 생성한 뒤 이를 실제 라벨처럼 사용해 본다.

❶,❸,❹ 손실 함수와 최적화 방법을 정의한다.

■ 의사 라벨 생성하기

```
❶ pseudo_threshold = 0.99
❷ pseudo_images = torch.tensor([], dtype=torch.float)
❸ pseudo_labels = torch.tensor([], dtype=torch.long)
❹ with torch.no_grad():
❺     for data in tqdm(unlabeledloader):
❻         model.eval()
❼         images = data[0].to(device)
❽         outputs = model(images)
❾         outputs = torch.nn.functional.softmax(outputs, dim=1)
❿         max_val, predicted = torch.max(outputs.detach(), 1)
⓫         idx = np.where(max_val.cpu().numpy() >= pseudo_threshold)[0]
⓬         if len(idx) > 0:
⓭             pseudo_images = torch.cat((pseudo_images, images.cpu()[idx]), 0)
⓮             pseudo_labels = torch.cat((pseudo_labels, predicted.cpu()[idx]), 0)
```

❶ 사전 학습 모델로 예측된 출력 벡터의 가장 큰 원소가 0.99가 넘으면 의사 라벨로 사용한다.

❷,❸ 데이터를 모을 빈 텐서를 정의한다.

❾ 출력 벡터의 원소는 0과 1 사이의 값이 아닐 수 있다. 따라서 값은 0부터 1까지로 만들어 주기 위해 softmax 함수를 사용한다.

⓫,⓬ 만약 현재 배치에 0.99 이상을 만족하는 데이터가 1개 이상 있다면 ⓭,⓮ 그 데이터를 누적한다.

Output: 100%|██████████| 227/227 [00:07<00:00, 30.13it/s]

■ 준지도 학습2를 위한 데이터로더 정의하기

```
❶ pseudo_dataset = MyDataset(pseudo_images, pseudo_labels)
❷ pseudoloader = torch.utils.data.DataLoader(pseudo_dataset, batch_size=256, shuffle=True)
```

■ 준지도 학습2 수행하기

```
❶ alpha = 0
❷ alpha_t = 1e-4
❸ T1 = 20
❹ T2 = 450
❺ best_acc = 0
```

❷ 의사 라벨링 개입에 대한 alpha를 정의한다.

```
❶ for epoch in range(501):
❷     correct = 0
❸     total = 0
❹     for traindata, pseudodata in zip(trainloader, pseudoloader):
❺         inputs, labels = traindata[0].to(device), traindata[1].to(device)
❻         pinputs, plabels = pseudodata[0].to(device), pseudodata[1].to(device)
❼         optimizer.zero_grad()
❽         outputs = model(inputs)
❾         poutputs = model(pinputs)
❿         loss = criterion(outputs, labels) + alpha*criterion(poutputs, plabels)
⓫         loss.backward()
⓬         optimizer.step()
⓭         _, predicted = torch.max(outputs.detach(), 1)
⓮         total += labels.size(0)
⓯         correct += (predicted == labels).sum().item()
```

❹ zip을 이용하여 두 개의 데이터로더를 동시에 이용할 수 있다.

❺ 학습 데이터를 불러온다.

❻ 의사 라벨 데이터를 불러온다.

❽~❿ 모델을 통해 예측값을 산출하여 손실 함수를 계산한다.

⓭~⓯ 학습 정확도 계산을 위해 정답 개수와 총 라벨 개수를 누적한다.

```
⑯        if (epoch > T1) and (epoch < T2):
⑰            alpha = alpha_t*(epoch - T1)/(T2 - T1)
⑱        elif epoch >= T2:
⑲            alpha = alpha_t
⑳        val_acc = accuracy(valloader)
㉑        if val_acc >= best_acc:
㉒            best_acc = val_acc
㉓            torch.save(model.state_dict(), './models/cifar_model_for_pseudo_label2.pth')
㉔            print('[%d] train acc: %.2f, validation acc: %.2f - Saved the best model' %(epoch,
     100*correct/total, val_acc))
㉕        elif epoch % 10 == 0:
㉖            print('[%d] train acc: %.2f, validation acc: %.2f' %(epoch, 100*correct/total, val_acc))
```

⑯~⑲ 학습이 1회가 완료되면 epoch을 확인하여 alpha를 업데이트 한다.

⑳~㉔ 검증 정확도를 계산하여 가장 높은 검증 정확도를 기준으로 모델 파라미터를 저장한다.

㉕,㉖ 학습 상황을 알 수 있도록 epoch 10마다 학습 정확도와 검증 정확도를 출력한다.

Output:

```
[0] train acc: 87.80, validation acc: 66.60 - Saved the best model
[1] train acc: 96.50, validation acc: 73.30 - Saved the best model
.... 중략 ....
[302] train acc: 100.00, validation acc: 80.70 - Saved the best model
.... 중략 ....
[500] train acc: 100.00, validation acc: 78.40
```

■ 준지도 학습2 성능 평가하기

```
❶ model.load_state_dict(torch.load('./models/cifar_model_for_pseudo_label2.pth'))
❷ accuracy(testloader)
```

Output: 78.68

평가 정확도가 기준 대비 4.88% 증가한 78.68%이다(기준 73.8%).

“

미래 예측은

마술이 아닙니다.

인공지능입니다.

”

데이브 워터스

10

CHAPTER

시각화

시각화는 모델을 평가하고 결론을 해석하는데 필수적인 부분이다. 10장에서는 모델 자체를 설명하려는 설명 가능한 인공지능에 대해서 이야기하고 대표적인 모델인 CAM를 구현한다. 추가적으로 고차원 형태의 데이터를 시각화할 수 있도록 도와주는 차원 축소 기법에 대해서 알아본다.

- **설명 가능한 인공지능**
- **차원 축소 기법**

10.1 설명 가능한 인공지능

인공지능의 발전과 함께 다양한 기술들이 급속도로 발전하고 있다. 이에 따라 인공지능의 의사결정과 메카니즘을 이해하고 해석하는 일이 요구되고 있지만 기계 학습에 대한 해석은 매우 어렵다. 특히, 인공 신경망은 실험적 경험을 통해 발전되어 왔으며 보다 엄밀한 검증은 뒤늦게 나오는 상황이다. 이렇듯, 인공지능을 설명하기 위한 연구를 설명 가능한 인공지능 Explainable AI, XAI이라고 하며 해석 없는 인공지능의 사용은 잠재적인 위험을 가지고 있을 수 있다. 다음은 문제에 대한 예시다.

1. A회사에서 인사고과를 인공지능 모델로 산정을 한다. 이 모델은 K씨에게 낮은 고과를 주었지만 실제 K씨는 성과를 내고 동료들에게 좋은 평가를 받고 있었다. 하지만 모델이 정확히 어떤 근거에 의해서 낮은 점수를 주었는지는 알 수 없다.
2. 신용 평가 모델을 통해 고객의 등급을 판단할 경우 정확한 근거를 알 수 없으며 편향된 데이터를 사용할 경우 공정성을 저해할 수 있다.
3. 인공지능 모델을 통해 불량품 검사를 시행한다. 이를 통해 90% 이상의 분류 정확도를 달성했지만 정확히 어디가 불량이며 왜 불량인지 알 수 없다.

따라서 위 언급된 문제를 해결하기 위해 다양한 기법들이 개발되고 있으며, 이번 장에서는 이미지 분류 결과를 해석할 수 있는 Class Activation Map에 대해서 구현한다.

10.1.1 Class Activation Map

Class Activation Map CAM은 이미지 분류 문제에서 이미지 내에서 어느 영역을 보고 클래스 분류를 결정했는지를 설명하는 시각화 방법이다. CAM은 합성곱 신경망의 마지막 층에서 나온 피쳐맵와 분류기의 가중치를 이용해 영역을 찾아 내는 방식이다.

먼저 CAM을 구현하기 위해서는 특정 조건 하나를 만족시켜야 한다. 기본 CNN같은 경우는 합성곱 신경망의 마지막 층에서 나온 피쳐맵를 분류기에 넣기 위해 일렬로 펴는 Flatten을 해주는데 이때 객체 위치에 대한 정보가 소실된다. 따라서 CAM을 사용하기 위해서는 합성곱 신경망의 마지막 층에서의 각각의 피쳐맵의 평균값을 사용하는 글로벌 평균 풀링 Global Average Pooling, GAP을 사용한다. 즉, 그림 10.1과 같이 마지막 피쳐맵이 6×6 크기가 128개가 있다면 Flatten을 사용할 경우 노드가 4608(6×6×128)개가 되고 GAP를 사용할 경우 각 피쳐맵의 평균이 노드값이 되므로 128개의 노드를 갖는다.

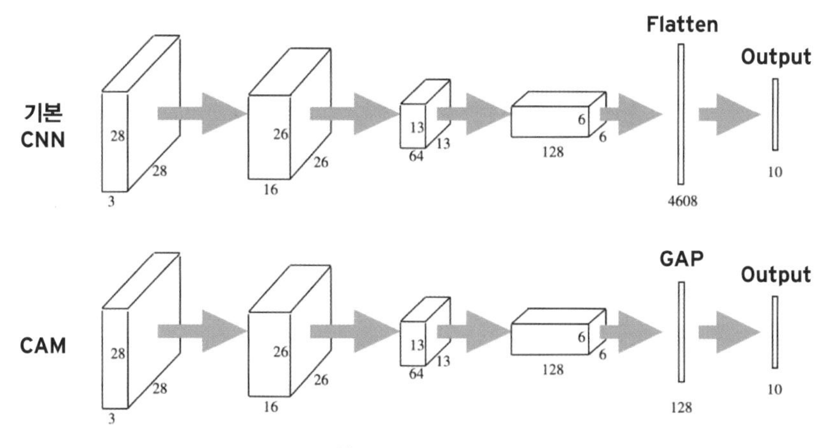

그림 10.1 CAM 모델 구조

다음으로 분류기에 해당하는 MLP를 거쳐 아웃풋을 산출하는 모델이다. 모델 학습이 완료되면 학습된 모델이 어느 영역을 보고 각각의 이미지를 분류하게 되는지 시각화 할 수 있는데, 이때 시각화된 이미지를 CAM 이미지라고 하며, 마지막 피쳐맵과 예측 결과의 관계를 다음 수식으로 나타낼 수 있다.

$$\hat{y}^c = \sum_k w_k^c \frac{1}{N} \sum_i \sum_j f_{ij}^k = \frac{1}{N} \sum_i \sum_j \sum_k w_k^c f_{ij}^k$$

만약 클래스가 10개인 문제를 다룬다면 출력층의 노드인 $\hat{y}^c$가 10개가 된다. 이때 현재의 입력 이미지의 클래스를 모델이 1이라고 예측한 경우 MLP에서 영향을 준 가중치는 w_0^1, w_1^1, … , , w_{127}^1일 것이다. 따라서 그림 10.2와 같이 가중치 w_k^1를 그에 대응되는 피쳐맵 f^k와 곱하여 누적하여 CAM 결과를 산출하게 된다.

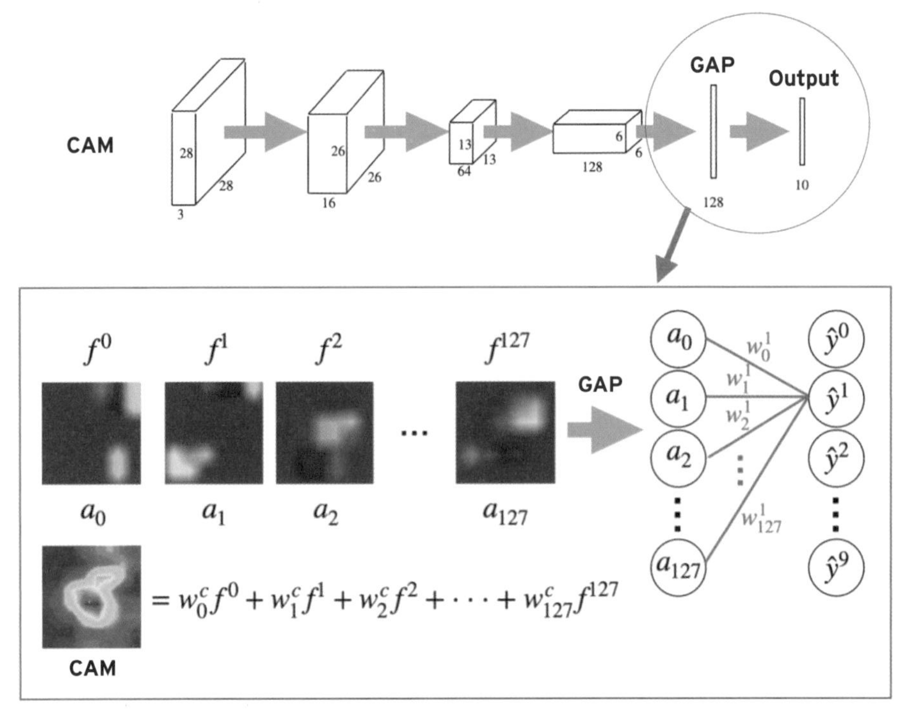

그림 10.2 CAM 결과 생성

마지막으로 그림 10.2에서 모델 구조를 보면 입력 이미지의 크기가 28×28이고 마지막 피쳐맵의 이미지가 6×6임을 알 수 있다. 즉 원본 이미지에 위치를 표현하기 위해서 계산된 CAM 결과를 리사이즈하여 그림 10.3과 같이 실제 이미지 위에 히트맵 형태로 올려준다.

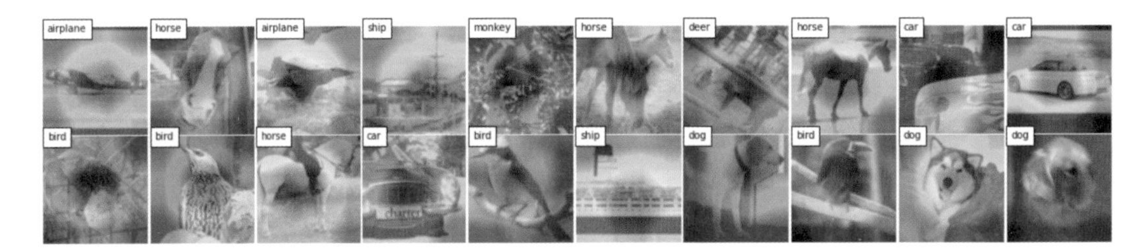

그림 10.3 CAM 결과

■ 라이브러리 불러오기

CODE 10.1 CAM.ipynb

CIFAR10 이미지보다 사이즈가 큰 STL10 데이터를 사용한다. CAM의 가독성을 확보하기 위해 96×96 크기 이미지를 128×128로 늘려 데이터를 활용한다. STL10은 비행기, 새, 자동차, 고양이, 사슴, 개, 말, 원숭이, 배, 트럭을 클래스로 갖는다.

```
❶ import numpy as np
❷ from matplotlib import pyplot as plt
❸ import cv2
❹ import torch
❺ import torchvision
❻ import torchvision.transforms as transforms
❼ from torch.utils.data import DataLoader
❽ import torch.nn as nn
❾ import torch.optim as optim
```

■ 데이터 불러오기

```
❶ transform = transforms.Compose([transforms.Resize(128), transforms.ToTensor()])
❷ trainset = torchvision.datasets.STL10(root='./data', split='train', download=True,
   transform=transform) # 96x96
❸ trainloader = torch.utils.data.DataLoader(trainset, batch_size=40, shuffle=True)
❹ testset = torchvision.datasets.STL10(root='./data', split='test', download=True,
   transform=transform) # 96x96
❺ testloader = torch.utils.data.DataLoader(testset, batch_size=40, shuffle=True)
```

■ 모델 불러오기

CAM은 모델 결과에 대한 이미지를 설명하는 것이므로 이미 학습된 모델이 있어야 한다.

```
❶ device = torch.device("cuda:0" if torch.cuda.is_available() else "cpu")
❷ model = torchvision.models.resnet18(pretrained=True)
❸ num_ftrs = model.fc.in_features
❹ model.fc = nn.Linear(num_ftrs, 10)
❺ model = model.to(device)
❻ model.load_state_dict(torch.load('./models/stl10_resnet18.pth'))
```

■ 정확도 확인하기

학습 정확도가 99%, 평가 정확도가 86%인 모델을 이용하여 CAM 결과를 산출한다.

```
❶ def acc(dataloader):
❷     correct = 0
❸     total = 0
❹     model.eval()
❺     with torch.no_grad():
❻         for data in dataloader:
❼             images, labels = data[0].to(device), data[1].to(device)
❽             outputs = model(images)
❾             _, predicted = torch.max(outputs.detach(), 1)
❿             total += labels.size(0)
⓫             correct += (predicted == labels).sum().item()
⓬     print('Accuracy: %d %%' % (100 * correct / total))
⓭ acc(trainloader)
⓮ acc(testloader)
```

Output:

```
Accuracy: 99 %
Accuracy: 86 %
```

■ CAM 구축하기

```
❶ activation = {}
❷ def get_activation(name):
❸     def hook(model, input, output):
❹         activation[name] = output.detach()
❺     return hook
```

위에서 정의된 hook을 포함한 함수 get_activation은 register_forward_hook과 함께 사용하여 모델의 특정 레이어에서의 피쳐맵을 추출할 수 있도록 도와주는 역할을 한다.

```
❶ def cam(dataset, img_sample, img_size):
❷     model.eval()
❸     with torch.no_grad():
❹         model.layer4[1].bn2.register_forward_hook(get_activation('final'))
❺         data, label = dataset[img_sample]
❻         data.unsqueeze_(0)
❼         output = model(data.to(device))
❽         _, prediction = torch.max(output, 1)
❾         act = activation['final'].squeeze()
❿         w = model.fc.weight
⓫         for idx in range(act.size(0)):
⓬             if idx == 0:
⓭                 tmp = act[idx] * w[prediction.item()][idx]
⓮             else:
⓯                 tmp += act[idx] * w[prediction.item()][idx]
⓰         normalized_cam = tmp.cpu().numpy()
⓱         normalized_cam = (normalized_cam - np.min(normalized_cam)) /
 (np.max(normalized_cam) - np.min(normalized_cam))
⓲         original_img = np.uint8((data[0][0] / 2 + 0.5) * 255
⓳         cam_img = cv2.resize(np.uint8(normalized_cam * 255), dsize=(img_size, img_size))
⓴     return cam_img, original_img, prediction, label
```

❶ 데이터 세트, 이미지 번호, 사이즈를 불러온다.

❹ 파이토치에서 제공하는 ResNet18의 마지막 합성곱 층 이름은 model.layer4[1].bn2이다. 따라서 register_forward_hook을 이용하여 마지막 합성곱 층의 피쳐맵을 불러올 수 있도록 지정한다. 마지막 합성곱 층을 final이라고 이름을 짓는다.

❺ CAM은 이미지를 하나씩 받아 클래스 별로 가중치와 피쳐맵을 곱하기 때문에 이미지 하나를 불어 오도록 한다.

❻ 이미지 한 장은 3차원 이미지이고 모델의 입력 데이터는 배치사이즈를 포함하여 4차원을 요구한다. 따라서 unsqueeze_(0)를 통해 0번째 차원을 하나 늘려준다(즉, [피쳐수 ,너비, 높이] → [1,피쳐수 , 너비, 높이]). 여기서 _인 인플레이스 방식으로 data에 data.unsqueeze(0)를 하여 업데이트하는 것을 의미한다.

❼,❽ 모델의 예측값을 구한다.

❾,❿ 마지막 합성곱 층의 피쳐맵을 불러오고 분류기의 가중치를 불러온다.

⓫~⓯ 피쳐맵 act[idx]와 해당 예측 클래스와 관련된 가중치 w[prediction.item()][idx]를 곱하여 누적한다.

⓰~⓱ 계산된 CAM 이미지를 0~255의 값으로 변환한다.

⓲ 원본 이미지를 불러온다.

⑲ CAM 이미지를 원본 이미지와 동일한 크기로 리사이즈한다.

⑳ 원본 이미지, CAM 이미지, 예측 라벨, 실제 라벨을 반환한다.

■ CAM 결과 산출 함수 정의하기

```
❶ def plot_cam(dataset, img_size, start):
❷     end = start + 20
❸     fig, axs = plt.subplots(2, (end - start + 1) // 2, figsize=(20, 4))
❹     fig.subplots_adjust(hspace=.01, wspace=.01)
❺     axs = axs.ravel()
❻     cls = ['airplane', 'bird', 'car', 'cat', 'deer', 'dog', 'horse', 'monkey', 'ship', 'truck']
❼     for i in range(start, end):
❽         cam_img, original_img, prediction, label = cam(dataset, i, img_size)
❾         if prediction == label:
❿             color = 'white'
⓫         else:
⓬             color = 'red'
⓭         axs[i - start].imshow(original_img, cmap='gray')
⓮         axs[i - start].imshow(cam_img, cmap='jet', alpha=.4)
⓯         axs[i - start].text(5, 5, cls[prediction], bbox={'facecolor': color, 'pad': 5})
⓰         axs[i - start].axis('off')
⓱     plt.show()
```

❶ 데이터 세트와 이미지 크기, 이미지 시작 번호를 받는다.

❷ 시작 번호로부터 20장의 CAM를 출력한다.

❸~❺ 전체 표 및 부분 그래프에 대한 크기와 설정 및 부분 그래프 간의 공백을 조절한다.

❻ STL10의 클래스 명을 정의한다.

❼ 이미지를 하나씩 불러온다.

❽ cam 함수를 작동시킨다.

❾~⓬ 이미지의 클래스를 표현할 때 정확한 예측은 라벨의 배경이 흰색이고, 잘못된 예측에 대해서는 빨간색으로 지정한다.

⓭,⓮ 원본 이미지는 흑백으로 바꾸고 CAM 결과는 jet을 이용해 히트맵으로 표현한다. 이때 alpha는 히트맵의 밝기 값이다.

⓯,⓰ 라벨 주석을 달아주고 좌표 표시는 모두 없앤다.

■ CAM 결과 산출하기

히트맵에서의 빨간 부분은 결과에 크게 영향을 미쳤다는 의미이고, 파란색에 가까울수록 예측에 덜 영향 주는 영역이라는 의미다. 학습 데이터에 대한 정확도는 99%로 그림 10.4와 같이 객체에 히트맵이 잘 집중되는 것을 알 수 있다. 반면 평가 데이터에서 잘못 예측된 세 번째 이미지를 보면 히트맵이 객체에 집중하고 있지 않음을 알 수 있으며 1번째, 11번째 이미지는 객체 위치를 파악했지만 정확한 특징을 추출하지 못했음을 알 수 있다.

```
❶ plot_cam(trainset, 128, 10)
```

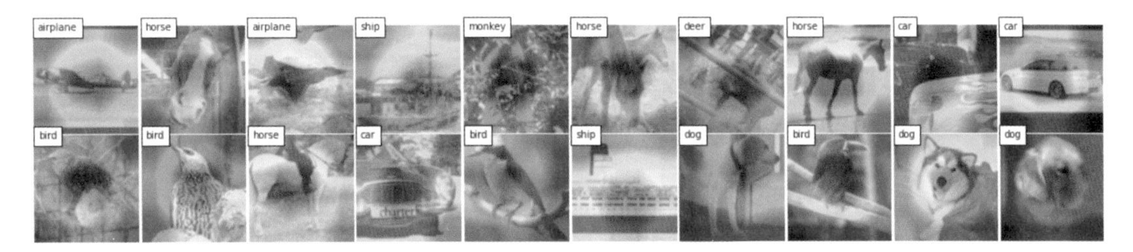

그림 10.4 학습 데이터에 대한 CAM 결과

```
❷ plot_cam(testset, 128, 10)
```

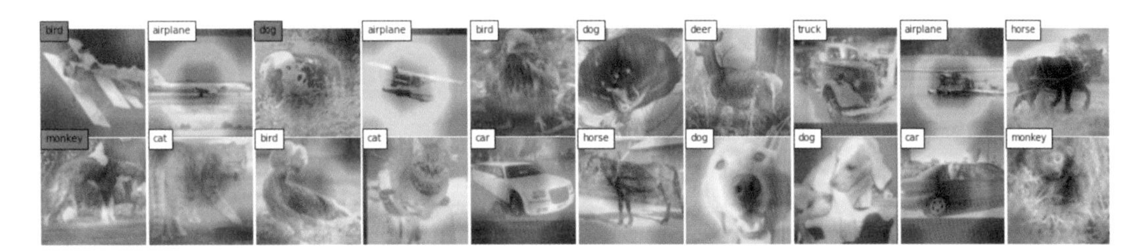

그림 10.5 평가 데이터에 대한 CAM 결과

10.2 차원 축소 기법

실험이 완료되면 결과를 시각화하는 것이 매우 중요하다. 하지만 이미지나 추출된 피쳐들은 차원이 높기 때문에 각 피쳐들이 어떤 분포를 가지고 있는지 표현하기 어렵다. 다시 말해서, 우리가 시각적으로 표현할 수 있는 차원은 3차원 이하이므로 고차원의 벡터들을 3차원 이하의 저차원으로 바꿔야만 한다.

10.2.1 t-distributed Stochastic Neighbor Embedding

CODE 10.2 t-SNE, PCA.ipynb

합성곱 신경망을 거쳐 나온 고차원의 피쳐맵을 분석하기 위해 사용되는 차원 축소 기법 중 하나인 t-SNE[t-distributed Stochastic Neighbor Embedding]를 살펴본다.

■ 라이브러리 불러오기

```
❶ from sklearn.manifold import TSNE
❷ import numpy as np
❸ from matplotlib import pyplot as plt
❹ import torch
❺ import torchvision
❻ import torchvision.transforms as transforms
❼ from torch.utils.data import DataLoader
❽ import torch.nn as nn
```

❶ sklearn에서 제공하는 TSNE를 불러온다.

■ 데이터 불러오기

```
❶ transform = transforms.Compose([transforms.ToTensor(), transforms.Normalize((0.5, 0.5, 0.5),
   (0.5, 0.5, 0.5))])
❷ testset = torchvision.datasets.CIFAR10(root='./data', train=False, download=True, trans-
   form=transform)
❸ testloader = torch.utils.data.DataLoader(testset, batch_size=16)
```

■ 모델 불러오기

합성곱 신경망이 추출한 피쳐맵들이 어떠한 분포를 가지고 있는지 어떤 이미지들이 클래스의 경계 부분들이 있는지를 파악하는 것은 중요하기 때문에 일반적으로 마지막 합성곱 층에서 추출된 피쳐맵을 가지고 분포를 그린다. 따라서 CAM 코드에서 사용했던 hook을 사용하여 피쳐맵을 추출할 수도 있시만 코드를 간소화하기 위해 분류기 자체를 항등 함수 f(x)=x로 변경하여 모델에서의 출력값을 피쳐맵으로 뽑아낼 수 있다.

```
❶ class Identity(nn.Module):
❷     def __init__(self):
❸         super(Identity, self).__init__()
❹     def forward(self, x):
❺         return x
❻ model = torchvision.models.resnet18(pretrained=False)
❼ model.conv1 = nn.Conv2d(3, 64, kernel_size=3, stride=1, padding=1)
❽ num_ftrs = model.fc.in_features
❾ model.fc = nn.Linear(num_ftrs, 10)
❿ model = model.to(device)
⓫ model.load_state_dict(torch.load('./models/cifar10_resnet18.pth'))
⓬ model.fc = Identity()
```

❶~❺ 항등 함수에 해당하는 Identity()를 정의한다.

❻~⓬ t-SNE는 평가 결과의 일부다. 따라서 이미 학습된 모델을 가지고 진행한다. 따라서 저장된 사전 학습된 모델 변수를 적용하기 위해 모델을 먼저 불러온 뒤 model.fc를 항등 함수로 변경한다 (물론 매 학습 epoch 마다 t-SNE 좌표를 산출하여 좌표의 변화를 확인할 수도 있다).

■ 피쳐맵과 예측값 저장하기

```
❶ actual = []
❷ deep_features = []
❸ model.eval()
❹ with torch.no_grad():
❺     for data in testloader:
❻         images, labels = data[0].to(device), data[1].to(device)
❼         features = model(images)
❽         deep_features += features.cpu().tolist()
❾         actual += labels.cpu().tolist()
```

❼ 모델의 분류기classifier를 제거했기 때문에 분류기 이전 값인 전역 평균풀링Global Average Pooling 값이 features가 된다. 따라서 model로부터 나온 각 이미지의 피쳐 크기는 512이므로 512차원인 벡터가 된다(만약 전역 평균풀링을 사용하지 않고 사각형 혹은 육면체 형태의 피쳐맵을 얻었다면 일렬로 편 벡터 형태로 deep_features를 저장한다).
❽,❾ 각 이미지의 deep_features와 라벨을 저장한다.

■ t-SNE 정의하기

t-SNE는 sklearn에서 제공하는 라이브러리를 사용하여 매우 간단하게 구현할 수 있다.

```
❶ tsne = TSNE(n_components=2, random_state=0)
❷ cluster = np.array(tsne.fit_transform(np.array(deep_features)))
❸ actual = np.array(actual)
```

❶ 먼저 차원 축소의 차원 수를 정하는데, 우리는 그래프를 그려야 하기 때문에 n_components을 3 이하로 지정한다. 즉, n_components=2는 512차원의 모든 deep_features 값들을 2차원 좌표로 차원 축소한다는 의미다. 또한 t-SNE는 차원 축소 시 임의의 점을 기준으로 잡고 저차원 임베딩을 한다. 따라서 random_state를 임의로 정해주며 random_state에 따라 좌표값이 달라질 수 있지만 분포의 경향성을 보는데 큰 지장은 없다. 다만 기준에 따라 차원 축소 좌표가 달라지기 때문에 값 자체를 사용하여 다른 데이터의 분포들과 비교하는 것은 무리가 있다.
❷ tsne.fit_transform을 통해 차원 축소 데이터를 만든다. 따라서 cluster는 각 이미지에 대응하는 2차원 벡터들의 모임이고 cluster의 0열은 x좌표, 1열은 y좌표가 된다.
❸ actual을 넘파이 배열로 바꿔준다.

■ t-SNE 그래프 그리기

```
❶ plt.figure(figsize=(10, 10))
❷ cifar = ['plane', 'car', 'bird', 'cat', 'deer', 'dog', 'frog', 'horse', 'ship', 'truck']
❸ for i, label in zip(range(10), cifar):
❹     idx = np.where(actual == i)
❺     plt.scatter(cluster[idx, 0], cluster[idx, 1], marker='.', label=label)
❻ plt.legend()
❼ plt.show()
```

❸~❼ 각 클래스를 하나씩 불러와서 scatter 함수로 좌표를 찍어준다. 즉, 실제값 actual을 0부터 9까지 차례대로 받아 for문이 한 번 돌 때마다 클래스 하나에 대한 데이터를 그린다.
❺ scatter 함수로 좌표를 cluster 좌표를 넣어주고 legend를 위해 label을 넣어준다.

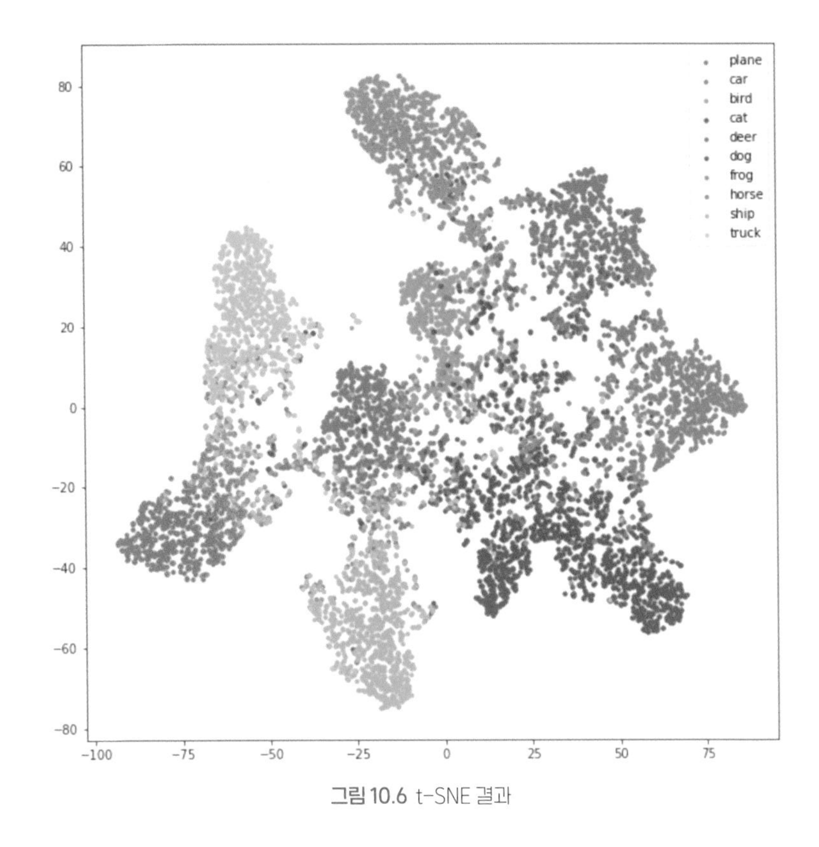

그림 10.6 t-SNE 결과

10.2.2 주성분 분석

CODE 10.2 t-SNE, PCA.ipynb

주성분 분석 Principal Component Analysis, PCA은 대표적인 차원 축소기법 중 하나다. t-SNE의 차원 축소는 PCA보다 본래 특성을 덜 훼손하지만 차원 축소된 값을 활용하는데 한계가 있다. 하지만 PCA는 데이터의 고유값을 이용해 분석을 하기 때문에 클러스터링 및 데이터 분석에 활용도가 크다.

■ PCA 정의하기

PCA도 sklearn을 통해 쉽게 구현할 수 있다. 또한 pca.explained_variance_ratio_를 통해 영향도를 파악할 수 있는데 이 예시에서는 2차원으로 축소했기 때문에 2개의 영향도를 보여준다. 두 영향도의 합이 약 0.38로 38% 정도의 영향도를 유지한다는 의미이다. 따라서 원래 차원에서의 피처 특징이 소실됐을 가능성이 크다.

```
❶ from sklearn.decomposition import PCA
❷ pca = PCA(n_components=2)
❸ cluster = np.array(pca.fit_transform(np.array(deep_features)))
❹ print(pca.explained_variance_ratio_)
```

Output: [0.21033626 0.16778013]

■ PCA 그래프 그리기

다음은 t-SNE와 동일한 과정으로 그래프를 그린다.

```
❶ plt.figure(figsize=(10, 10))
❷
❸ for i, label in zip(range(10), cifar):
❹     idx = np.where(actual == i)
❺     plt.scatter(cluster[idx, 0], cluster[idx, 1], marker='.', label=label)
❻ plt.legend()
❼ plt.show()
```

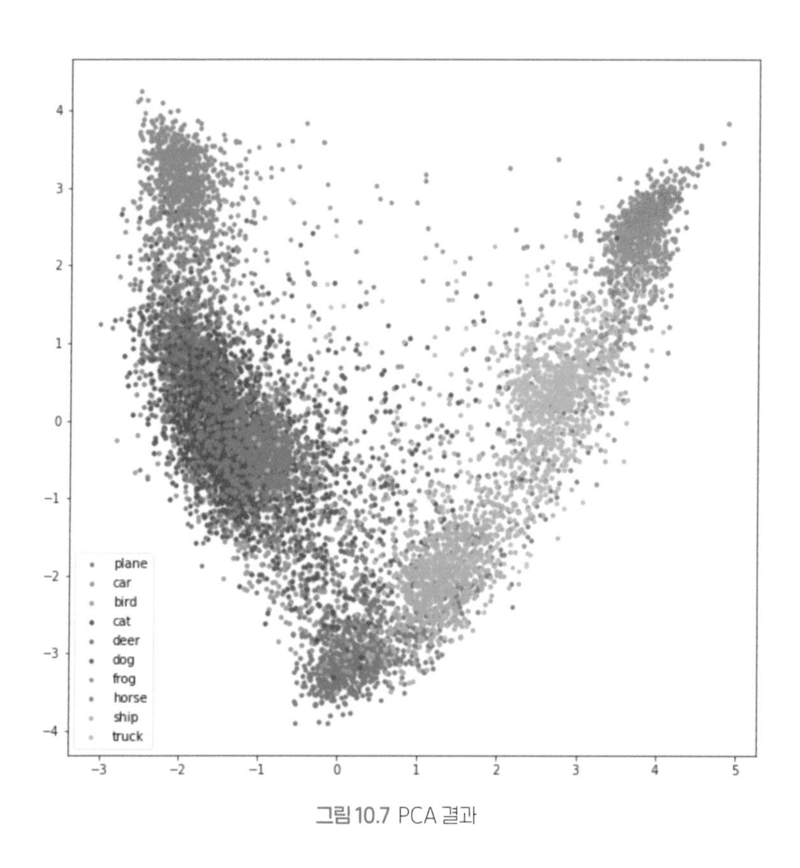

그림 10.7 PCA 결과

“

여전히 뇌가
실제로 어떻게 작동하는지
배울 것이 많지만
우리는 발전하고 있습니다.

”

제프리 힌튼

11

CHAPTER

메타 학습

메타 학습은 메타 데이터라고 불리는 방대한 데이터를 이용해 학습하는 방법을 학습하여 적은 데이터로도 새로운 문제를 빠르게 풀 수 있게 하는 방법론이다. 그중 단 몇 장만으로 학습하는 방법을 퓨샷 러닝이라고 한다. 11장에서는 퓨샷 러닝 방법 중 하나인 MAML을 이용하여 회귀 문제와 분류 문제를 다뤄본다.

- **메타 러닝과 퓨샷 러닝**
- **MAML – 회귀문제**
- **MAML – 분류문제**

11.1 메타 러닝과 퓨샷 러닝

사람은 살면서 다양한 경험을 통해 노하우를 터득한다. 그 노하우를 바탕으로 기존의 실력을 향상시킬 수도 있고 새로운 업무를 보다 빠르게 배울 수도 있다. 예를 들어, 한국어, 영어, 스페인어를 할 수 있고 3개의 언어를 공부하면서 효율적으로 언어를 공부하는 방법을 익혔다면 또 다른 언어에 대해서도 학습 능력이 좋을 것이다. 또한 인지 능력면에서도 기존의 지식을 통해 새로운 것을 유추할 수도 있다. 예를 들어, 우리가 지금까지 1,000여 종의 동물을 봤고 지금 눈앞에 처음 본 동물이 있다고 가정하자. 이때 우리는 기존 지식을 바탕으로 처음 본 동물은 어느 과에 속하겠다라는 것을 유추할 수 있다. 이렇듯, 인간은 수 많은 지식을 습득하고 그 지식을 바탕으로 새로운 사건에 대해서 빠르게 학습하고 판단할 수 있는 능력이 있다.

추가적으로 인간은 어떤 물체를 한 번만 보고 똑같은 물체에 대해서 분류를 할 수 있다. 예를 들어, 지나가는 강아지 한 마리를 봤다면 이후 다른 강아지에 대해서도 강아지라고 판단을 할 수 있다. 즉 이미지 한 장으로도 강아지의 특성을 파악할 수 있다는 의미다. 앞서 언급한 인간의 능력을 기계가 가질 수 있을까라는 생각으로부터 출발한 것이 메타 학습Meta-learning이다. 메타 학습은 메타 데이터라고 불리는 방대한 데이터를 이용해 학습하는 방법을 학습하여 적은 데이터로도 새로운 문제를 빠르게 풀 수 있게 하는 방법론이다.

일반적인 지도 학습은 방대한 라벨이 있는 데이터가 요구된다. 예를 들어, 기계가 강아지를 분류하기 위해서는 강아지의 앞, 옆, 뒤 등의 다양한 각도의 이미지와 다양한 종에 대한 이미지를 보여줘야만 비로소 기계는 제대로 된 학습을 할 수 있고 예측할 수 있다. 이를 극복하기 위해 9장에서 배운 전이 학습을 적용할 수도 있지만 적은 데이터를 다루는 문제에 대해서는 효과가 없을 수도 있다. 이때 우리는 메타 러닝을 적용해 볼 수 있다.

예를 들어, 어떤 제품에 표시되어 있는 문자 R과 S를 판별하는 신경망을 만들어 보자. 가장 먼저 해야 할 일은 R과 S글씨체의 이미지 데이터를 수집하는 것이다. 안타깝게도 우리가 모은 이미지는 R 문자 5장, S문자 5장 뿐이다. 그런데 우리가 다른 문자에 대해서도 데이터가 있다면 비록 적은 양의 데이터라도 우리는 이 데이터를 퓨샷 러닝Few-shot learning에 사용하여 R, S 판별 모델을 만들 수 있다. 퓨샷 러닝이란 적은 양의 데이터를 가진 여러 가지 업무Task 세트가 존재할 때 그 업무 세트를 가지고 학습하는 방법을 학습하여 새로운 업무에 대해서 적은 양의 데이터라도 빠르게 학습할 수 있는 메타 학습 방법 중 하나다.

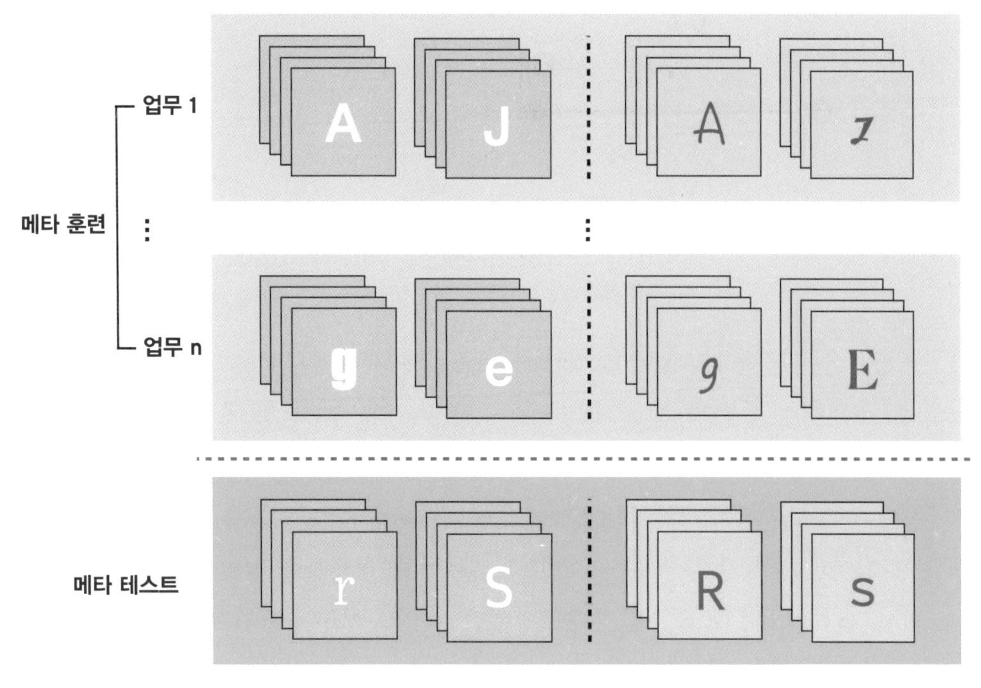

그림 11.1 메타 데이터 구조

데이터 측면에서 설명하자면 사전 지식으로 생각할 수 있는 이미 가지고 있는 데이터를 메타 훈련 데이터라고 하고, 우리가 한 번도 보지 못한 데이터를 메타 테스트 데이터라고 한다. 즉, 메타 훈련 데이터에 있는 정보는 메타 테스트 데이터에는 존재하지 않는다. 데이터가 갖춰지면 우리는 메타 훈련 데이터를 이용하여 퓨샷 러닝을 진행하고 이로부터 얻어진 모델을 가지고 메타 테스트에서 성능을 확인하는 것이다.

추가적으로 일반적인 메타 데이터는 다양한 업무로 구성되어 있고 각 업무는 학습에 직접 사용되는 서포트 세트 Support set와 모델 업데이트를 위해 사용되는 쿼리 세트 Query set로 나뉜다. 그림 11.1과 같이 n개의 업무 데이터 세트를 가지고 있다면 모든 업무를 고려하여 모델을 구축하게 된다. 업무 1에서 소량의 A, J 서포트 이미지를 통해 모델을 학습하고 쿼리 세트를 통해 모델이 어느 정도 A, J를 분류하는지를 평가하고 업데이트한다. 이와 같은 방법으로 n개의 업무에 대해서 학습을 하여 모델이 어떤 식으로 문자 2개를 판별하는지를 학습하는 것이다. 그래서 이 과정을 학습하는 방법을 학습한다고 하는 것이다. 물론 메타 학습 방식에 따라 메타 데이터의 구조는 달라질 수 있다.

메타 학습을 모델 관점에서 보면 얼마나 일반적인 모델을 만들 수 있는지를 학습하는 것이며 다양한 방법들이 존재한다. 그 중 최적화 기반 메타 학습 Optimization-based meta-Learning을 다뤄볼 것이다. 이 방법은 메타 훈련 데이터를 통해 어떤 식으로 모델을 최적화해야 일반적인 모델 파라미터를 얻을 수 있는지를 학습하는 방법인데, 대표적으로 MAML Model-Agnostic Meta-Learning이 있다.

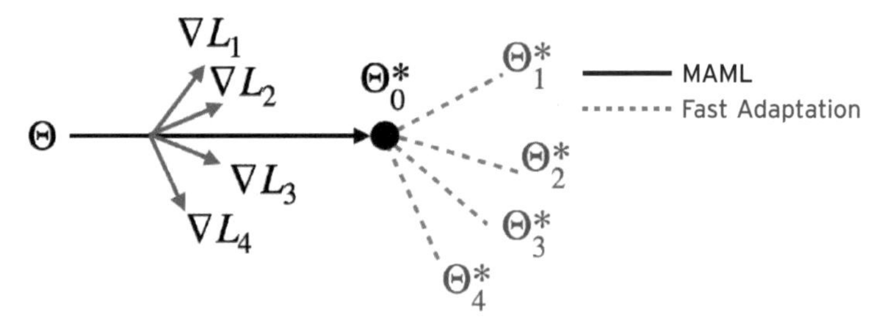

그림 11.2 MAML의 전개 과정

그림 11.2와 같이 초기 모델 파라미터 Θ와 업무가 4개가 주어졌다고 가정하자. 그렇다면 우리는 모델 파라미터 Θ를 가지고 4개의 업무에 대해서 손실 함수 L_1, L_2, L_3, L_4를 계산할 수 있고 모든 업무의 손실 함수의 합을 최종 손실 함수로 정의하여 모델 파라미터를 업데이트 한다. 즉, 각각 업무의 업데이트 방향(그래디언트)을 고려하여 일반적인 모델 파라미터 Θ_0^*를 구하게 되는 것이다. 따라서 메타 학습을 통해 얻은 Θ_0^* 모델을 적용하여 새로운 업무에 대한 학습을 진행한다. 즉, MAML은 각 업무마다 최적 파라미터($\Theta_1^*, \Theta_2^*, \Theta_3^*, \Theta_4^*$)를 빠르게 찾을 수 있도록 하는 초기 모델 파라미터를 만드는 방법이라고 생각하면 된다. MAML의 장점은 방법론의 이름과 같이 모델 구조의 제약 없이 사용할 수 있다. 즉, 회귀 문제와 분류 문제를 포함한 지도 학습부터 강화 학습까지도 사용 가능하다.

11.2 MAML - 회귀 문제

임의의 사인 함수 위의 몇 개의 점만 주어졌을 때 사인 그래프에 대해 예측을 한다.

■ 라이브러리 불러오기

CODE 11.2 MAML regression.ipynb

```
❶ import torch
❷ from torch import nn, optim
❸ import torch.nn.functional as F
❹ from torch.utils.data import DataLoader, Dataset
❺ from matplotlib import pyplot as plt
```

■ GPU 연산 확인하기

```
❶ device = torch.device("cuda:0" if torch.cuda.is_available() else "cpu")
```

■ 데이터 생성 클래스 정의하기

배치 데이터 형태로 만들기 위해 텐서 데이터 세트를 정의한다. 입력값은 텐서이므로 별도의 텐서 변환은 진행하지 않는다.

```
❶ class TensorData(Dataset):
❷     def __init__(self, x_data, y_data):
❸         self.x_data = x_data
❹         self.y_data = y_data
❺         self.len = self.y_data.shape[0]
❻     def __getitem__(self, index):
❼         return self.x_data[index], self.y_data[index]
❽     def __len__(self):
❾         return self.len
```

데이터는 사인 함수 y=a*sin(x+b) 데이터를 이용한다.

```
❶ class SinusoidalFunction:
❷     def __init__(self, x_range=5, k=5, num_tasks=4):
❸         self.x_range = x_range #[-x_range, x_range]
❹         self.pi = torch.acos(torch.zeros(1)).item() * 2
```

```
❺        self.k = k
❻        self.num_tasks = num_tasks
```

❶,❷ 클래스를 정의하고 x정의역의 범위 x_range, 각 함수의 데이터 포인트 개수 k, 함수 개수에 해당하는 업무 수 num_tasks를 입력값으로 받는다.
❸~❻ 클래스 내에서 변수가 활용될 수 있도록 self.를 붙여준다.

```
❼    def meta_train_data(self):
❽        x_points = 2*self.x_range*(torch.rand((self.num_tasks, 2*self.k))-0.5) # S and Q
❾        y_points = torch.tensor([], dtype=torch.float)
❿        for x in x_points:
⓫            a = 4 * (torch.rand(1) + 0.1)
⓬            b = self.pi * torch.rand(1) # [0, pi]
⓭            y = a * torch.sin(x.view(1,-1) + b)
⓮            y_points = torch.cat((y_points, y), 0)
⓯        taskset = TensorData(x_points, y_points)
⓰        trainloader = torch.utils.data.DataLoader(taskset, batch_size=1)
⓱        return trainloader
```

❼ 메타 학습 데이터를 만드는 함수를 정의한다.
❽ 구간 [−5, 5] 내에서 데이터를 2*self.k만큼 무작위로 업무 수만큼 뽑는다. 그 이유는 서포트 세트에 k개, 쿼리 세트에 k개를 할당하기 위함이다. 만약 각 함수마다 5개씩 데이터를 갖는 100개의 업무가 있다면 x_points의 크기는 (100, 10)이 되며 10개의 포인트 중 5개는 서포트 세트의 원소이고 나머지 5개는 쿼리 세트의 원소가 된다.
❾~⓮ 각 함수값을 저장하기 위해 빈 텐서를 만들고 각 업무마다 10개의 데이터를 받아 임의의 함수값을 구한다.
⓯~⓱ 생성된 메타 학습 데이터를 하나씩 보내기 위해 DataLoader를 정의한다.

```
⓲    def meta_eval_data(self, k):
⓳        x_points = 2*self.x_range*(torch.rand(2*k)-0.5)
⓴        a = 4 * (torch.rand(1) + 0.1)
㉑        b = self.pi * torch.rand(1) # [0, pi]
㉒        y_points = a * torch.sin(x_points + b)
㉓        sup_x = x_points[:k]
㉔        sup_y = y_points[:k]
㉕        que_x = x_points[k:]
㉖        que_y = y_points[k:]
㉗        x = torch.linspace(-self.x_range,self.x_range,200)
```

```
㉘         y = a * torch.sin(x + b)
㉙         return sup_x, sup_y, que_x, que_y, x, y
```

⑲~㉖ 메타 테스트 데이터도 동일한 과정으로 각 포인트 데이터를 생성한다.

㉗,㉘ 검증 확인을 위해 점 200개에 대한 실제 그래프 데이터를 생성한다.

■ 데이터 생성하기

```
❶ k = 5
❷ num_tasks = 2000
❸ sine = SinusoidalFunction(k=k, num_tasks=num_tasks)
❹ trainloader = sine.meta_train_data()
```

❶~❹ 이번 예시에서는 2000개의 사인 함수마다 5개의 점만 알고 있다고 가정하고 데이터를 생성한다.

■ 데이터 함수 확인하기

임의의 함수 5개를 출력하여 그림 11.3과 같은 함수가 만들어짐을 확인할 수 있다.

```
❶ plt.figure(figsize=(10, 5))
❷ for i in range(5):
❸     _, _, _, _, x, y = sine.meta_eval_data(5)
❹     plt.plot(x, y)
❺ plt.show()
❻ plt.close()
```

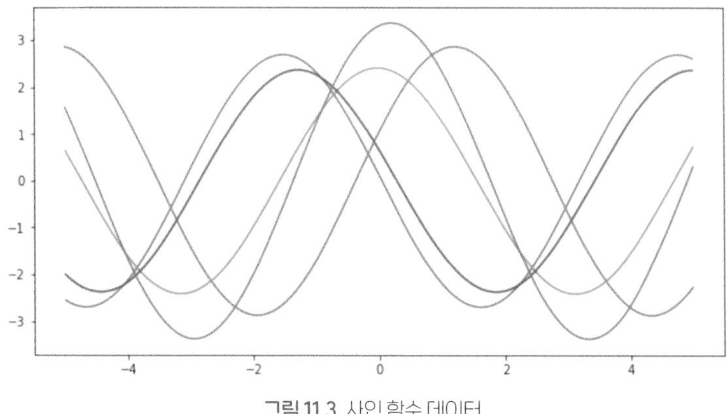

그림 11.3 사인 함수 데이터

■ 모델 구축하기

```
❶ class Regressor(nn.Module):
❷     def __init__(self):
❸         super().__init__()
❹         self.fc1 = nn.Linear(1, 40)
❺         self.fc2 = nn.Linear(40, 40)
❻         self.fc3 = nn.Linear(40, 1)
❼
❽     def forward(self, x):
❾         x = F.relu(self.fc1(x))
❿         x = F.relu(self.fc2(x))
⓫         x = self.fc3(x)
⓬         return x
⓭
⓮     def parameterised(self, x, weights):
⓯         x = F.relu(F.linear(x, weights[0], weights[1]))
⓰         x = F.relu(F.linear(x, weights[2], weights[3]))
⓱         x = F.linear(x, weights[4], weights[5])
⓲         return x
```

❶~❻ 모델은 입력층, 2개의 은닉층, 출력층으로 구성된 MLP로 정의한다. 여기서 중요한 것은 MAML은 각 업무마다 모델 업데이트가 일어나고, 모든 업무에서 구해진 손실 함수를 바탕으로 모델 업데이트가 별도로 일어난다.

⓮~⓲ 중복 계산을 방지하고 모델의 파라미터를 직접 받아 계산할 수 있도록 위에서 정의한 모델 구조와 동일하게 parameterised 함수 내에서 모델을 구축한다. 이때 F로 정의한 torch.nn.functional을 통해 직접 모델 파라미터를 받아서 사용할 수 있다. 예를 들어 앞서 정의된 모델의 파라미터는 self.fc1.weight, self.fc1.bias, self.fc2.weight, self.fc2.bias, self.fc3.weight, self.fc3.bias순으로 저장되어 있고 이를 weights에 담는다면 그 변수는 차례대로 weights[0], weights[1], weights[2], weights[3], weights[4], weights[5] 형태로 사용할 수 있다.

■ 메타 학습 모델 구축하기

```
❶ class MAML:
❷     def __init__(self, trainloader, k, alpha = 1e-2, beta = 1e-3):
❸         self.device = torch.device("cuda:0" if torch.cuda.is_available() else "cpu")
❹         self.k = k
❺         self.model = Regressor().to(device)
❻         self.weights = list(self.model.parameters())
❼         self.trainloader = trainloader
```

```
❽         self.beta = beta
❾         self.criterion = nn.MSELoss()
❿         self.optimizer = optim.Adam(self.model.parameters(), lr=alpha)
```

❶,❷ 각 업무마다 서포트 데이터로 내부적으로 모델을 업데이트하여 쿼리 데이터를 예측한다. 이때 사용되는 학습률 beta를 정하고 각 업무의 쿼리 데이터로부터 얻어진 손실 함수값의 합으로 정의된 손실 함수값을 기준으로 모델을 업데이트하여 실제 일반적인 파라미터를 구하게 되는데, 이때 사용되는 학습률 alpha를 불러온다.

❸ GPU 연산을 위해 self.device를 설정한다.

❹ 각 업무의 데이터 개수를 정의한다.

❺,❻ 모델을 정의하고 모델 파라미터를 별도로 사용할 수 있도록 self.weight에 모델 파라미터를 저장한다.

❾ 함수를 예측하는 회귀 문제로 MSE 손실 함수를 사용한다.

❿ 메타 학습을 위해 Adam을 사용한다. 여기서 중요한 것은 메타 학습의 최종 업데이트에는 self.model.parameters()를 이용하고 각 업무별 업데이트는 self.weights을 이용한다. 즉, 각 업무마다 업데이트되는 self.weights는 최종 업데이트되는 변수와는 별도로 운영되며 업무 내에서만 사용되는 변수다.

```
⓫     def inner_loop(self, data):
⓬         temp_weights = [w.clone() for w in self.weights]
⓭         inputs, values = data[0].to(device), data[1].to(device)
⓮         support_x = inputs[:,:self.k].T
⓯         support_y = values[:,:self.k].T
⓰         query_x = inputs[:,self.k:].T
⓱         query_y = values[:,self.k:].T
⓲
⓳         outputs = self.model.parameterised(support_x, temp_weights)
⓴         loss = self.criterion(outputs, support_y)
㉑         grad = torch.autograd.grad(loss, temp_weights)
㉒         tmp = [w - self.beta * g for w, g in zip(temp_weights, grad)]
㉓         outputs = self.model.parameterised(query_x, tmp)
㉔         inner_loss = self.criterion(outputs, query_y)
㉕         return inner_loss
```

⓫ inner_loop 함수를 통해 각 업무를 수행한다.

⓬ 앞서 언급했듯이 self.weights을 이용한 모델을 사용한다.

⓭ 데이터를 받는다.

⓮~⓱ 우리가 구성한 data는 서포트 세트와 쿼리 세트가 모두 포함된 형태다. 따라서 각각을 나눠 준다.

⓳~㉒ 정해진 학습 횟수만큼 서포트 데이터를 이용하여 temp_weights을 업데이트한다.

㉓,㉔ 업데이트된 모델을 바탕으로 쿼리 데이터를 예측하고 손실 함수를 구한다.

㉕ 각 업무의 계산된 손실 함수를 반환한다.

```
㉖     def meta_train(self, num_epochs):
㉗         n = len(self.trainloader)
㉘         loss_list = []
㉙         for epoch in range(num_epochs):
㉚             self.optimizer.zero_grad()
㉛             outer_loss = 0
㉜
㉝             for data in self.trainloader:
㉞                 outer_loss += self.inner_loop(data)
㉟
㊱             avg_loss = outer_loss/n
㊲             avg_loss.backward()
㊳             self.optimizer.step()
㊴             ll = avg_loss.item()
㊵             loss_list.append(ll)
㊶             if epoch % 10 == 0:
㊷                 print(epoch, ll)
㊸         return loss_list
```

㉖ 메타 학습 함수를 정의한다.

㉝ 각 업무를 불러온다.

㉞ 각 업무마다 손실 함수를 계산하여 모두 합한다.

㊲~㊳ 평균을 낸 손실 함수를 목적 함수로 정의하고 모델을 업데이트한다.

■ 메타 학습 수행하기

```
❶ maml = MAML(trainloader, k=k)
❷ loss = maml.meta_train(201)
```

Output:

```
0 3.3741304874420166
.... 중략 ....
200 2.019240379333496
```

❷ 메타 학습이 완료되면 손실 함수값의 변화를 알아보기 위해 손실 함수값에 대한 리스트를 받는다.

■ 메타 학습 손실 함수 그래프 그리기

```
❶ plt.figure(figsize=(10, 5))
❷ plt.plot(loss)
❸ plt.show()
```

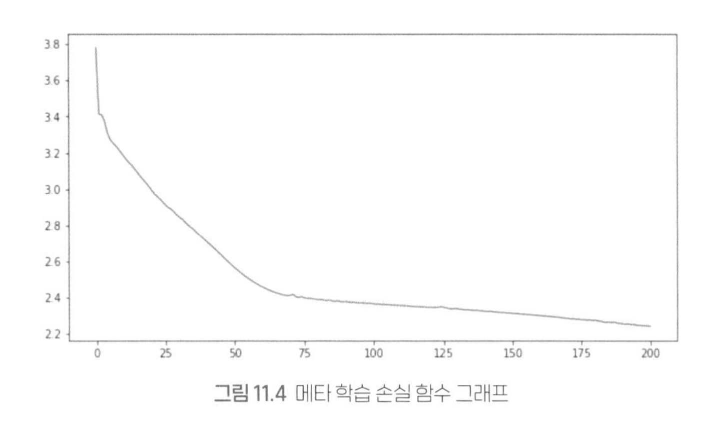

그림 11.4 메타 학습 손실 함수 그래프

■ 메타 학습 검증 함수 정의하기

```
❶ def inference(sup_x, sup_y, x, y, model):
❷     with torch.no_grad():
❸         pred = model(x.view(-1,1).to(device))
❹         plt.figure(figsize=(10, 5))
❺         plt.plot(x.cpu().detach(), pred.cpu().detach(),'-b')
❻         plt.plot(sup_x.cpu().detach(), sup_y.cpu().detach(),'.g')
❼         plt.plot(x, y,'--r')
❽         plt.legend(['prediction','actual points','actual graph'])
❾         plt.show()
❿         plt.close()
```

❶ 메타 테스트 데이터와 모델을 받는다.

❸ 정의된 전구간에 대해서 예측을 시행한다.

❹~❿ 예측 그래프와 실제 그래프, 실제 학습에 사용된 데이터를 표현한다.

■ 메타 테스트 데이터 생성하기

```
❶ sup_x, sup_y, _, _, x, y = sine.meta_eval_data(5)
❷ plt.plot(x, y)
❸ plt.plot(sup_x, sup_y, '.')
❹ plt.show()
```

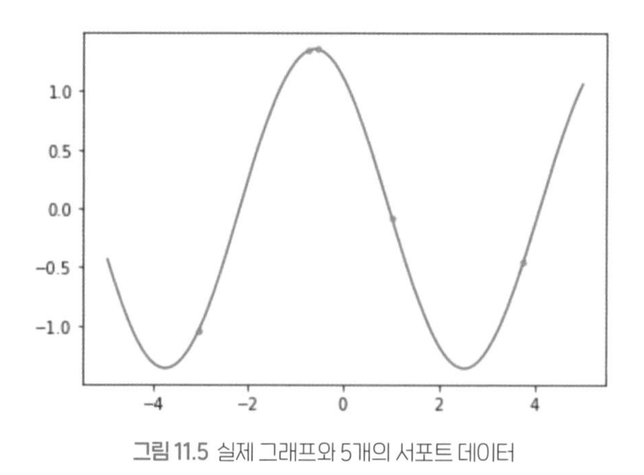

그림 11.5 실제 그래프와 5개의 서포트 데이터

■ 메타 학습 검증하기

```
❶ pre = maml.model
❷ criterion = nn.MSELoss()
❸ optimizer = optim.Adam(pre.parameters(), lr=1e-3)
❹ num_epochs = 501
❺ for i in range(num_epochs):
❻     optimizer.zero_grad()
❼     outputs = pre(sup_x.view(-1,1).to(device))
❽     loss = criterion(outputs, sup_y.view(-1,1).to(device))
❾     loss.backward()
❿     optimizer.step()
⓫     if i == 0:
⓬         inference(sup_x, sup_y, x, y, pre)
⓭     elif  i == num_epochs-1:
⓮         inference(sup_x, sup_y, x, y, pre)
```

❶ 메타 학습을 통해 얻어진 모델을 사용한다.

❺~❿ 메타 테스트 데이터에서 5개의 서포트 데이터만을 이용해 모델을 학습한 후 ⓫~⓮ 전체 범위에 대해서 처음과 마지막 결과에 대해 출력한다.

그림 11.6과 같이 5개의 점만으로도 사인 곡선을 유추할 수 있음을 알 수 있다.

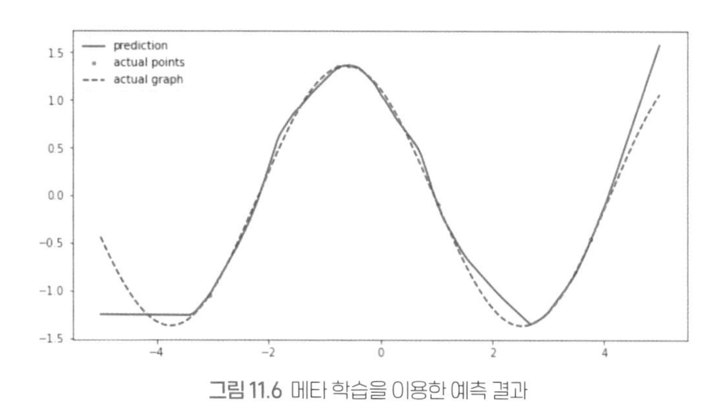

그림 11.6 메타 학습을 이용한 예측 결과

■ 기본적인 지도 학습 진행하기

메타 학습 없이 5개의 서포트 데이터로 학습을 진행한다.

```
❶ net = Regressor().to(device)
❷ criterion = nn.MSELoss()
❸ optimizer = optim.Adam(net.parameters(), lr=1e-3)
❹
❺ for i in range(num_epochs):
❻     optimizer.zero_grad()
❼     outputs = net(sup_x.view(-1,1).to(device))
❽     loss = criterion(outputs, sup_y.view(-1,1).to(device))
❾     loss.backward()
❿     optimizer.step()
⓫     if i == 0:
⓬         inference(sup_x, sup_y, x, y, net)
⓭     elif i == num_epochs-1:
⓮         inference(sup_x, sup_y, x, y, net)
```

그림 11.7과 같이 5개의 점에 과적합된 그래프를 보이며 사인 곡선을 유추하지 못한다.

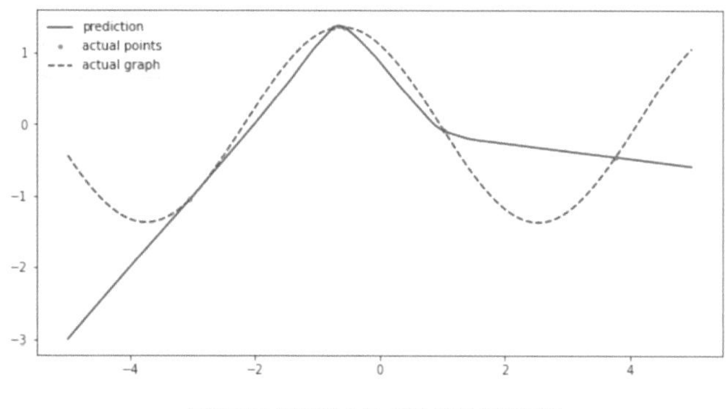

그림 11.7 메타 학습을 하지 않은 예측 결과

11.3 MAML - 분류 문제

CIFAR100 이미지를 이용하여 퓨샷 러닝을 구현한다.

■ 라이브러리 불러오기

CODE 11.3 MAML classification.ipynb

```
❶ import torch
❷ from torch import nn, optim
❸ import torch.nn.functional as F
❹ import torchvision
❺ import torchvision.transforms as tr
❻ from torch.utils.data import DataLoader, Dataset
❼ from matplotlib import pyplot as plt
❽ import numpy as np
❾ import copy
```

■ GPU 연산 확인하기

```
❶ device = torch.device("cuda:0" if torch.cuda.is_available() else "cpu")
```

■ 데이터 전처리 클래스 정의하기

```
❶ class MyTransform:
❷     def __call__(self, sample, mode):
❸         inputs1, inputs2, labels = sample
❹         if mode == "train":
❺             transf = tr.RandomHorizontalFlip()
❻             output1 = transf(inputs1)
❼         else:
❽             output1 = inputs1
❾         return output1, inputs2, labels
```

❶ 전처리 작업의 확장 및 관리를 용이하게 하기 위해 전처리 클래스를 별도로 정의한다.

❷,❸ 데이터의 서포트 이미지(inputs1), 쿼리 이미지(inputs2), 해당 라벨(labels)을 불러온다.

❹~❻ 만약 데이터가 메타 훈련 세트에 있다면 서포트 이미지에 대해서 전처리를 시행한다.

❼ 그렇지 않으면 전처리를 시행하지 않는다.

■ 텐서 데이터 클래스 정의하기

```
❶ class TensorData(Dataset):
❷ def __init__(self, support_set, query_set, labels, mode="train"):
❸     self.support_set = torch.FloatTensor(support_set).permute(0,3,1,2)
❹     self.query_set = torch.FloatTensor(query_set).permute(0,3,1,2)
❺     self.labels = torch.LongTensor(labels)
❻     self.len = self.labels.shape[0]
❼     self.transform = MyTransform()
❽     self.mode = mode
❾ def __getitem__(self, index):
❿     sample = self.support_set[index], self.query_set[index], self.labels[index]
⓫     sample = self.transform(sample, self.mode)
⓬     return sample
⓭ def __len__(self):
⓮     return self.len
```

❶ 넘파이 이미지 데이터를 텐서 데이터로 변환하기 위한 클래스를 정의한다.

❷~❹ 서포트 세트와 쿼리 세트는 크기를 (배치 크기, 채널 수, 이미지 너비, 이미지 높이)로 변환하기 위해 permute(0,3,1,2)을 적용한다.

❼ 데이터 전처리는 미리 만든 MyTransform()을 기본으로 한다.

❿~⓬ mode에 따라 전처리를 시행하고 배치 크기 만큼 데이터를 반환한다.

■ CIFAR100 데이터 클래스 정의하기

```
❶ class CIFAR100DataSet:
❷     def __init__(self, Nway=5, fewshot=5):
❸         self.cifar = torchvision.datasets.CIFAR100(root='./data', train=True, download=True)
❹         self.Nway = Nway
❺         self.fewshot = fewshot
```

❶ CIFAR100 데이터를 메타 데이터로 활용한다.

❷ 메타 학습에 대한 문제 정의를 한다. 기본적으로 클래스가 5개이고 각 클래스마다 이미지가 5장이 있는 5way-5shot 문제를 다룬다.

❸ CIFAR100 데이터를 불러온다.

```
❻      def task_generator(self, cls, mode="train"):
❼          labels = np.array(self.cifar.targets)
❽          data = self.cifar.data / 255
❾          support_set = []
❿          query_set = []
⓫          targets = []
```

❻ 업무 하나를 생성하는 함수를 정의한다. 클래스 정보를 받아서 각 클래스마다 미리 설정한 이미지 개수를 생성하는 함수다.

❼ 전체 라벨 정보를 정의한다.

❽ 전체 이미지 데이터를 받는다.

❾~⓫ 해당 업무 내의 서포트 세트, 쿼리 세트와 그에 대응하는 라벨을 저장하기 위한 리스트를 만든다.

```
⓬          for i, c in enumerate(cls):
⓭              idx = np.where(labels == c)[0]
⓮              rand = np.random.choice(len(idx), 2*self.fewshot, replace=False)
⓯              for shot in range(2*self.fewshot):
⓰                  img = data[idx[rand[shot]]]
⓱                  if shot < self.fewshot:
⓲                      support_set.append(img)
⓳                      targets.append(i)
⓴                  else:
㉑                      query_set.append(img)
㉒          support_set = np.stack(support_set)
㉓          query_set = np.stack(query_set)
㉔          targets = np.array(targets)
㉕          taskset = TensorData(support_set, query_set, targets, mode=mode)
㉖          dataloader = torch.utils.data.DataLoader(taskset, batch_size=self.Nway*self.fewshot, 
       shuffle=False)
㉗          return dataloader
```

⓬~⓮ 클래스를 하나씩 할당하여 세트를 구성한다. 이미지는 서포트 세트와 쿼리 세트마다 self.fewshot개만큼 들어가기 때문에 2* self.fewshot개만큼 이미지 인덱스를 무작위로 뽑는다.

⓯~㉑ 뽑은 인덱스를 바탕으로 서포트 세트와 쿼리 세트에 각각 self.fewshot개의 이미지를 할당한다.

㉒~㉕ 리스트로 구성된 세트와 라벨을 넘파이 배열로 바꾸고 텐서 데이터로 변환한다.

㉖ 마지막으로 배치 형태의 데이터를 구성하도록 DataLoader를 사용한다.

```
㉘        def task_set(self, num_tasks, cls, mode="train"):
㉙            task_collection = []
㉚            for i in range(num_tasks):
㉛                task_collection.append(self.task_generator(cls, mode=mode))
㉜            return task_collection
```

㉘ 메타 데이터 세트를 구성하기 위해 다수의 업무를 만드는 함수를 정의한다.

㉙ 업무 모음을 위한 리스트를 정의한다.

㉚,㉛ for문을 이용하여 하나의 업무를 만드는 self.task_generator를 반복하여 원하는 개수의 업무를 만들어 저장하며 mode에 따라 전처리를 수행하게 한다.

■ CIFAR100 샘플 이미지 확인하기

```
❶    cifar100 = CIFAR100DataSet(Nway=5, fewshot=5)
❷    trainloader = cifar100.task_generator(cls=[0,10,20,50,70])
❸    data1, data2, label = iter(trainloader).next()
❹    print(data1.size(), data2.size(), label.size())
```

```
Output:
torch.Size([25, 3, 32, 32]) torch.Size([25, 3, 32, 32]) torch.Size([25])
```

❶ CIFAR100 데이터를 불러온다.

❷ 임의로 클래스 5개를 뽑아 업무 하나를 생성한다.

❸ 데이터를 불러온다.

❹ 5way-5shot 문제이므로 각 세트마다 25장의 32×32 이미지가 들어 있는지 확인한다.

```
❶  oneshot1 = data1[0].permute(1,2,0).numpy()
❷  oneshot2 = data2[10].permute(1,2,0).numpy()
❸  plt.figure(figsize=(12, 4))
❹  plt.subplot(131)
❺  plt.imshow(oneshot1)
❻  plt.axis("off")
❼  plt.subplot(132)
❽  plt.imshow(oneshot2)
❾  plt.axis("off")
❿  plt.show()
```

그림 11.8 임의의 이미지 파일 결과

■ 모델 정의하기

```
❶ class CNN(nn.Module):
❷     def __init__(self, Nway):
❸         super(CNN, self).__init__()
❹         self.features = nn.Sequential(
❺                         nn.Conv2d(3, 64, 3), nn.ReLU(),
❻                         nn.MaxPool2d(2, 2),
❼                         nn.Conv2d(64, 128, 3, stride=1, padding=1), nn.ReLU(),
❽                         nn.MaxPool2d(2, 2),
❾                         nn.Conv2d(128, 256, 3, stride=1, padding=1), nn.ReLU(),
❿                         nn.Conv2d(256, 256, 3, stride=1), nn.ReLU(),
⓫                         nn.Conv2d(256, 256, 3, stride=1), nn.ReLU())
⓬         self.classifier = nn.Sequential(nn.Linear(256, 128) , nn.ReLU(), nn.Linear(128, Nway))
⓭
⓮     def forward(self, x):
⓯         x = self.features(x)
⓰         x = torch.mean(x, [2,3])
⓱         x = self.classifier(x)
⓲         return x
```

❶~⓲ MAML의 학습 시간을 줄이고 이해를 돕기 위해 간단한 합성곱 신경망을 구성한다.

```
⓳     def parameterised(self, x, weights):
⓴         x = F.relu(F.conv2d(x, weight=weights[0], bias=weights[1], stride=1))
㉑         x = F.max_pool2d(x, kernel_size=2, stride=2)
㉒         x = F.relu(F.conv2d(x, weight=weights[2], bias=weights[3], stride=1, padding=1))
㉓         x = F.max_pool2d(x, kernel_size=2, stride=2)
㉔         x = F.relu(F.conv2d(x, weight=weights[4], bias=weights[5], stride=1, padding=1))
㉕         x = F.relu(F.conv2d(x, weight=weights[6], bias=weights[7], stride=1))
㉖         x = F.relu(F.conv2d(x, weight=weights[8], bias=weights[9], stride=1))
㉗         x = torch.mean(x, [2,3])
㉘         x = F.relu(F.linear(x, weights[10], weights[11]))
㉙         x = F.linear(x, weights[12], weights[13])
㉚         return x
```

⓳~⓴ 위에서 정의한 모델 구조와 동일하게 parameterized 함수 내에서 모델을 구축을 한다. 이때 F로 정의한 torch.nn.functional을 통해 직접 모델 파라미터를 받아서 사용할 수 있다.

■ MAML 클래스 선언하기

```
❶  class MAML:
❷      def __init__(self, num_tasks=300, Nway=5, alpha = 1e-3, beta = 1e-3, inner_steps=1, cls=None):
❸          self.device = torch.device("cuda:0" if torch.cuda.is_available() else "cpu")
❹          self.num_tasks = num_tasks
❺          self.model = CNN(Nway).to(device)
❻          self.weights = list(self.model.parameters())
❼          self.beta = beta
❽          self.cifar100 = CIFAR100DataSet()
❾          self.task_collection = self.cifar100.task_set(num_tasks=self.num_tasks, cls=cls[:60],
❿  mode="train")
           self.meta_val_set = self.cifar100.task_set(num_tasks=30, cls=cls[60:], mode="val")
⓫          self.criterion = nn.CrossEntropyLoss()
⓬          self.optimizer = optim.Adam(self.model.parameters(), lr=alpha, weight_decay=1e-4)
⓭          self.inner_steps = inner_steps
```

❺ 클래스 수에 맞게 모델을 구축한다.

❻ 모델 변수를 별도로 self.weights로 정의한다.

❼ 업무별 업데이트에 활용되는 학습률 beta를 정의한다.

❽,❾ 무작위로 선택된 클래스 60개를 바탕으로 메타 훈련 데이터의 업무를 생성한다.

❿ 검증 데이터를 생성한다.

⓫,⓬ 손실 함수와 학습률이 alpha인 최적화 기법을 정의한다.

⓭ 업무별 내부 학습을 몇 번 반복할 지 정한다.

```
⓮      def inner_loop(self, dataloader):
⓯          temp_weights = [w.clone() for w in self.weights]
⓰          data = iter(dataloader).next()
⓱          support, query, label = data[0].to(device), data[1].to(device), data[2].to(device)
⓲          for i in range(self.inner_steps):
⓳              outputs = self.model.parameterised(support, temp_weights)
⓴              loss = self.criterion(outputs, label)
㉑              grad = torch.autograd.grad(loss, temp_weights)
㉒              temp_weights = [w - self.beta * g for w, g in zip(temp_weights, grad)]
㉓          outputs = self.model.parameterised(query, temp_weights)
㉔          inner_loss = self.criterion(outputs, label)
㉕          return inner_loss
```

⓯ 모델 변수를 받아 각 업무를 계산할 준비를 한다.

⓰ 하나의 업무를 불러온다.

⓲~㉒ 서포트 이미지를 반복 횟수만큼 학습에 이용한다.

㉓~㉕ 내부적으로 업데이트된 모델을 가지고 쿼리 이미지에 대한 손실 함수를 계산하여 반환한다.

```
㉖     def meta_train(self, num_epochs):
㉗         loss_list = []
㉘         acc = 0
㉙         for epoch in range(num_epochs):
㉚             self.optimizer.zero_grad()
㉛             outer_loss = 0
㉜             for i in range(self.num_tasks):
㉝                 outer_loss += self.inner_loop(self.task_collection[i])
㉞             avg_loss = outer_loss/self.num_tasks
㉟             avg_loss.backward()
㊱             self.optimizer.step()
㊲             ll = avg_loss.item()
㊳             loss_list.append(ll)
㊴             val_acc = self.meta_val()
㊵             if epoch % 10 == 0:
㊶                 print('[%d] Train loss: %.3f, Validation accuracy: %.2f %%' %(epoch, ll, val_acc))
㊷             if val_acc >= acc:
㊸                 acc = val_acc
㊹                 print('Saved the model - Validation accuracy: %.2f %%' % (val_acc))
㊺                 torch.save(self.model.state_dict(), './models/cifar_maml.pth')
㊻         return loss_list
```

㉖ 메타 학습을 위해 함수를 정의한다.

㉙ 학습 횟수에 맞게 메타 학습을 진행한다.

㉜~㉝ 업무당 손실 함수를 계산하여 합산한다.

㉞~㊱ 평균 손실 함수를 정의하고 이를 목적 함수로 하여 최적화를 진행한다.

㊲,㊳ 메타 학습의 손실 함수값을 저장한다.

㊴ 검증 데이터의 평균 정확도를 계산한다.

㊶,㊷ 학습 10회마다 훈련 손실값과 검증 정확도를 출력한다.

㊷~㊺ 검증 정확도를 기준으로 모델을 저장한다.

```
❹❼     def meta_val(self):
❹❽         acc_list = []
❹❾         for i in range(len(self.meta_val_set)):
❺⓪             cnn = copy.deepcopy(self.model)
❺❶             criterion = nn.CrossEntropyLoss()
❺❷             opt = optim.Adam(cnn.parameters(), lr=1e-2)
❺❸             num_epochs = 101
❺❹             testloader = self.meta_val_set[i]
❺❺             data1, data2, label = iter(testloader).next()
❺❻             cnn.train()
❺❼             for j in range(num_epochs):
❺❽                 opt.zero_grad()
❺❾                 outputs = cnn(data1.to(device))
❻⓪                 loss = criterion(outputs, label.to(device))
❻❶                 loss.backward()
❻❷                 opt.step()
❻❸             correct = 0
❻❹             total = 0
❻❺             with torch.no_grad():
❻❻                 cnn.eval()
❻❼                 outputs = cnn(data2.to(device))
❻❽                 _, predicted = torch.max(outputs.data, 1)
❻❾                 total += label.size(0)
❼⓪                 correct += (predicted == label.to(device)).sum().item()
❼❶             acc_list.append(100 * correct / total)
❼❷         acc_info = np.array(acc_list)
❼❸         avg_acc = np.mean(acc_info)
❼❹         return avg_acc
```

❹❾ 업무 수만큼 평가를 진행한다.

❺❶~❺❻ 각 업무마다 새로운 모델과 손실 함수 및 최적화를 선언하고 업무를 하나씩 불러온다.

❺❽~❼❶ 서포트 세트를 이용하여 학습을 진행하고 쿼리 세트를 이용하여 모델을 평가한다.

❼❷~❼❹ 계산된 모든 업무당 검증 정확도를 저장하여 평균 정확도로 반환한다.

■ 메타 학습 진행하기

```
❶ cls = np.random.choice(range(0, 100), 100, replace=False)
❷ maml = MAML(num_tasks=300, Nway=Nway, cls=cls[:80])
❸ loss = maml.meta_train(501)
```

```
Output:
Files already downloaded and verified
[0] Train loss: 2.976, Validation accuracy: 32.27 %
.... 이하 생략 ....
```

❶,❷ 클래스 100개를 무작위로 섞어 80개를 MAML 클래스에 넣는다. 이 중 60개는 훈련 데이터로 사용되고, 나머지 20개는 검증 데이터로 사용한다. 메타 훈련 데이터의 업무는 300개를 생성한다.
❸ 메타 학습은 501번 수행한다.

■ 메타 평가 함수 정의하기

```
❶ def meta_test(task_collection, pretrained=None):
❷     acc_list = []
❸     for i in range(len(task_collection)):
❹         cnn = CNN(Nway).to(device)
❺         if pretrained == 'meta':
❻             cnn.load_state_dict(torch.load('./models/cifar_maml.pth'))
❼         criterion = nn.CrossEntropyLoss()
❽         optimizer = optim.Adam(cnn.parameters(), lr=1e-2)
❾         num_epochs = 101
❿         testloader = task_collection[i]
⓫         data1, data2, label = iter(testloader).next()
```

❶ 일반적으로 성능을 평가하기 위해 전이학습이나 다른 메타 러닝 모델들과 비교하지만, 우리는 간단하게 메타 학습과 단일 지도 학습의 성능 차이를 확인할 수 있는 함수를 정의한다.
❸ 업무 수만큼 평가를 진행한다.
❺ 메타 학습을 통해 얻는 파라미터를 사용할 경우 저장된 모델 파라미터를 불러온다.
❼,❽ 업무마다 손실 함수와 최적화 방법을 선언한다.
❿,⓫ 각 업무에 대한 데이터를 불러온다.

```
⓬         cnn.train()
⓭         for j in range(num_epochs):
⓮             optimizer.zero_grad()
⓯             outputs = cnn(data1.to(device))
⓰             loss = criterion(outputs, label.to(device))
⓱             loss.backward()
⓲             optimizer.step()
```

⓬~⓲ 서포트 세트를 이용하여 모델을 업데이트한다.

```
⓳          correct = 0
⓴          total = 0
㉑          with torch.no_grad():
㉒              cnn.eval()
㉓              outputs = cnn(data2.to(device))
㉔              _, predicted = torch.max(outputs.data, 1)
㉕              total += label.size(0)
㉖              correct += (predicted == label.to(device)).sum().item()
㉗          acc_list.append(100 * correct / total)
㉘      acc_info = np.array(acc_list)
㉙      print('Avg. Test accuracy: %.2f %% ± %.2f' % (np.mean(acc_info),
   1.96*np.std(acc_info)/np.sqrt(len(acc_info))))
```

⓳~㉖ 쿼리 세트를 이용하여 모델을 평가한다.

㉗~㉙ 계산된 모든 업무당 검증 정확도를 저장하여 평균 정확도와 95% 신뢰구간을 반환한다.

■ 메타 학습 평가하기

```
❶  meta_test_set = cifar100.task_set(num_tasks=100, cls=cls[80:])
❷  meta_test(meta_test_set, 'meta')
```

Output: Avg. Test accuracy: 42.28 % ± 1.97

❶ 훈련과 검증에서 사용하지 않은 20개의 클래스에 대해서 100개의 평가 업무를 만든다.

❷ 만들어진 업무와 메타 학습에서 얻어진 모델을 바탕으로 평균 정확도와 그에 대한 95% 신뢰구간을 산출한다.

```
❶  meta_test(meta_test_set)
```

Output: Avg. Test accuracy: 35.84 % ± 2.32

❶ 비교를 위해 메타 학습을 사용하지 않은 경우의 평균 정확도와 그에 대한 95% 신뢰구간을 산출한다. 두 결과를 비교하면 소량(5장)의 이미지로 학습을 시행하는 경우 메타 학습을 통해 얻은 정확도가 6.44% 높다.

"

인공지능에 대한 수요가
매우 많습니다.

"

유리 밀너

12 CHAPTER

과학적 계산

자연 현상, 경제 현상, 생태계 환경 변화 등과 같이 우리가 쉽게 접할 수 있는 다양한 현상들을 예측하기 위해 수학적 모델이 많이 개발되고 있고 수치해석 또한 함께 발전되어 왔다. 최근에는 보다 정확한 예측과 실제 데이터를 적용하여 모델을 구축하기 위해 데이터 기반의 머신러닝 방법론들이 적용되기 시작했고 인공 신경망 또한 적용 사례가 늘어나는 추세다. 12장에서는 물리 현상을 표현하는 미분 방정식 풀이를 위한 인공 신경망 예시를 살펴본다.

- 유한차분법
- 은닉 유체 메카니즘

12.1 유한차분법

자연 현상, 경제 현상, 생태계 환경 변화 등과 같이 우리가 쉽게 접할 수 있는 다양한 현상들을 해석하고 예측하기 위해서 오래전부터 현상에 대한 모델링이 발전되고 있다. 대부분의 모델들이 미분방정식 형태로 표현되어 있기 때문에 미분방정식을 정확히 푸는 방법은 매우 중요하다. 안타깝게도 많은 식들에 대해서 이차 방정식의 근의 공식과 같은 공식이 없으며, 실제 해를 구할 수 없어 수학적으로 엄밀하게 풀기에는 한계가 있다. 따라서 주어진 미분방정식을 근사식 형태로 푸는 방법인 수치해석Numerical analysis이 매우 중요한 분야 중 하나다. 수치해석 방법 중 하나인 유한차분법Finite Difference Method은 연속된 공간에서 격자를 정의하여 연속적인 공간을 이산 공간으로 변환하여 근사 해를 구하는 방법이다.

예를 들어 100×100 유체에 관한 이미지가 있다고 하면 10,000개의 값을 갖는다. 즉, 원래 자연에서의 유체 패턴은 연속적인 현상이지만 우리가 다루는 이미지는 관찰된 영역에 10,000개의 점이 있는 이산 공간이 되는 것이다. 우리의 관심사는 이 영역 내에서 시간에 따른 이미지의 패턴이 어떤지를 알고 싶은 것인데, 유한차분법의 특징은 각 점의 변화를 계산할 때 주변 값을 이용한다는 것이다. 즉, 합성곱 신경망의 필터 계산과 같은 방법을 취하기 때문에 유한차분법을 합성곱 연산을 이용하여 구현할 수 있다.

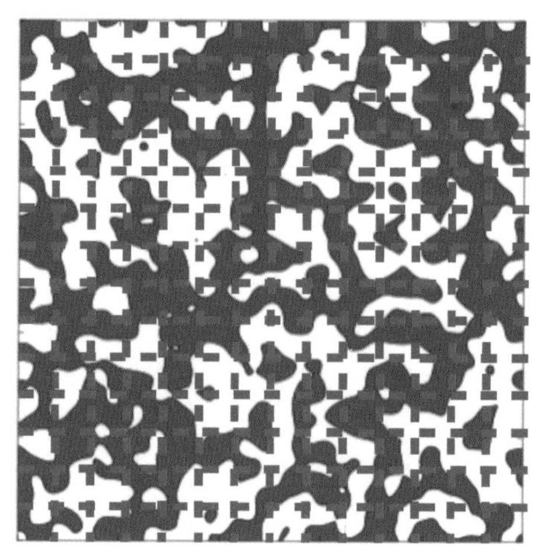

그림 12.1 격자로 나눈 이미지

예를 들어 반응 확산 방정식인 Allen–Cahn 방정식은 다음과 같다.

$$\phi_t(x,t) = -\left(\frac{\phi-\phi^3}{\epsilon^2}\right) + \Delta\phi(x,t), \qquad x \in \Omega,\ t > 0$$

위 식을 유한차분법을 이용하여 변환하면 다음과 같다.

$$\frac{\phi^{n+1}-\phi^{n}}{\Delta t} = \frac{\phi^{n}-(\phi^{n})^{3}}{\epsilon^{2}} + \Delta_{h}\phi^{n}$$

$$\rightarrow \phi^{n+1} = \phi^{n} + \Delta t\left(\frac{\phi^{n}-(\phi^{n})^{3}}{\epsilon^{2}} + \Delta_{h}\phi^{n}\right)$$

$$\rightarrow \phi^{n+1} = (1+\alpha)\,\phi^{n} - \alpha(\phi^{n})^{3} + conv(\phi^{n})(\alpha = \frac{\Delta t}{\epsilon^{2}}, conv(\phi^{n}) = \Delta t\Delta_{h}\phi^{n})$$

$$\rightarrow \phi^{n+1} = f(\phi^{n})$$

여기서 ϕ는 이미지의 값이며, n은 시간 스텝이고, Δt는 시간의 변화량, ϵ^2은 계수를 나타낸다. $conv(\phi^n)$는 라플라스 연산으로 그림 12.2에서 표현된 3×3 미분 필터로 표현된다.

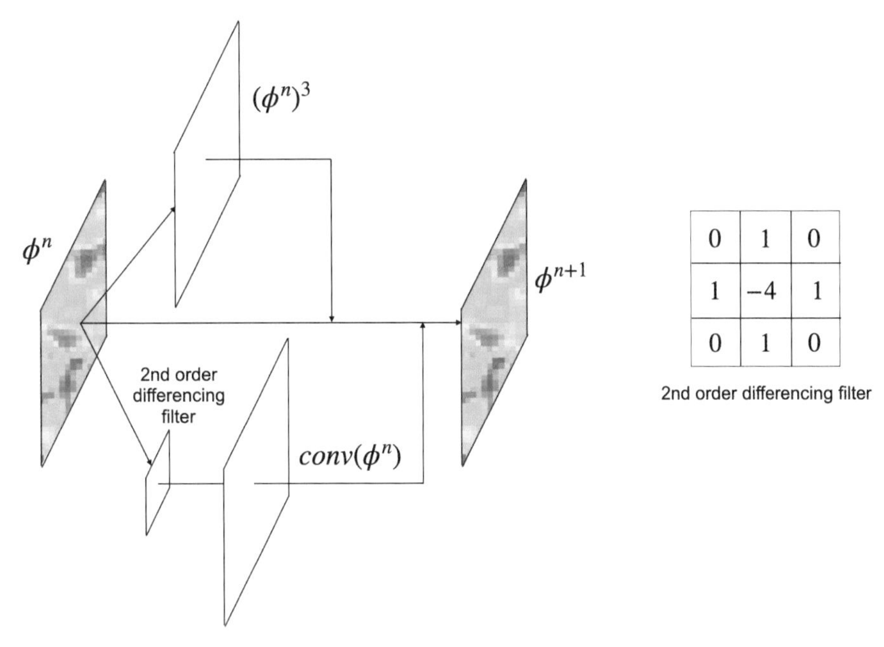

그림 12.2 합성곱 연산으로 구현한 유한차분법

■ 라이브러리 불러오기

CODE 12.1 Finite Difference Method.ipynb

```
❶ import numpy as np
❷ import matplotlib.pyplot as plt
❸ import torch
❹ import torch.nn as nn
❺ import torch.nn.functional as F
```

■ 초깃값 설정하기

```
❶ def initial_value(nx, ny):
❷     h = 1 / nx
❸     x = np.linspace(-0.5 * h, h * (nx + 0.5), nx)
❹     y = np.linspace(-0.5 * h, h * (ny + 0.5), ny)
❺     pn = 0.5 * (2 * np.random.rand(nx, ny) - 1)
❻     plt.figure(figsize=(4, 4))
❼     plt.imshow(pn, interpolation='nearest', cmap='jet', extent=[x.min(), x.max(), y.min(),
   y.max()], origin='lower', aspect='auto')
❽     plt.title('$u(x,y,t=0)$', fontsize=20)
❾     plt.clim(-1, 1)
❿     plt.show()
⓫     return x, y, pn
```

❶ 초기 이미지를 정해 주기 위해 이미지 사이즈 nx, ny를 정한다.

❷~❹ 이미지의 x, y격자 수를 정의한다.

❺ 정해진 크기에 무작위로 값을 생성한다.

❻~❿ 생성한 초기 이미지를 출력하여 나타낸다.

⓫ x, y값과 초깃값을 반환한다.

```
❶ nx = ny = 100
❷ h = 1/nx
❸ h2 = h**2
❹ dt = .1*h**2
❺ eps = 10 * h / (2 * np.sqrt(2) * np.arctanh(0.9))
❻ maxiter = 301
❼ maxtime = dt * maxiter
❽ x, y, pn = initial_value(nx, ny)
```

❶ 이미지 사이즈를 100×100으로 정한다.

❷~❺ 수식에 사용되는 계수를 정의하고

❻ 최대 타임 스텝을 301로 정하면

❼ 실제 마지막 시간은 maxtime이 된다.

❽ 초기 이미지를 생성한다.

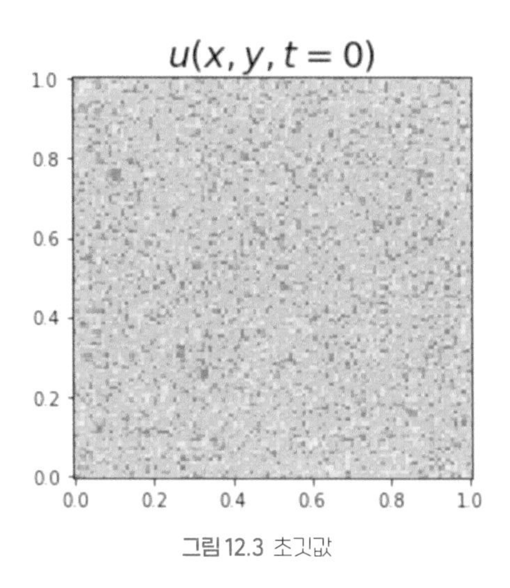

그림 12.3 초깃값

■ 유한차분법 구현하기

우리 학습 목적상 수치해석을 이해하지 않아도 된다. 다만 원하는 합성곱 필터를 어떻게 모델에 넣는지를 주의 깊게 살펴본다.

```
❶ class FDM(nn.Module):
❷     def __init__(self, h2, dt, eps, device):
❸         super(FDM, self).__init__()
❹         self.delta = torch.Tensor([[[[0., 1., 0.], [1., -4., 1], [0., 1., 0.]]]]).to(device)
❺         self.pad = nn.ReplicationPad2d(1)
❻         self.alpha = dt / eps ** 2
❼         self.beta = dt / h2
❽     def forward(self, x):
❾         u_pad = self.pad(x)
❿         diffusion = F.conv2d(u_pad, self.delta)
⓫         x = (1 + self.alpha) * x - self.alpha * x ** 3 + self.beta * diffusion
⓬         return x
```

❹ 그림 12.1에서 표현된 라플라스 연산인 2차 미분 필터를 구현한다. 이때 주의할 점은 F.conv2d의 필터는 3차원으로 만들어야 한다.

❺ nn.Conv2d 내에서 구현한 패딩을 별도의 패딩 함수를 사용하여 선언할 수 있다. 미분방정식에는 경계 조건이 있는데 이번 예시에서는 경계에서의 미분이 0이라고 가정한다면 패딩은 경계와 같은 값을 가지면 된다. 따라서 기존에 많이 사용하던 영 패딩zero padding을 사용하지 않고 nn.Replication-Pad으로 선언한다. 괄호의 1은 패딩이 1겹이라는 의미다.

❾ 경계조건을 고려하기 위해 패딩을 씌운다.

❿ 합성곱 연산을 미리 정의된 self.delta 필터를 사용하고 입력값은 u_pad다.

⓫ 우리가 계산해야 할 식을 계산한다. 다음 타임 스텝에 대한 x를 반환한다.

■ 유한차분법 클래스 선언하기

```
❶ device = torch.device("cuda:0" if torch.cuda.is_available() else "cpu")
❷ model = FDM(h2, dt, eps, device).to(device)
❸ img = torch.FloatTensor(pn).view(-1, 1, nx, ny).to(device)
```

❷ 유한차분법 클래스를 선언한다.

❸ 초기 이미지를 모델에 넣기 위해 4차원 텐서로 변환한다.

■ 유한차분법 시행하기

```
❶ solutions = []
❷ with torch.no_grad():
❸     for step in range(maxiter):
❹         u = model(img)
❺         img = u # phi^(n+1) <- f(phi^n)
❻         solutions.append(img.view(nx, ny).cpu().numpy())
```

❶ 모든 타입 스텝을 저장할 수 있는 리스트를 만든다.

❹,❺ 유한차분법 모델로 이전 스탭의 이미지를 이용하여 다음 스탭의 이미지를 구한다.

❻ 모든 결과 이미지를 넘파이 배열로 저장한다.

■ 결과 확인하기

```
❶ fig = plt.figure(figsize=(7,7))
❷ d = range(221, 225)
❸ timeslot = np.linspace(0, len(solutions)-1, 4)
❹ for i, subp in enumerate(d):
❺     plt.subplot(subp)
❻     plt.imshow(solutions[int(timeslot[i])], interpolation='nearest', cmap='jet', extent=[x.min(),
   x.max(), y.min(), y.max()], origin='lower', aspect='auto')
❼     plt.clim(-1,1)
❽     plt.axis('off')
❾     plt.title('time= %.3f' %(dt*timeslot[i]), fontsize=15)
❿ plt.show()
```

❶ 그래프 전체 사이즈를 정한다.

❷ 2행2열 형태의 그래프를 그릴 수 있도록 값을 지정한다.

❸ 0초부터 마지막까지 4등분한 시간을 계산한다.

❹~❿ 부분 그래프를 하나씩 만들어 전체를 출력한다.

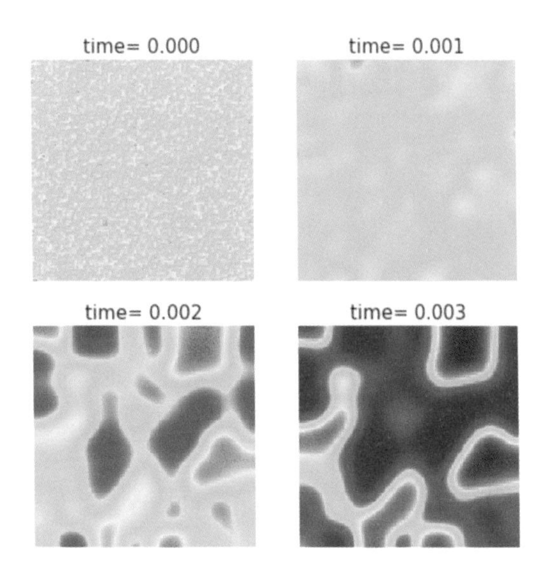

그림 12.4 반응 확산 현상에 대한 시뮬레이션 결과

그림 12.4는 반응 확산 방정식 중 하나인 Allen-Cahn 방정식을 무작위 값으로 시작하여 0.003초간 현상을 시뮬레이션한 결과다. 위 예시처럼 파이토치 GPU 텐서를 이용하면 넘파이 배열로 코드를 작성할 때보다 훨씬 빠른 속도로 시뮬레이션이 완료된다.

12.2 은닉 유체 메카니즘

은닉 유체 메카니즘은 인공 신경망과 미분 방정식을 결합하여 가지고 있지 않은 변수 데이터를 복원하는 모델이다.

12.2.1 구조 설명

12.1에서 소개한 것과 같이 우리가 원하는 현상을 모델링하고 수치 모델을 바탕으로 유체의 흐름을 예측할 수 있다. 이때 목표값을 구하기 위해 다른 변수들도 미분방정식에서 함께 다뤄지는데 이미 주어진 데이터로는 숨겨진 변수에 대한 값을 찾아내기는 어렵다. 따라서 주어진 목표값 데이터와 인공신경망을 사용하여 숨겨진 변수를 예측할 수 있다.
이번 예시에서는 난제로 알려진 네비어-스톡스 방정식Navier-Stocks Equations을 이용하여 2차원 꽃모양 실린더 내 비압축성 유체 흐름에 대한 숨겨진 변수를 예측한다. 현상에 관한 미분 방정식은 다음과 같다.

$$c_t + uc_x + vc_y - 0.01(c_{xx} + c_{yy}) = 0$$
$$u_t + uu_x + vu_y + p_x - 0.01(u_{xx} + u_{yy}) = 0$$
$$v_t + uv_x + vv_y + p_y - 0.01(v_{xx} + v_{yy}) = 0$$
$$u_x + u_y = 0$$

c는 주어진 농도 데이터이고 우리가 모르는 변수 u, v는 속도, p는 압력일 때 속도와 압력 값을 은닉 유체 메카니즘Hidden Fluid Mechanics, HFM을 이용하여 추출할 수 있다. HFM은 미분 방정식 풀이를 잘 모르더라도 사용할 수 있는 구조를 가지고 있기 때문에 수치해석 보다 쉽게 구현이 가능하다.

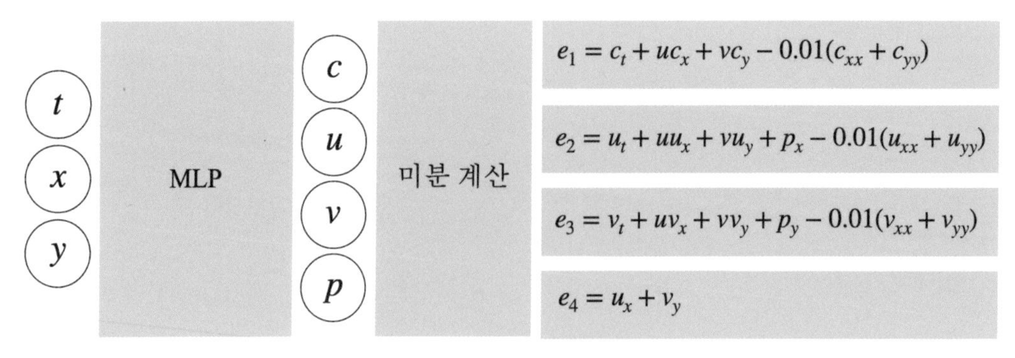

그림 12.5 은닉 유체 메카니즘의 모델 구조

그림 12.5와 같이 앞 부분은 다중 퍼셉트론으로 구성되어 있으며 입력층의 노드가 3개, 출력층의 노드가 4개인 신경망이다. 입력층에서는 좌표값 *x*, *y*와 현재 시간 *t*를 받고 다수의 은닉층을 거친 뒤 *c*, *u*, *v*, *p*를 출력한다. 즉, 각 좌표마다 *c*, *u*, *v*, *p*를 예측하는 모델이다. 다음으로 파이토치에서 제공하는 자동 미분을 사용해 수식에 있는 미분항(c_x, v_y, 등)을 계산한다. 마지막으로 예측한 값을 위 방정식 4개에 대입했을 때 위 등식을 만족해야 하고, c에 대해서는 데이터를 가지고 있기 때문에 각 식의 좌변을 e_1, e_2, e_3, e_4을 손실 함수로 정의하고 *c*의 예측값과 실제값을 비교를 하는 *c*에 대한 손실 함수를 만들 수 있다. 최종적으로 위 손실 함수 5개를 더해서 전체 손실이 0이 되게 하는 최적화 구조를 만들 수 있으며, 아래와 같이 손실 함수 *L*을 정의할 수 있다.

$$L=\frac{1}{N}\sum_{n=1}^{N}(c^n-\hat{c}^n)^2+\sum_{i=1}^{4}\frac{1}{M}\sum_{n=1}^{M}(e_i^m-0)^2$$

12.2.2 모듈 구성하기(HFM 폴더)

코드의 가독성을 위해 각 알고리즘의 목적에 따라 모듈을 구성한다. 이 예시에서는 학습(train.py), 데이터로드(mat_to_numpy.py), 평가(evaluation.py), 모델 및 연산(utils.py)으로 파일을 나눈다.

12.2.3 데이터 불러오기

CODE mat_to_numpy.py

■ 라이브러리 불러오기

```
❶ import scipy.io
❷ import numpy as np
❸ import torch
```

❶ mat 파일을 넘파이 배열로 변환하는 함수를 제공한다.

■ 데이터 처리 함수 정의하기

```
❶ def load_data(path, num_samples):
❷     data = scipy.io.loadmat(path)
❸     t_star = data['t_star'] # T x 1
❹     x_star = data['x_star'] # N x 1
❺     y_star = data['y_star'] # N x 1
❻     T = t_star.shape[0]
❼     N = x_star.shape[0]
❽     U_star = data['U_star'] # N x T
❾     V_star = data['V_star'] # N x T
❿     P_star = data['P_star'] # N x T
```

```
⓫      C_star = data['C_star']  # N x T
⓬      T_star = np.tile(t_star, (1, N)).T  # N x T
⓭      X_star = np.tile(x_star, (1, T))  # N x T
⓮      Y_star = np.tile(y_star, (1, T))  # N x T
```

❶ 데이터 경로와 뽑을 샘플 수를 입력한다.

❷ mat 파일을 넘파이 배열이 있는 딕셔너리 타입으로 불러온다.

❸~⓫ 각 키를 통해서 t, x, y, U, V, P, C 데이터를 불러온다.

⓬~⓮ x, y는 좌표값이므로 모든 타임 스탭에 동일한 값으로 존재한다. 따라서 tile을 통해 반복 배열을 생성한다. 그에 따른 시간 t도 동일 크기로 배열을 생성한다.

다음으로 우리 모델은 MLP에 x, y, t값이 들어가기 때문에 데이터의 크기는 (배치 사이즈×3)으로 구성되어야 한다.

```
⓯  # For Training
⓰    idx_t = np.concatenate([np.array([0]), np.random.choice(T - 2, T - 2, replace=False) + 1,
   np.array([T - 1])])
⓱    idx_x = np.random.choice(N, num_samples, replace=False)
⓲    t_data = T_star[:, idx_t][idx_x, :].flatten()[:, None] # ST x 1
⓳    x_data = X_star[:, idx_t][idx_x, :].flatten()[:, None] # ST x 1
⓴    y_data = Y_star[:, idx_t][idx_x, :].flatten()[:, None] # ST x 1
㉑    c_data = C_star[:, idx_t][idx_x, :].flatten()[:, None] # ST x 1
㉒    c_tensor_data = torch.FloatTensor(c_data)
㉓    idx_t = np.concatenate([np.array([0]), np.random.choice(T - 2, T - 2, replace=False) + 1,
   np.array([T - 1])])
㉔    idx_x = np.random.choice(N, num_samples, replace=False)
㉕    t_eqns = T_star[:, idx_t][idx_x, :].flatten()[:, None] # ST x 1
㉖    x_eqns = X_star[:, idx_t][idx_x, :].flatten()[:, None] # ST x 1
㉗    y_eqns = Y_star[:, idx_t][idx_x, :].flatten()[:, None] # ST x 1
㉘    variables = torch.FloatTensor(np.concatenate((t_data, x_data, y_data), 1)) # ST x 3
㉙    eqns = torch.FloatTensor(np.concatenate((t_eqns, x_eqns, y_eqns), 1)) # ST x 3
㉚    print(f"Number of Time Steps: {T}, Number of sample points: {num_samples} out of {N}")
㉛    return variables, c_tensor_data, eqns, T_star, X_star, Y_star, C_star, U_star, V_star, P_star
```

⓰~㉛ 이를 위해 각 변수를 일렬로 펴서 (배치 사이즈×1)로 만든 뒤 세 변수를 합쳐 (배치 사이즈×3) 크기의 데이터를 확보한다.

⓰ idx_t는 시간에 따라 데이터를 섞어주는 인덱스이고 idx_x는 각 좌표를 무작위로 샘플 수만큼 뽑는 인덱스다.

⓲~⓴ 각 변수의 일렬 데이터를 얻는다.

㉓~㉗ 차후 별도로 모델을 활성화하기 위해 바로 앞에서 했던 작업을 한 번 더 한다.

㉘, ㉙ (전체 데이터 크기×3) 형태로 텐서로 변환한다.

㉛ 학습을 위한 variables, c_tensor_data, eqns와 평가를 위한 T_star, X_star, Y_star, C_star, U_star, V_star, P_star를 반환한다.

12.2.4 모델 및 연산(utils.py)

■ 라이브러리 불러오기

```
❶ import torch
❷ import torch.nn as nn
❸ import numpy as np
```

■ 은닉층 정의하기

은닉층 하나를 LinearBlock으로 만들어 설계한다.

```
❶ class LinearBlock(nn.Module):
❷     def __init__(self, in_nodes, out_nodes):
❸         super(LinearBlock, self).__init__()
❹         self.layer = nn.utils.weight_norm(nn.Linear(in_nodes, out_nodes), dim = 0)
❺     def forward(self, x):
❻         x = self.layer(x)
❼         x = x * torch.sigmoid(x)
❽         return x
```

❹ nn.Linear을 통해 층을 하나 만들고 nn.utils.weight_norm을 이용해 정규화된 가중치를 사용하도록 한다.

❼ 은닉층에서는 활성화 함수인 SiLU 함수 $x \cdot sigmoid(x)$을 적용한다.

■ 모델 정의하기

```
❶ class PINN(nn.Module):
❷     def __init__(self, data, layer_list):
❸         super(PINN, self).__init__()
❹         device = torch.device("cuda:0" if torch.cuda.is_available() else "cpu")
❺         self.input_layer = nn.utils.weight_norm(nn.Linear(layer_list[0], layer_list[1]), dim = 0)
❻         self.hidden_layers = self._make_layer(layer_list[1:-1])
❼         self.output_layer = nn.utils.weight_norm(nn.Linear(layer_list[-2], layer_list[-1]), dim = 0)
❽         self.data = data
❾         self.mean = self.data.mean(dim=0).to(device)
❿         self.sig = torch.sqrt(self.data.var(dim=0)).to(device)
⓫     def _make_layer(self, layer_list):
⓬         layers = []
⓭         for i in range(len(layer_list) - 1):
⓮             block = LinearBlock(layer_list[i], layer_list[i + 1])
⓯             layers.append(block)
⓰         return nn.Sequential(*layers)
⓱     def forward(self, x):
⓲         x = (x - self.mean) / self.sig
⓳         x = self.input_layer(x)
⓴         x = x * torch.sigmoid(x)
㉑         x = self.hidden_layers(x)
㉒         x = self.output_layer(x)
㉓         return x
```

❺ 입력층을 정의한다.

❻ 은닉층을 정의한다.

❼ 출력층을 정의한다.

❽~❿ 데이터를 받아 평균과 표준편차를 계산한다.

⓫ 은닉층의 노드 정보가 담긴 리스트 layer_list를 받는다.

⓬ 은닉층을 쌓을 빈 리스트를 생성한다.

⓭~⓰ 미리 정의한 LinearBlock을 불러와 차례대로 쌓아 은닉층을 nn.Sequential로 반환한다.

❷~⓰줄은 모델 구축에 관한 함수이고 forward 함수에서 실제 연산이 일어난다.

⓲ 미리 구한 데이터의 평균과 표준편차를 이용해 입력 x, y, t 데이터를 정규화한다.

⓳,⓴ 입력층을 계산한다.

㉑ 그 다음 은닉층을 계산한다.

㉒,㉓ 출력층은 계산하여 c, u, v, p를 출력한다.

■ 초기 모델 변수 설정하기

nn.Linear에 대해서 torch.nn.init.xavier_normal를 이용하여 초기 모델 변수를 정규화한 값으로 설정한다.

```
❶ def weights_init(m):
❷     if isinstance(m, nn.Linear):
❸         torch.nn.init.xavier_normal_(m.weight)
```

■ 모델 불러오기

```
❶ def pinn(data, layer_list):
❷     device = torch.device("cuda:0" if torch.cuda.is_available() else "cpu")
❸     model = PINN(data, layer_list).to(device)
❹     model.apply(weights_init)
❺     print("Operation mode: ", device)
❻     return model
```

❶ 모델의 각 층의 노드 수를 받아 ❸ 모델을 불러온 뒤 ❹ 초기 모델 변수를 설정한 후 ❻ 모델을 반환한다.

■ 자동 미분 함수 구현하기

```
❶ def fwd_gradients(obj, x):
❷     dummy = torch.ones_like(obj)
❸     derivative = torch.autograd.grad(obj, x, dummy, create_graph= True)[0]
❹     return derivative
```

❸ torch.autograd.grad를 이용하여 미분값을 구한다. 만약 u의 x에 대한 미분 u_x를 계산한다면 코드 내 obj에 미분하고자 하는 함수 u를 입력하고 x에는 미분의 기준이 되는 변수 x를 입력한다. 출력할 미분값을 위한 출력 벡터와 크기가 같은 벡터 dummy를 넣어주고 create_graph를 활성화하여 미분 그래프를 생성한다.

■ 네비어-스톡스 방정식 계산하기

```
❶ def Navier_Stokes_2D(c, u, v, p, txy, Pec, Rey):
❷     c_txy = fwd_gradients(c, txy)
❸     u_txy = fwd_gradients(u, txy)
❹     v_txy = fwd_gradients(v, txy)
❺     p_txy = fwd_gradients(p, txy)
```

❶ 예측값 c, u, v, p와 t, x, y좌표 데이터인 txy를 불러온다(Pec=100, Rey=100).

❷~❺ 각 변수 c, u, v, p를 t, x, y에 대해 미분한다. 이때 t, x, y에 대한 미분값이 반환된다.

```
❻      c_t = c_txy[:, 0:1]
❼      c_x = c_txy[:, 1:2]
❽      c_y = c_txy[:, 2:3]
❾      u_t = u_txy[:, 0:1]
❿      u_x = u_txy[:, 1:2]
⓫      u_y = u_txy[:, 2:3]
⓬      v_t = v_txy[:, 0:1]
⓭      v_x = v_txy[:, 1:2]
⓮      v_y = v_txy[:, 2:3]
⓯      p_x = p_txy[:, 1:2]
⓰      p_y = p_txy[:, 2:3]
⓱      c_xx = fwd_gradients(c_x, txy)[:, 1:2]
⓲      c_yy = fwd_gradients(c_y, txy)[:, 2:3]
⓳      u_xx = fwd_gradients(u_x, txy)[:, 1:2]
⓴      u_yy = fwd_gradients(u_y, txy)[:, 2:3]
㉑      v_xx = fwd_gradients(v_x, txy)[:, 1:2]
㉒      v_yy = fwd_gradients(v_y, txy)[:, 2:3]
㉓      e1 = c_t + (u * c_x + v * c_y) - (1.0 / Pec) * (c_xx + c_yy)
㉔      e2 = u_t + (u * u_x + v * u_y) + p_x - (1.0 / Rey) * (u_xx + u_yy)
㉕      e3 = v_t + (u * v_x + v * v_y) + p_y - (1.0 / Rey) * (v_xx + v_yy)
㉖      e4 = u_x + v_y
㉗      return e1, e2, e3, e4
```

❻~⓰ 다음 계산된 t, x, y에 대한 미분을 각각 나누어 정의하며 0열은 t에 대한 미분, 1열은 x에 대한 미분, 2열은 y에 대한 미분이다. 이때 2차원을 유지하기 위해서 [:, 0]이 아닌 [:, 0:1]이라고 표현한다.

⓱~㉒ u_{xx}와 같이 두 번 미분한 값을 구하기 위해 fwd_gradients를 미분한 것들에 대해 한 번 더 미분한다.

㉓~㉗ 마지막으로 우리가 원하는 e1, e2, e3, e4를 만들어 반환한다.

■ 평가 데이터 추출하기

```
❶ def test_data(T_star, X_star, Y_star, C_star, U_star, V_star, P_star):
❷     snap = np.random.randint(0, 200)
❸     t_star = T_star[:, snap:snap+1]
❹     x_star = X_star[:, snap:snap+1]
❺     y_star = Y_star[:, snap:snap+1]
❻     c_star = C_star[:, snap:snap+1]
❼     u_star = U_star[:, snap:snap+1]
❽     v_star = V_star[:, snap:snap+1]
❾     p_star = P_star[:, snap:snap+1]
❿     variables_star = torch.FloatTensor(np.concatenate((t_star, x_star, y_star), 1))  # N x 3
⓫     target_star = torch.FloatTensor(np.concatenate((c_star, u_star, v_star, p_star), 1))  # N x 4
⓬     return variables_star, target_star
```

❷~❾ 모든 지점에 대해 평가를 하면 시간이 매우 오래 걸린다. 따라서 간단한 평가를 위해 특정 시간에 대한 데이터만 뽑아 반환한다.

❿ 입력 데이터를 만든다.

⓫,⓬ 예측값과 비교를 위해 실제값을 만들어 반환한다.

■ 상대오차 정의하기

실제값 target과 예측값 pred를 받아 L2 상대오차를 통해 성능을 확인한다.

```
❶ def relative_error(pred, target):
❷     return torch.sqrt(torch.mean((pred - target)**2)/torch.mean((target -
   torch.mean(target))**2))
```

$$Relative\ L2\ error = \sqrt{\frac{\sum_{i=1}^{N}(y_i - \hat{y}_i)^2}{\sum_{i=1}^{N}(y_i - \mu)^2}} \quad (\mu = \frac{1}{N}\sum_{i=1}^{N} y_i)$$

12.2.5 모델 학습하기(train.py)

■ 라이브러리 불러오기

```
❶ import argparse
❷ from mat_to_numpy import load_data
❸ import utils
❹ import torch
❺ import numpy as np
❻ from time import time
```

❶ argparse를 이용하여 파이썬을 열지 않고 터미널에서 실행하도록 한다.

❷,❸ 미리 만들어 놓은 모듈을 불러온다.

❻ 시간 확인용 time 함수를 불러온다.

■ 기본값 설정하기

```
❶ if __name__ == "__main__":
❷     parser = argparse.ArgumentParser(description='Hidden Fluid Mechanics - Training')
❸     parser.add_argument('--version_name', default='0', type=str, help='version name')
❹     parser.add_argument('--datapath', default='./data/Cylinder2D_flower.mat', type=str,
   help='data path')
❺     parser.add_argument('--modelpath', default=None, type=str, help='pretrained model
   path')
❻     parser.add_argument('--num_samples', default=157879, type=int, help='number of
   samples: N out of 157879')
❼     parser.add_argument('--batch_size', default=10000, type=int, help='batch size')
❽     parser.add_argument('--total_time', default=40, type=int, help='runtime')
❾     parser.add_argument('--lr', default=1e-4, type=float, help='learning rate')
❿     args = parser.parse_args()
⓫     print(args)
```

❶ 모든 코드는 main 조건 내부에서 작성한다.

❷ parser를 선언하고 간단한 코드 설명을 기입한다.

❸~❾ 학습에 필요한 기본값을 설정한다.

❸ version_name은 파일 저장 시 버전에 따라 파일명을 다르게 하기 위한 문자열이다.

❾ total_time에서의 40은 40시간을 의미한다.

■ 데이터 불러오기

mat_to_numpy 모듈에 있는 load_data를 이용해 데이터를 불러온다.

```
❶ data, c_data, eqns, T_star, X_star, Y_star, C_star, U_star, V_star, P_star =
   load_data(args.datapath, args.num_samples)
```

■ 모델 불러오기

```
❶ device = torch.device("cuda:0" if torch.cuda.is_available() else "cpu")
❷ layer_list = [3] + 10 * [200] + [4]
❸ model = utils.pinn(data, layer_list)
❹ if args.modelpath != None:
❺     model.load_state_dict(torch.load(args.modelpath))
```

❷ 레이어의 노드 수를 가지고 있는 리스트를 생성한다. 이 예시에서는 [3, 200, 200, …. ,200 , 4]으로 구성되어 있으며 모델 생성시 (입력노드, 출력노드) = (3,200), (200,200), …, (200,200), (200,4)로 정보가 들어가 입력층 1개, 은닉층 8개, 출력층 1개를 갖는 다층 신경망을 구축한다.
❸ 데이터 정규화를 위해 데이터를 입력하고 모델 구조를 결정 짓는 layer_list를 입력하여 모델을 생성한다.
❹,❺ 만약 학습된 모델을 사용하기 위해 모델 파일 경로 args.modelpath를 입력했다면 학습된 모델 파라미터를 불러온다.

■ 최적화 정의하기

최적화 방법은 Adam을 사용하고 주어진 학습률 args.lr을 적용한다.

```
❶ optimizer = torch.optim.Adam(model.parameters(), lr=args.lr)
```

■ 학습 준비하기

```
❶ start_time = time()
❷ running_time = 0
❸ it = 0
❹ min_loss = 1
```

❶ 학습 직전의 시간을 체크한다.
❷ 학습 누적 시간을 정의한다.
❸ 학습 반복 수를 정의한다.

❹ 모델 저장을 위해 최소 손실값을 정의한다.

■ 모델 학습하기

```
❶ while running_time < args.total_time:
❷     optimizer.zero_grad()
❸     idx_data = np.random.choice(args.num_samples, args.batch_size)
❹     idx_eqns = np.random.choice(args.num_samples, args.batch_size)
❺     data_batch = data[idx_data, :].to(device)
❻     c_data_batch = c_data[idx_data, :].to(device)
❼     eqns_batch = data[idx_eqns, :].to(device)
❽     data_batch.requires_grad = True
❾     c_data_batch.requires_grad = True
❿     eqns_batch.requires_grad = True
⓫     data_outputs = model(data_batch)
⓬     c_data_pred = data_outputs[:, 0:1]
⓭     eqns_outputs = model(eqns_batch)
⓮     c_eqns_pred = eqns_outputs[:, 0:1]
⓯     u_eqns_pred = eqns_outputs[:, 1:2]
⓰     v_eqns_pred = eqns_outputs[:, 2:3]
⓱     p_eqns_pred = eqns_outputs[:, 3:4]
⓲     e1, e2, e3, e4 = utils.Navier_Stokes_2D(c_eqns_pred, u_eqns_pred, v_eqns_pred,
  p_eqns_pred, eqns_batch, 100, 100)
```

❶ 설정한 최대 시간 args.total_time까지 학습을 진행한다.

❸~❼ 배치 학습을 위해 데이터 샘플을 뽑는다.

❽~❿ 자동 미분을 위해 해당 데이터의 requires_grad를 활성화시킨다.

⓫ 모델을 통해 c, u, v, p값을 출력한다.

⓬ 따라서 data_outputs의 0번째 열은 c, 1번째 열은 u, 2번째 열은 v, 마지막 열은 p이다. 따라서 c_data_pred는 data_outputs[:, 0:1]이다. 여기서 data_outputs[:, 0]으로 작성을 하면 1차원 텐서가 되는데 우리는 2차원 형태로 텐서를 만들기 위해 data_outputs[:, 0:1]로 작성한다.

⓭~⓲ 동일한 방법으로 c, u, v, p값을 예측한 후 목적 함수 e1, e2, e3, e4를 계산한다.

```
⓳     loss_c = torch.mean((c_data_pred - c_data_batch) ** 2)
⓴     loss_e = torch.mean(e1 ** 2) + torch.mean(e2 ** 2) + torch.mean(e3 ** 2) +
  torch.mean(e4 ** 2)
㉑     loss = loss_c + loss_e
㉒     loss.backward()
㉓     optimizer.step()
㉔
㉕     if loss.item() < min_loss:
```

```
㉖            min_loss = loss.item()
㉗            torch.save(model.state_dict(), './hfm_'+ args.version_name + '.pth')
㉘
㉙        if it % 100 == 0:
㉚            elapsed = time() - start_time
㉛            running_time += elapsed / 3600.0
㉜             print('Iteration: %d, Loss: %.3e, Time: %.2fs, Running Time: %.2fh' % (it, loss, elapsed,
    running_time))
㉝            start_time = time()
```

⑲ 첫 번째 예측에서 나온 c를 이용해 손실 함수 loss_c를 정의한다.

⑳ 두 번째 예측에서 얻어진 e1, e2, e3, e4의 손실 함수의 합은 loss_e라고 정의한다.

㉑ 최종적으로 두 손실 함수를 더해 최적화의 기준이 되는 loss를 정의한다.

㉒,㉓ 다음 최적화를 진행한다.

㉕~㉗ 첫 번째 if문에서는 손실값을 기준으로 모델 파라미터를 저장한다.

㉙~㉝ 100회 학습마다 런타임을 확인하고 진행 상황을 출력한다.

```
㉞        if (it % 1000 == 0) and (it != 0):
㉟            # Prediction
㊱            with torch.no_grad():
㊲                variables_star, target_star = utils.test_data(T_star, X_star, Y_star, C_star, U_star,
    V_star, P_star)
㊳                data_star_outputs = model(variables_star.to(device))
㊴                c_star_pred = data_star_outputs[:, 0:1]
㊵                u_star_pred = data_star_outputs[:, 1:2]
㊶                v_star_pred = data_star_outputs[:, 2:3]
㊷                p_star_pred = data_star_outputs[:, 3:4]
㊸                c_target = target_star[:, 0:1].to(device)
㊹                u_target = target_star[:, 1:2].to(device)
㊺                v_target = target_star[:, 2:3].to(device)
㊻                p_target = target_star[:, 3:4].to(device)
㊼                c_error = utils.relative_error(c_star_pred, c_target)
㊽                u_error = utils.relative_error(u_star_pred, u_target)
㊾                v_error = utils.relative_error(v_star_pred, v_target)
㊿                p_error = utils.relative_error(p_star_pred, p_target)
51                print('Error: c: %.3f, u: %.3f, v: %.3f, p: %.3f' % (c_error, u_error, v_error, p_error))
52        it += 1
53        torch.save(model.state_dict(), './hfm_'+ args.version_name + '_last.pth')
```

㉞~㊳ 학습 1000회 마다 임의로 특정 시간의 데이터를 뽑아 예측값을 뽑아낸다.

㊴~㊷ 각 변수로 나눠 데이터를 정리한다.

㊸~㊻ 마찬가지로 이에 대응되는 실제값을 정의한다.

㊼~㉛ 이후 각 변수들의 상대오차를 구해 평가를 진행한다.

㊾, ㊿ 마지막으로 매 학습마다 학습 횟수를 세고 만일에 대비하여 매 학습마다 모델을 저장한다.

12.2.6 모델 평가하기(evaluation.py)

■ 라이브러리 불러오기 및 기본값 설정하기

관련 라이브러리들을 불러오고 main 조건에 기본값을 설정한다.

```
❶ import argparse
❷ from mat_to_numpy import load_data
❸ import utils
❹ import torch
❺ import numpy as np
❻ import matplotlib.pyplot as plt
❼ from matplotlib import cm
❽
❾ if __name__ == "__main__":
❿     parser = argparse.ArgumentParser(description='Hidden Fluid Mechanics - Evaluation')
⓫     parser.add_argument('--datapath', default='./data/Cylinder2D_flower.mat', type=str, help='data path')
⓬     parser.add_argument('--modelpath', default='./hfm_0.pth', type=str, help='pretrained model path')
⓭     args = parser.parse_args()
⓮     print(args)
```

■ 데이터 불러오기

모든 시간에 대해 평가를 진행하지만 평가 속도를 위해 좌표의 일부만 사용해 평가를 진행한다.

```
❶ data, _, _, T_star, X_star, Y_star, C_star, U_star, V_star, P_star = load_data(args.datapath, 30000)
```

■ 학습된 모델 불러오기

학습 모델과 동일한 구조를 불러온 후 학습된 파라미터를 불러온다.

```
❶ device = torch.device("cuda:0" if torch.cuda.is_available() else "cpu")
❷ layer_list = [3] + 10 * [200] + [4]
❸ model = utils.pinn(data, layer_list)
❹ model.load_state_dict(torch.load(args.modelpath))
```

■ 모델 평가하기

```
❶ with torch.no_grad():
❷     # Prediction
❸     c_error_list = []
❹     u_error_list = []
❺     v_error_list = []
❻     p_error_list = []
❼     for snap in range(T_star.shape[1]):
❽         t_star = T_star[:, snap:snap + 1] # N x 1
❾         x_star = X_star[:, snap:snap + 1]
❿         y_star = Y_star[:, snap:snap + 1]
⓫         c_star = C_star[:, snap:snap + 1]
⓬         u_star = U_star[:, snap:snap + 1]
⓭         v_star = V_star[:, snap:snap + 1]
⓮         p_star = P_star[:, snap:snap + 1]
⓯         variables_star = torch.FloatTensor(np.concatenate((t_star, x_star, y_star), 1))
⓰         target_star = torch.FloatTensor(np.concatenate((c_star, u_star, v_star, p_star), 1))
```

❸~❻ 매 시간 상대오차를 저장하기 위해 각 변수마다 리스트를 만든다.

❼ 각 시간마다 예측을 진행한다.

❽~⓰ 입력값과 실제값 데이터를 구축한다.

```
⓱         data_star_outputs = model(variables_star.to(device))
⓲         c_star_pred = data_star_outputs[:, 0:1]
⓳         u_star_pred = data_star_outputs[:, 1:2]
⓴         v_star_pred = data_star_outputs[:, 2:3]
㉑         p_star_pred = data_star_outputs[:, 3:4]
㉒         c_target = target_star[:, 0:1].to(device)
㉓         u_target = target_star[:, 1:2].to(device)
㉔         v_target = target_star[:, 2:3].to(device)
㉕         p_target = target_star[:, 3:4].to(device)
㉖         c_error = utils.relative_error(c_star_pred, c_target)
㉗         u_error = utils.relative_error(u_star_pred, u_target)
㉘         v_error = utils.relative_error(v_star_pred, v_target)
㉙         p_error = utils.relative_error(p_star_pred, p_target)
㉚         c_error_list.append(c_error)
㉛         u_error_list.append(u_error)
㉜         v_error_list.append(v_error)
㉝         p_error_list.append(p_error)
㉞         print('[%d] Error: c: %.3f, u: %.3f, v: %.3f, p: %.3f' % (snap, c_error, u_error, v_error,
    p_error))
```

⑰~㉙ 학습 때 진행했던 평가 방식과 동일하게 각 예측값을 변수로 나눠 데이터를 만들고 각각 상대오차를 계산한다.

㉚~㉝ 계산된 오차를 저장한다.

■ 상대오차 그래프 저장하기

2×2 부분 그래프 형식으로 c, u, v, p에 대한 상대오차를 그리고 이를 저장한다.

```
❶ fig = plt.figure(figsize=(10, 10))
❷     fig.suptitle('Relative L2 Error', fontsize=15)
❸     plt.subplot(221)
❹     plt.plot(c_error_list)
❺     plt.title('c(t,x,y)', fontsize=15)
❻     plt.xlabel('time')
❼     plt.subplot(222)
❽     plt.plot(u_error_list)
❾     plt.title('u(t,x,y)', fontsize=15)
❿     plt.xlabel('time')
⓫     plt.subplot(223)
⓬     plt.plot(v_error_list)
⓭     plt.title('v(t,x,y)', fontsize=15)
⓮     plt.xlabel('time')
⓯     plt.subplot(224)
⓰     plt.plot(p_error_list)
⓱     plt.title('p(t,x,y)', fontsize=15)
⓲     plt.xlabel('time')
⓳     #plt.legend(['c', 'u', 'v', 'p'])
⓴     plt.savefig('./results/error_graph.png')
```

■ 은닉 변수 예측 그래프 저장하기

```
❶ ct = c_target.cpu().numpy()
❷ pt = p_target.cpu().numpy()
❸ ut = u_target.cpu().numpy()
❹ vt = v_target.cpu().numpy()
❺
❻ fig = plt.figure(figsize=(20, 10))
❼ plt.subplot(241)
❽ plt.scatter(x_star, y_star, c=ct, cmap=cm.jet)
❾ plt.clim(np.min(ct), np.max(ct))
❿ plt.xlim(0, 6)
⓫ plt.title('c reference', fontsize=30)
⓬ plt.subplot(242)
```

```
⑬ plt.scatter(x_star, y_star, c=c_star_pred.cpu().numpy(), cmap=cm.jet)
⑭ plt.clim(np.min(ct), np.max(ct))
⑮ plt.xlim(0, 6)
⑯ plt.title('c prediction', fontsize=30)
⑰ plt.subplot(243)
⑱ plt.scatter(x_star, y_star, c=pt, cmap=cm.jet)
⑲ plt.clim(np.min(pt), np.max(pt))
⑳ plt.xlim(0, 6)
㉑ plt.title('p reference', fontsize=30)
㉒ plt.subplot(244)
㉓ plt.scatter(x_star, y_star, c=p_star_pred.cpu().numpy(), cmap=cm.jet)
㉔ plt.clim(np.min(pt), np.max(pt))
㉕ plt.xlim(0, 6)
㉖ plt.title('p prediction', fontsize=30)
㉗ plt.subplot(245)
㉘ plt.scatter(x_star, y_star, c=ut, cmap=cm.jet)
㉙ plt.clim(np.min(ut), np.max(ut))
㉚ plt.xlim(0, 6)
㉛ plt.title('u reference', fontsize=30)
㉜ plt.subplot(246)
㉝ plt.scatter(x_star, y_star, c=u_star_pred.cpu().numpy(), cmap=cm.jet)
㉞ plt.clim(np.min(ut), np.max(ut))
㉟ plt.xlim(0, 6)
㊱ plt.title('u prediction', fontsize=30)
㊲ plt.subplot(247)
㊳ plt.scatter(x_star, y_star, c=vt, cmap=cm.jet)
㊴ plt.clim(np.min(vt), np.max(vt))
㊵ plt.xlim(0, 6)
㊶ plt.title('v reference', fontsize=30)
㊷ plt.subplot(248)
㊸ plt.scatter(x_star, y_star, c=v_star_pred.cpu().numpy(), cmap=cm.jet)
㊹ plt.clim(np.min(vt), np.max(vt))
㊺ plt.xlim(0, 6)
㊻ plt.title('v prediction', fontsize=30)
㊼ fig.tight_layout(pad=4.0)
㊽ plt.savefig('./results/last_time_prediction.png')
㊾ plt.close()
```

❻~㊻ 비교를 위해 예측값prediction과 실제값reference으로 그래프를 나눈 부분 그래프를 활용한다.

㊼ 부분 그래프 간의 간격을 조정하고

㊽ 그래프를 저장한다.

12.2.7 코랩에서 파일 실행하기

■ 모델 학습 진행하기

```
❶ !python train.py
```

Output:

```
Namespace(batch_size=10000, datapath='./data/Cylinder2D_flower.mat', lr=0.0001,
modelpath=None, num_samples=157879, total_time=40)
Number of Time Steps: 201, Number of sample N: 157879 out of 157879
Generated 10000 data
Operation mode:  cuda:0
Start training the model..
It: 0, Loss: 3.189e-04, Time: 0.67s, Running Time: 0.00h
Error: c: 0.680, u: 0.563, v: 0.369, p: 4.130
It: 10, Loss: 5.395e-03, Time: 5.91s, Running Time: 0.00h
.... 이하 생략 ....
```

■ 모델 평가 진행하기

학습된 모델을 이용해 결과를 출력한다.

```
❶ !python evaluation.py
```

Output:

```
Namespace(datapath='./data/Cylinder2D_flower.mat', modelpath='./hfm_0.pth')
Number of Time Steps: 201, Number of sample points: 30000 out of 157879
Operation mode:  cuda:0
[0] Error: c: 0.058, u: 0.350, v: 0.295, p: 1.503
.... 이하 생략 ....
```

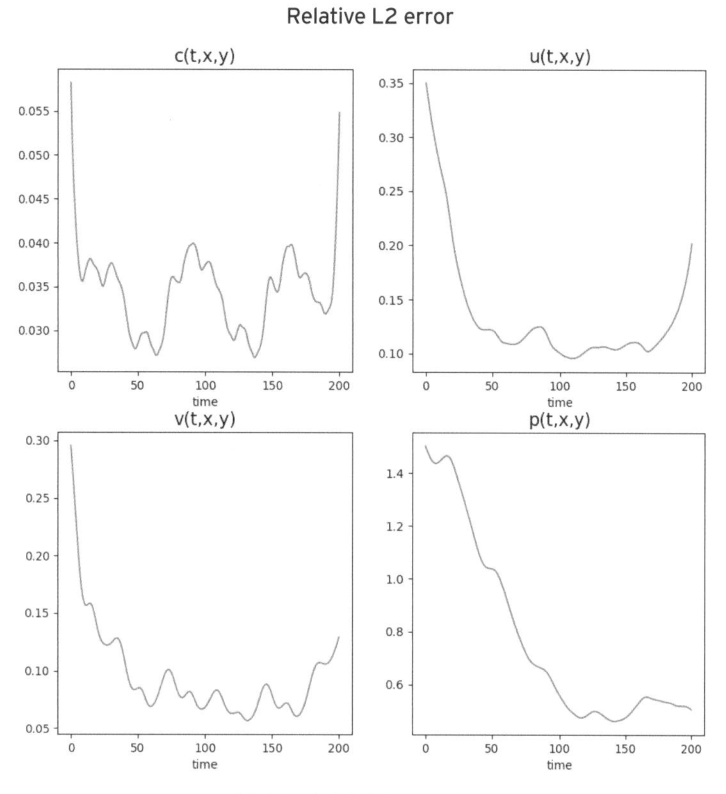

그림 12.6 시간에 따른 상대오차 결과

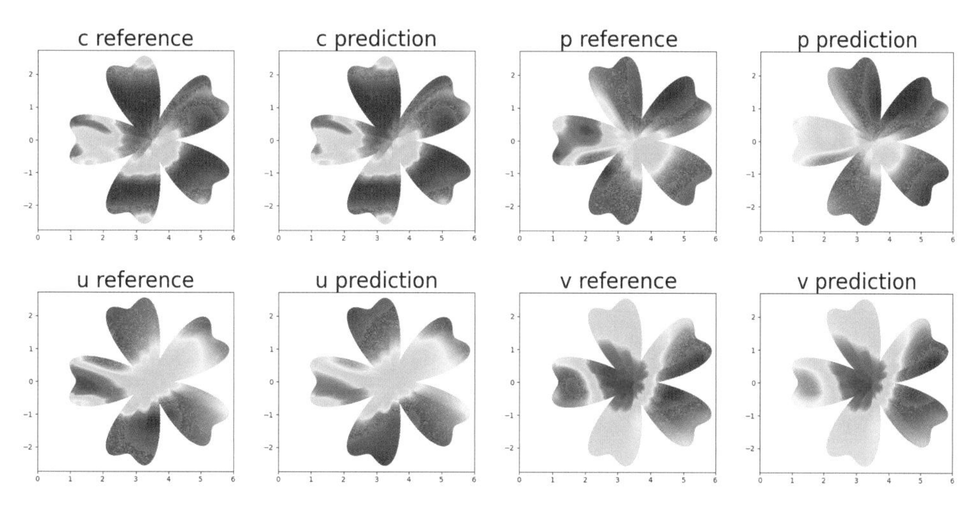

그림 12.7 마지막 시간에서의 은닉 변수 예측 결과

딥러닝 정보 습득 방법

인공지능의 시대가 열리면서 딥러닝에 대한 관심이 더욱더 커지고 있다. 실제로 논문 투고 수가 매년 증가하고 있으며, 전 세계적으로 많은 대학들이 관련 학과를 개설하고 또한 업계에서는 많은 투자를 하고 있는 추세다. 딥러닝 기술 발전은 매우 빠르게 진행되고 있기 때문에 최신 기술의 습득과 실무에 적용하기 위해 연구 트렌드를 따라가는 것이 매우 중요한 분야다.

그렇다면 "트렌드를 따라간다는 것"은 무엇을 의미하는 것일까? 1차적으로는 관련 최신 논문을 많이 읽어야 한다는 뜻이다. 하지만 일반적으로 딥러닝 논문은 기존의 기술에서 파생된 내용이 많기 때문에 기초 지식과 기본 용어에 대한 정확한 이해가 없다면 관련 논문을 읽기가 매우 어렵다. 즉, 기본을 확실하게 알고 있어야만 응용적인 부분에서의 "무엇을", "왜", "어떻게"라는 질문을 이해할 수 있다.

하지만 입문자 입장에서 논문만 찾아 읽는 일은 쉬운 일이 아니며, 지식을 습득하는 데 오랜 시간이 걸릴 수 있다. 다행히도 유명한 논문이나 개념들에 대해서는 여러 경로를 통해 소개가 되고 있다.

첫 번째로는 기초 지식이 어느 정도 있다면 원하는 기술에 대한 블로그나 뉴스를 찾아볼 수 있다. 이를 통해 우리는 요약된 내용을 접할 수 있어 보다 빠르게 개념을 이해할 수 있다. 하지만 요약된 내용이기 때문에 누락 및 잘못된 내용이 있을 수도 있다. 따라서 동일 내용으로 다수의 게시글을 읽으면 더 도움이 된다.

두 번째는 유튜브와 같은 영상 플랫폼이다. 블로그와 마찬가지로 유명한 논문에 대해서는 대부분 영상이 존재하고 강의자가 직접 슬라이드와 함께 설명하기 때문에 개념에 대한 큰 그림을 그리기 좋다.

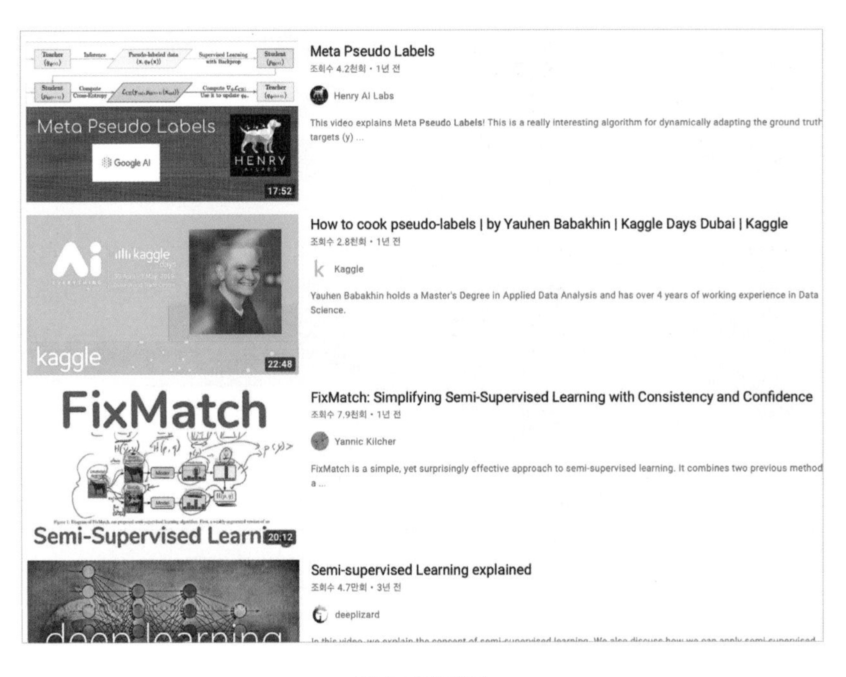

유튜브 검색 결과

세 번째는 캐글kaggle과 같은 컴페티션 사이트를 이용한다. 일반적으로 유명 모델이 나오면 많은 사람들이 그것을 이용하려고 한다. 따라서 컴페티션 사이트에 올라온 다양한 코드를 보면서 모델의 구조를 이해할 수 있다.

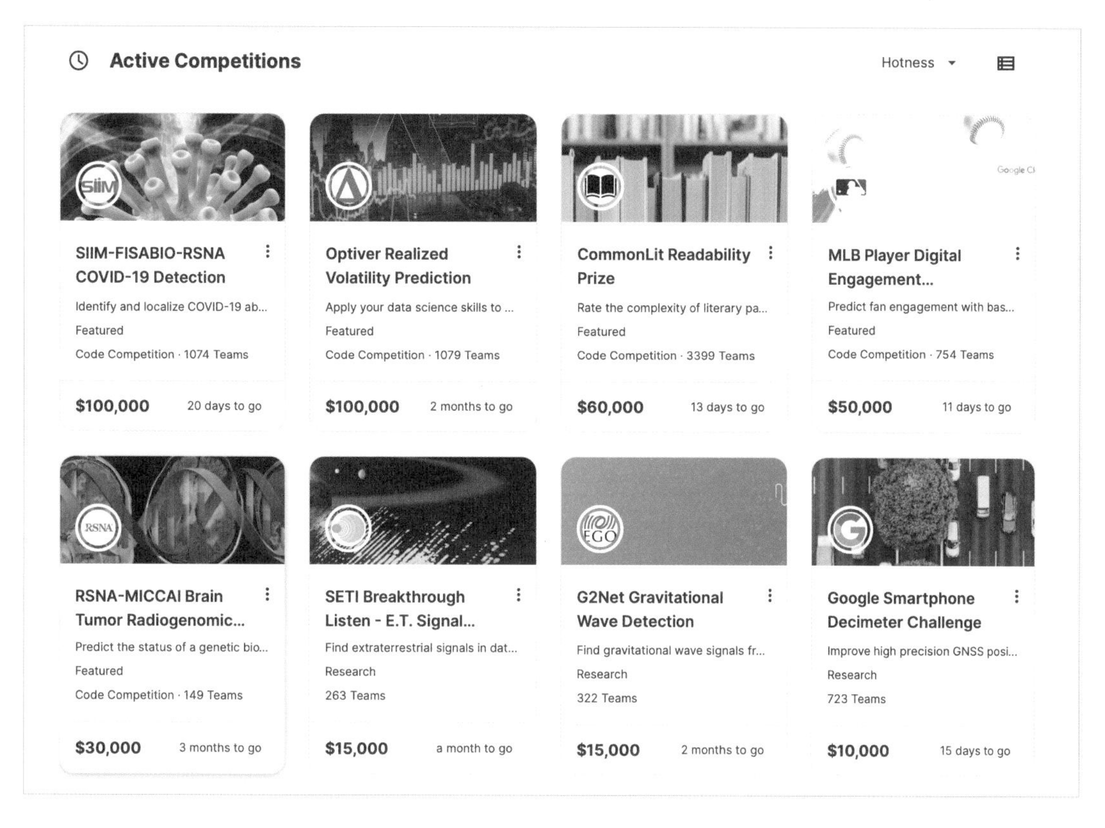

캐글 컴페티션 예시

네 번째는 깃허브Github다. 깃허브에서는 논문을 재구현한 코드들과 논문의 원 저자들이 올려 놓은 코드를 확인하며 구조를 이해할 수 있으며, 다운로드를 받아 자세히 살펴보고 본인의 업무에 맞게 수정도 할 수 있다.

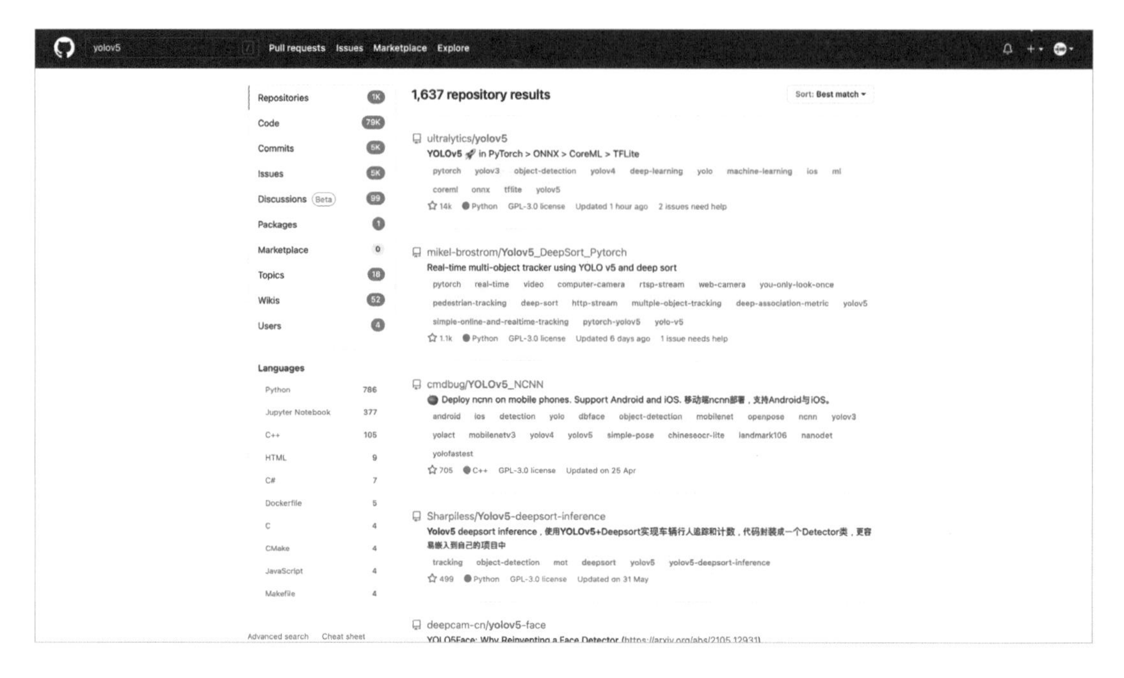

Github 검색 예시

다섯 번째는 논문 검색이다. 기술에 대한 자세한 이해를 하기 위해서는 논문을 읽어야 한다. 따라서 블로그나 유튜브를 통해 대략적인 개념을 이해한 후 논문을 통해 자세한 내용을 파악한다. 논문 검색은 주로 Google, Google Scholar, Arxiv 등에서 할 수 있으며 논문의 영향도를 파악하기 위해 인용 수 정도는 확인하는 것이 좋다. 인용 수가 많다는 것은 그 기술이 후속 기술에 많이 영향을 미쳤을 가능성이 크고 중요한 지식을 담고 있다는 것이다.

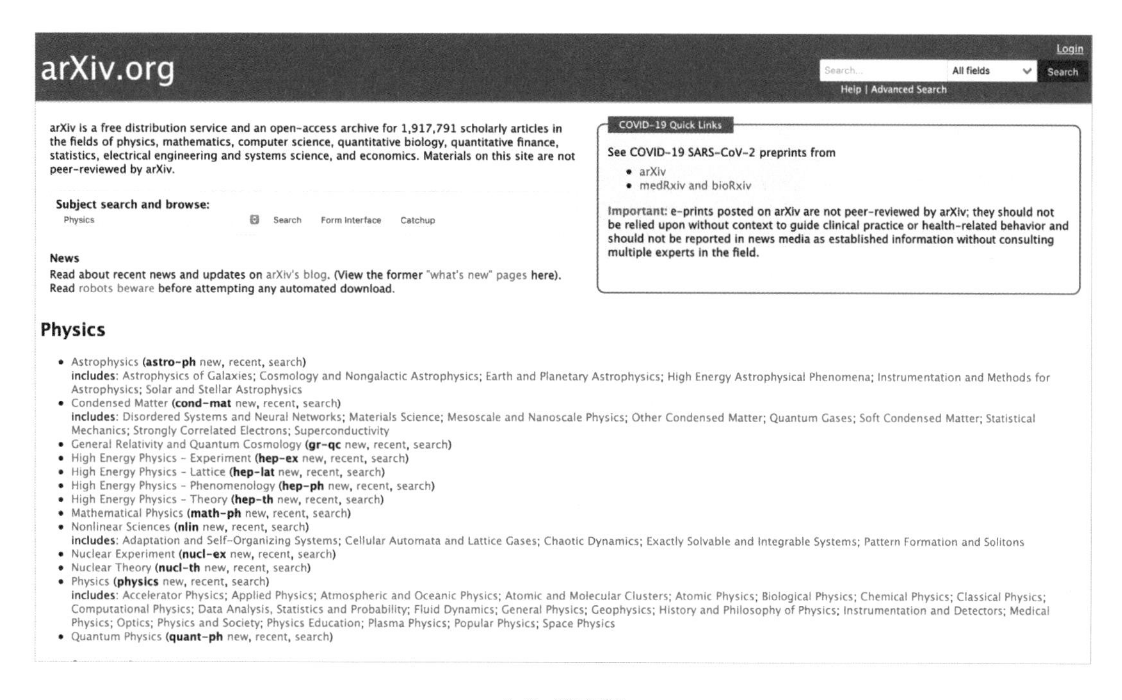

ArXiv 웹사이트

여섯 번째는 논문 참조 인용이다. 일반적으로 논문 뒷 부분에는 참조 논문 목록들이 있는데 몇 가지 논문을 추려 부족한 지식을 보완할 수도 있다.

일곱 번째는 인공지능 분야 선두 회사의 연구 웹사이트를 참고한다. OpenAI, Facebook Research 등과 같은 사이트에는 최신 논문, 기술 보고서, 블로그 글들이 올라오기 때문에 주의 깊게 보면 최신 트렌드를 파악하기 쉽다.

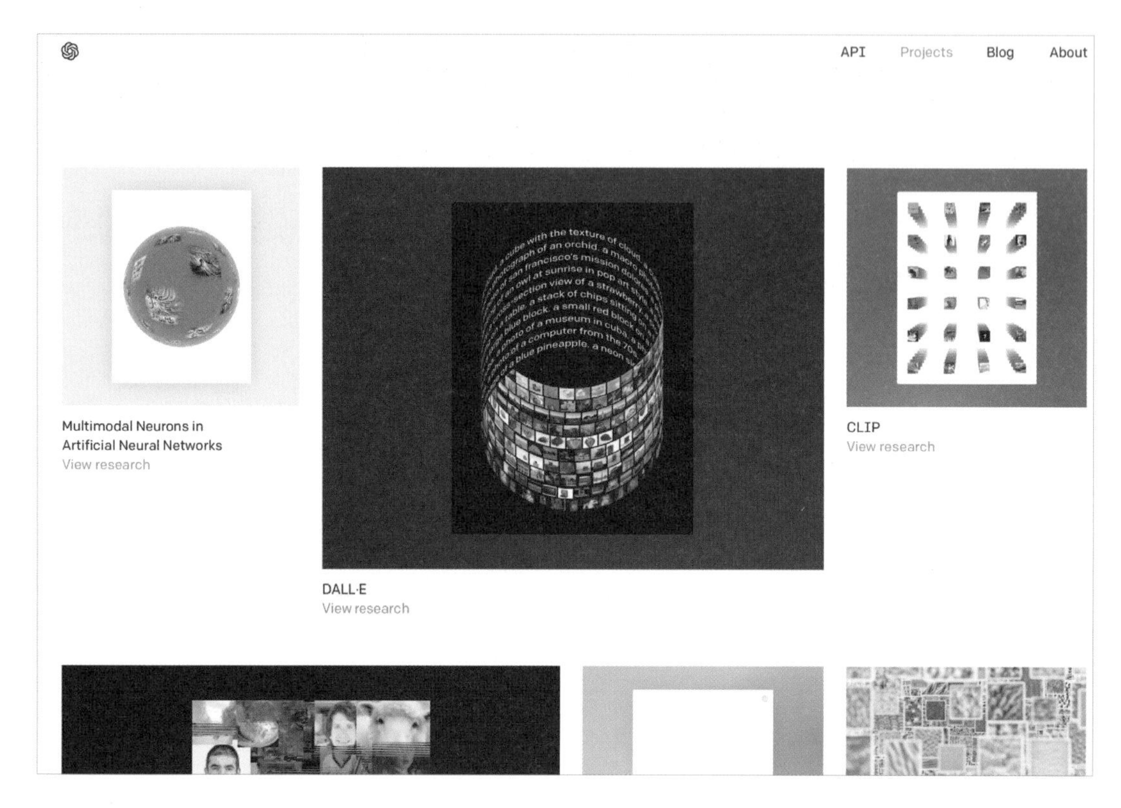

OpenAI 웹사이트

마지막으로 트위터다. 트위터에서는 최신 정보에 대한 전달률이 매우 높기 때문에 인공지능 분야에 종사하는 사람들을 몇 명만 팔로잉 해도 최신 기술에 대한 내용을 쉽게 접할 수 있다.

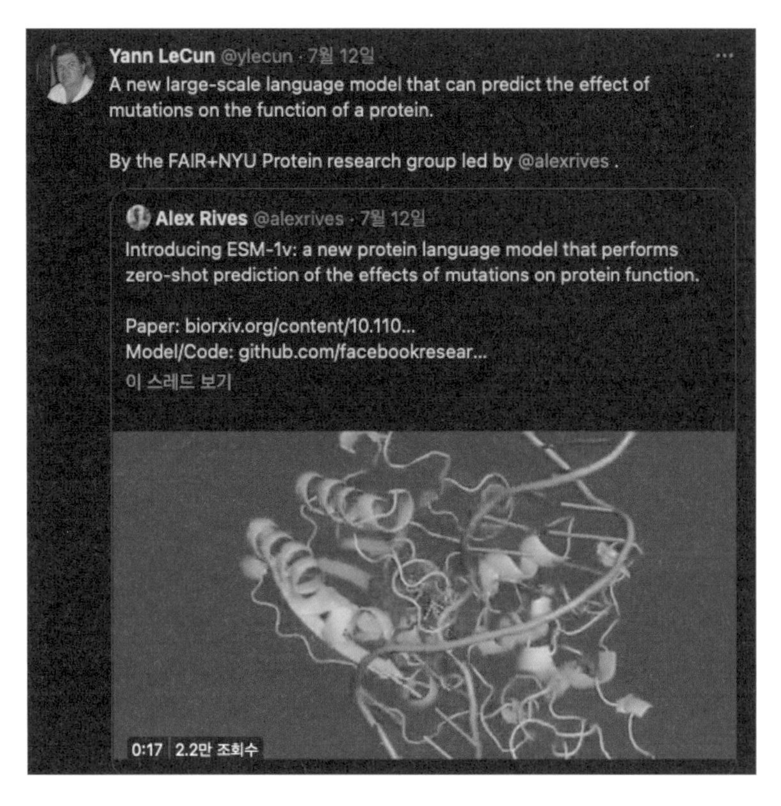

얀 르쿤의 논문 관련 트위터 메시지

참고 문헌

- Stanford University, HAI, “2021 AI Index Report”
- Yongho Kim et al. (2021). “Fast and Accurate Numerical Solution of Allen–Cahn Equation”
- Aaron Defazio and Samy Jelassi (2021). “A Momentumized, Adaptive, Dual Averaged Gradient Method for Stochastic Optimization”
- Yongho Kim et al. (2021). “Disturbing Target Values for Neural Network Regularization”
- Stanford University, HAI, “2020 AI Index Report”
- Maziar Raissi et al. (2020). “Hidden fluid mechanics: Learning velocity and pressure fields from flow visualizations”
- C. Shorten and T. M. Khoshgoftaar (2019). “A survey on Image Data Augmentation for Deep Learning”
- Chuanqi Tan et al. (2018). “A Survey on Deep Transfer Learning”
- Moradi Fard et al. (2018) “Deep k–Means: Jointly Clustering with k–Means and Learning Representations”
- Chelsea Finn et al. (2017). “Model–Agnostic Meta–Learning for Fast Adaptation of Deep Networks”
- Terrance DeVries and Graham W. Taylor (2017). “Improved Regularization of Convolutional Neural Networks with Cutout”
- Loshchilov et al. (2016). “SGDR: Stochastic Gradient Descent with Warm Restarts”
- Leon A. Gatys et al. (2016). “Image Style Transfer Using Convolutional Neural Networks”
- Ian Goodfellow et al. (2016). “Deep Learning”
- Alec Radford et al. (2016). “Unsupervised Representation Learning with Deep Convolutional Generative Adversarial Networks”
- Lingxi Xie et al. (2016). “Disturblabel: Regularizing CNN on the loss layer”
- Christian Szegedy (2015). “Rethinking the Inception Architecture for Computer Vision”
- Sergey Ioffe and Christian Szegedy (2015). “Batch Normalization: Accelerating Deep Network Training by Reducing Internal Covariate Shift”
- Bolei Zhou et al. (2015). “Learning Deep Features for Discriminative Localization”
- Diederik P. Kingma and Jimmy Ba (2015). “Adam: A Method for Stochastic Optimization”
- Kaiming He et al. (2015). “Deep Residual Learning for Image Recognition”
- Ian Goodfellow et al. (2014). “Generative Adversarial Networks”
- Nitish Srivastava et al. (2014). “Dropout: a simple way to prevent neural networks from overfitting”
- Dong–Hyun Lee (2013). “Pseudo–Label : The Simple and Efficient Semi–Supervised Learning Method for Deep Neural Networks”

- Alex Krizhevsky et al. (2012) "ImageNet Classification with Deep Convolutional Neural Networks"
- Jonathan Masci et al. (2011). "Stacked Convolutional Auto–Encoders for Hierarchical Feature Extraction"
- Pascal Vincent et al. (2010). "Stacked Denoising Autoencoders: Learning Useful Representations in a Deep Network with a Local Denoising Criterion"
- A. Krizhevsky (2009). "Learning Multiple Layers of Features from Tiny Images"
- L. van der Maaten and G. Hinton (2008). "Visualizing Data using t–SNE"
- M. Schuster and K. K. Paliwal (1997) "Bidirectional recurrent neural networks"
- Yann LeCun et al. (1990). "Handwritten Digit Recognition with a Back–Propagation Network"
- Pytorch documentation. https://pytorch.org/docs/stable/index.html
- scikit–learn Machine Learning in Python. https://scikit–learn.org/stable/

INDEX

지도, 비지도, 준지도, 전이, 메타 학습까지

딥러닝을 위한 파이토치 입문

1판 1쇄 발행 2022년 1월 20일
1판 2쇄 발행 2024년 2월 16일

저 자 | 딥러닝호형
발 행 인 | 김길수
발 행 처 | (주)영진닷컴
주 소 | (우)08507 서울특별시 금천구 가산디지털1로 128
STX-V 타워 4층 401호
등 록 | 2007. 4. 27. 제16-4189

ISBN | 978-89-314-6591-4

YoungJin.com Y.
영진닷컴